范例
100

做我自己的律师

100个真实案例教你『以法自护』

韩文生 主编

中国言实出版社

图书在版编目(CIP)数据

做我自己的律师：100个真实案例教你"以法自护"/
韩文生主编. -- 北京：中国言实出版社，2023.10
ISBN 978-7-5171-4460-1

Ⅰ.①做… Ⅱ.①韩… Ⅲ.①法律—案例—汇编—中
国 Ⅳ.① D920.5

中国国家版本馆 CIP 数据核字（2023）第 160411 号

做我自己的律师

责任编辑：王战星
责任校对：史会美

出版发行：中国言实出版社
　　　　　地　址：北京市朝阳区北苑路180号加利大厦5号楼105室
　　　　　邮　编：100101
　　　　　编辑部：北京市海淀区花园路6号院B座6层
　　　　　邮　编：100088
　　　　　电　话：010-64924853（总编室）　010-64924716（发行部）
　　　　　网　址：www.zgyscbs.cn 电子邮箱：zgyscbs@263.net

经　　销：新华书店
印　　刷：徐州绪权印刷有限公司
版　　次：2023年10月第1版　　2023年10月第1次印刷
规　　格：880毫米×1230毫米　1/32　14印张
字　　数：270千字

定　　价：68.00元
书　　号：ISBN 978-7-5171-4460-1

本书编委会

主　编：韩文生

副主编：许身健

秘书长：刘炫麟

编　委：（以下按姓氏笔画排序）

以法律保护好自身合法权益

党的十八大以来，以习近平同志为核心的党中央推进全面依法治国，建设法治中国，在这一新的伟大实践中，创造性地发展了中国特色社会主义法治理论，并在 2020 年 11 月召开的中央全面依法治国工作会议上，正式确立了内涵丰富、论述深刻、逻辑严密、系统完备的习近平法治思想。习近平法治思想是马克思主义法治理论中国化时代化的最新成果，是中国特色社会主义法治理论的重大创新发展，是习近平新时代中国特色社会主义思想的重要组成部分，是新时代全面依法治国的根本遵循和行动指南，是新时代全面依法治国必须长期坚持的指导思想。

党的十九大报告指出，到 2035 年，法治国家、法治政府、法治社会基本建成，三者有机统一即构成法治中国。到本世纪中叶，在建成美丽和谐的社会主义现代化强国之时，一个伟大的法治强国也必将呈现在人类社会中。党的二十大报告强调坚持全面依法治国，推进法治中国建设。明确提出："弘扬社会主义法治精神，传承中华优秀传统法律文化，引导全体人民做社会主义法治的忠实崇尚者、自觉遵守者、坚定捍卫者。"每一位公民都要自觉崇尚、遵守、捍卫法治，只有这样，业已绘就的法治中国的蓝图才能实现、法治中国的旗帜才能在本世纪中叶的中国高高飘扬！

在建设法治中国的伟大进程中，每一位公民如何做？一方面要做守法的公民，另一方面要敢于、善于运用法律维护自己的合法权益。概括起来，主要有以下四个方面：

一是要树立法治意识。法治意识是公民对法律的心理认知，是公民对法律的认识、信仰和尊重。在公民的日常行为中，表现为自觉遵守法律、维护法律权威、依法行使法律权利和履行法律义务等。法治意识是建设法治国家的重要保障，是法治国家的精神内涵，是法治国家的重要标志。所以，建设法治中国，必须加强公民法治意识建设。

二是要培养法治思维。法治思维就是人们从法治立场出发思考方式，以法治精神、价值为指导，运用法律原则、规则、方法思考、发现、提出和解决问题的思维模式。法治思维要求人们在决策和行动中坚守合法性原则，崇尚法治，尊重法律权威；法治思维以权利为中心，以尊重和保障人的基本权利为出发点和归宿；法治思维要求排除非法律（道德、情感、舆论、社会心理等）因素影响，以法律（原理、原则、法规等）对法律问题进行权利、义务、责任、理性、专业分析；法治思维重程序、重证据，遵守法律程序和司法程序，注重证据和事实，尊重法律裁决；法治思维要求人们在宏观层面对社会发展进行规划、在微观层面上对具体问题进行分析和处理都要遵守法制。

三是要提高法治能力。党的十九届四中全会作出坚持和完善中国特色社会主义制度、推进国家治理体系和治理能力现代化的重大决定。法治是国家治理体系和治理能力现代化的重要依托。就个体来说，法治能力主要是依法处理法律事务的能力，从法律的角度提出、发现、分析、解决问题的能力。

四是依法维护自己合法权益。每位公民不仅要认真守法，有法治意识、法治思维、法治能力，更要运用法律武器保卫自己人身、财产等合法权益。在当今社会，法律已经渗透到我们生活的方方面面，无所不在。它规定了我们行为的方式和范围，保障了我们的权力和利益。很多人在遇到自己合法权益遭到侵犯时，因为缺乏基本法律知识而感到困惑和无助，陷入不知道如何维权的尴尬境地。毕竟，很多人原来没有接触过法律，对侵害自己合法权益的行为猝不及防，束手无策，只会徒叹奈何。最终往往委曲求全，得过且过，放弃了自己的合法权益，放纵了给自己造成伤害的人！自己受到损害，使侵权人逍遥法外，这就鼓励了侵权人，不利于公民权益的保护，不利于法治社会建设。

《做我自己的律师》是从"以法自护"的角度出发编写的案例书，旨在为读者提供实用的法律知识，帮助读者更好地保护自身的合法权益。本书精心遴选了大量真实、具有代表性的案例，每个案例包括引言、案例简介、以案说法、专家建议、关联法条五部分。"引言"以简要、生动的语言介绍要解决的法律问题；"案例简介"对案情、法院判决进行条分缕析，并归纳了案件的争议焦点；"以案说法"对案例进行鞭辟入里的说理释疑，讲解相关法律原理、精神和要义，帮助读者理解法律体系和程序；"专家建议"提出有的放矢的建议，告诉大家正确的做法，以预防法律纠纷；"关联法条"部分把相关的法律条文进行归纳，方便大家参考。

本书涵盖内容广泛，与社会实际生活紧密相连，包括行政法、刑法、婚姻与继承法、合同法、物权法、人格权法、侵权法、劳动法、公司法、消费者权益保护法等。不仅对社会大众读者广有裨益，而且对从事立法、行政执法、司法、纪检监察、律师、公证、基层法律服务、法学教研、政府工作等相关人士同样具有重要参考价值。

我们编写本书的初衷就是期待为每一位公民提高法治意识、

法治思维、法治能力提供帮助，希望能为每一位公民保护自己合法权益保驾护航，为那些需要法律帮助的朋友提供有价值的信息和引导。本书向读者传授法律知识，帮助读者理解自己的权利和义务，帮助读者了解法律在现实生活中的应用，帮助读者掌握基本的法律技能，包括如何签订合同、如何处理财产、如何解决争议等，以更好地应对实际问题。对照案例，能为读者朋友提供可资参考的解决方案。相信通过阅读本套丛书，您将能够更好地理解法律、法治，更充分地理解法律，明确自己的法律地位、权利、义务和责任，从而能够更有力地维护自己的合法权益，同时避免"以身试法"，消除法律风险。

本书的作者群体包括中国政法大学的专家、学者和司法实践经验丰富的律师、法官等。在从事法学理论研究和实务工作中，我们深感法律知识对每个人来说都至关重要，尤其是在建设法治中国的新时代。我们曾目睹了许多人因为缺乏基本的法律知识而陷入困境，也见过一些人因为误解法律而遭受不必要的损失，深感心痛。我们深信，每个人都有权利获得法律知识，以保护自己的权益和利益，这恰恰是我们作者群体能为社会提供服务、作出贡献的领域。

本书的特点在于它结合典型案例，以简洁明了的语言阐释了法律知识，这使得法律知识不再抽象，而是更易于阅读、理解和应用。衷心期待您能在本书中能够有所获益，为您的生活、事业提供助力！如果您有任何问题或需要进一步解释、帮助，请随时与我们联系。

愿法律与您同在，愿法治与您同行！

编者

2023 年 8 月 25 日

CONTENT

目录

第一部分　民事篇

第二部分 刑事篇

第三部分　行政篇

第一部分

民 事 篇

● 婚姻纠纷

婚约无法履行，彩礼该怎么办？

在我国，自古以来便有以婚约缔结两姓之好的传统，发展到现代，婚约主要指无配偶的男女双方以结婚为目的而达成的约定，也就是我们俗称的订婚。在现代，订婚则不是男女结婚的必经程序，我国现行法律对于婚约或订婚也并无相关规定，订婚多为男女双方之间的自主选择。男女双方若订立婚约，多数都会涉及彩礼问题。在现实生活中，因婚约不成而引发的彩礼纠纷层出不穷。那么在订婚之后，若一方反悔，不愿履行婚约，已送出的彩礼该怎么办呢？

一、案例简介

（一）基本案情

周某和程某于 2020 年 6 月经人介绍相识。2020 年 8 月 6 日，周某为程某购买首饰支出 43424.6 元。2020 年 8 月 21 日，双方按照地方风俗举行订婚仪式。当日，原告交付被告订婚彩礼 7 万元。2020 年 8 月 21 日及 22 日，周某共向程某银行转账 7 万元。之后，二人曾同居生活。其间，周某曾为双方共同居住的 ×× 小区房屋内购置卫浴、家具、家电、装饰材料等物品。2021 年 1 月 15 日，周某向程某银行转账 20 万元。2021 年 1 月 16 日、2021 年 2 月 13 日，周某分别向程某银行转账 3000 元、2000 元。

之后，周某与程某因故未能办理结婚登记手续。2022 年 1 月

17 日，周某与程某签订《合（和）解书》，大致内容为：周某转给程某的 20 万元，程某同意退还，对于双方同居期间，周某所购买的东西，同意赠予程某。其中，在"同意赠予程某"内容之后书写有"（附加：彩礼＋三金）"。程某分两次向周某转账 20 万元，周某向程某出具了收条。关于其他财产，程某未曾返还。为此，原告周某向法院提起诉讼，主张程某返还彩礼 7 万元、首饰价值 43424.6 元及程某索要的其他剩余婚约财产 49200 元。被告程某不同意原告周某的诉讼请求，请求法院予以驳回。①

（二）法院裁决

1. 一审判决

一审法院认为，周某向程某转账的 7 万元和为程某购买的首饰（购买价值 43424.6 元）为彩礼。而"（附加：彩礼＋三金）"为《合（和）解书》书写完毕后添加，非二人协商一致的结果。根据原、被告共同生活的时间、彩礼数额并结合当地风俗习惯等因素，法院酌定程某向周某返还彩礼 56712.3 元，驳回周某的其他诉讼请求。

二、以案说法

本案的争议焦点有两个：一是周某向程某转账的款项以及为程某购买的财产中，哪些属于彩礼？二是程某是否应返还彩礼？若程某应返还彩礼，该返还多少？

（一）彩礼的认定

我国现行法律对彩礼的定义并无规定。通常认为，彩礼是指男女双方恋爱关系基本确定以后，在谈婚论嫁、订立婚约期间，

---

① 详情参见金乡县人民法院（2022）鲁 0828 民初 2114 号民事判决书。

按照当地习俗，男方及其家庭给付女方及其家庭一定数量的金钱或价值较高的实物，包括但不限于现金、首饰等贵重物品，表示其欲与对方缔结婚姻的诚意。就本案而言，周某与程某于2020年6月经媒人介绍相识，双方都有结婚意愿，2020年8月6日，周某为程某购买首饰支出43424.6元。双方随之于2020年8月21日订立婚约，在订婚当天及第二天，周某向程某共转账7万元，可见，2020年8月，周某与程某已经谈婚论嫁，因此，在双方正式订婚前后，周某为程某购买的贵重首饰，以及向程某交付的7万元应当属于彩礼。

双方订婚后，开始同居生活，在同居期间，周某为双方共同居住的住所购买了家具家电，并于2021年1月15日向程某转账20万元，于2021年1月16日、2月13日分别向程某转账3000元、2000元。为何上述款项没有被认定为彩礼呢？这是因为：以上周某购买的家具家电以及向程某的转账，均发生于双方同居生活期间，而非订立婚约期间，故不宜认定为彩礼。

（二）婚约未成，彩礼是否应予以返还，若应返还，该返还多少

《最高人民法院关于适用〈中华人民共和国民法典〉（以下简称〈民法典〉）婚姻家庭编的解释（一）》第五条规定："当事人请求返还按照习俗给付的彩礼的，如果查明属于以下情形，人民法院应当予以支持：（一）双方未办理结婚登记手续；……"同时，给付彩礼实质上也是一种附条件的赠予行为，所附条件应是以登记结婚且共同生活为目的。若这一目的没有实现，则赠予方可要求对方返还彩礼。本案中，周某与程某于2020年8月21日订婚，随后双方同居生活，但不久后便分开，最终双方未办理结婚登记。故周某和程某的情形符合上述司法解释第五条第一款的

5

规定，双方已订立婚约，周某按照习俗向程某给付了彩礼，但双方最终未办理结婚登记手续，周某的目的也未实现，故周某可主张程某返还彩礼。而程某在庭审中主张双方签署了《合（和）解书》，周某同意将彩礼及三金赠予程某，但经一审法院审理确认，《合（和）解书》中"（附加：彩礼＋三金）"的内容系程某在双方签署该协议后自行添加，非双方真实意思表示，故不能视为周某同意将彩礼及三金赠予程某。

至于彩礼返还的数额，因周某与程某订婚后，同居生活了一段时间，双方会有一定的消费和支出，故一审法院结合彩礼数额、当地习俗、同居时间的长短，最终酌定程某返还彩礼 56712.3 元。

三、专家建议

我国法律不鼓励借婚姻索取财物的行为，故现行法律对是否应当支付彩礼并无相关规定。但民间婚嫁彩礼的习俗仍在盛行，婚约财产纠纷也随之日益增多，故我国法律规定了关于彩礼返还的几种情形。在司法实践中，婚约财产纠纷主要集中体现在彩礼返还上，其中关于彩礼的认定往往争议较大，究其原因，主要在于双方未明确彩礼数额及范围，彩礼多为现金给付且无人在场见证。因此，为了避免或减少纠纷，建议男女双方家庭在谈婚论嫁时，尽可能提前将彩礼事宜商谈清楚，比如彩礼的数额，彩礼的给付时间及给付方式，有无媒人或见证人在场，订婚是否需录像，等等。对于这些事宜，建议双方尽可能明确彩礼数额及范围，避免模糊不清；给付彩礼，最好是在订婚时给付，且以转账方式给付（可备注为"彩礼"），如果选择以现金方式给付，最好有媒人或见证人在场，也可同步录像记录全过程。如此，即便双方因婚约而发生纠纷，在诉讼中，也可充分举证，避免因举证不能而承担不利的诉讼后果。

四、关联法条

《民法典》第七条,《最高人民法院关于适用〈中华人民共和国民法典〉婚姻家庭编的解释(一)》第五条。

夫妻一方可以在婚内起诉分割夫妻共同财产吗?

一提到分割夫妻共同财产,我们首先想到的就是离婚,因为大众普遍都认为只有离婚,才能分割财产。这种认识实际上是不全面的。在夫妻关系存续期间,夫妻一方同样可以主张分割夫妻共同财产。但这一主张并非可以随意提出,法律对于婚内分割夫妻共同财产的情形有严格的限制。在司法实践中,对于婚内夫妻财产分割这一类纠纷,法院的审判思路及观点同样持谨慎态度。那么,在什么样的情形下,夫妻一方主张分割婚内财产的诉求是否能够得到法院支持呢?下面以一则案例进行简析。

一、案例简介

(一)基本案情

曹某与范某于 2004 年 2 月 10 日登记结婚,2006 年 8 月生育一女。婚后二人购买了位于北京市密云区 × 花园 × 号楼房屋一套,该房屋登记在范某名下,双方均认可该房屋系夫妻共同财产。2020 年 7 月 3 日,范某签署了一份关于夫妻关系存续期间所得财产归属及债务的约定。2020 年 7 月 6 日,双方签署了《房产分配协议》,协议中就该房屋事宜约定:"由于房产首付为女方家所付，房子虽为婚后所购，但不做夫妻共同财产。故房产分配按以下比例分配：女方占房产三分之二，男方占房产三分之一，双方自愿按上述分配。"2020年12月20日，范某与案外人刘某签订《北京市存量房屋买卖合同》，将涉案房屋以228万元价格出售。刘某分别向范某及曹某支付了全部购房款，其中，向范某转账223万元，向曹某转账5万元。在收到售房款后，双方偿还银行贷款本息447061.74元，范某仅向曹某转账332938.26元，关于剩余150万元，范某未告知曹某，并未经曹某同意擅自进行了处分。

曹某向一审法院提起婚内夫妻财产分割纠纷诉讼，要求范某向自己支付1213333.33元，范某辩称：其工资卡自婚后均由曹某掌握，其长期使用信用卡及借款进行家庭支出，为缓解经济压力，将售房款150万元用于炒股，亏损711196.08元。其主张亏损系正常投资失败，剩余款项均已偿还信用卡及亲属借款，其信用卡消费及借款用于偿还银行贷款及债务、炒股及家庭生活。[①]

（二）法院裁决

1. 一审判决

一审法院认为双方在婚内出售房屋所得的228万元系夫妻共同财产，范某未将其中150万元售房款告知曹某，并未经曹某同意擅自处分售房款，不顾曹某多次反对进行大额炒股投资，产生了大额亏损，其行为严重损害夫妻共同财产利益，侵害了曹某对夫妻共同财产的平等支配权，故曹某请求婚内分割售房款的诉求，符合法律规定，法院予以支持。根据双方签署的《房产分配协议》，双方已偿还的涉案房屋未还贷款，范某已支付曹某部分售房款的情况，一审法院最终判决范某向曹某支付889020.58元。

---

① 详情参见北京市第三中级人民法院（2022）京03民终16694号民事判决书。

2. 二审判决

二审法院认同一审法院关于范某的行为属于严重损害夫妻共同财产利益的行为，侵害了曹某的平等支配权的观点。对于范某的上诉辩称，因其无证据证明，二审法院不予采信。故二审法院认为一审判决认定事实清楚，适用法律正确，驳回范某上诉，维持原判。

二、以案说法

本案的争议焦点有两个：一是范某未告知曹某其收到150万元售房款以及未经曹某同意擅自处分该笔大额财产的行为是否属于夫妻一方严重损害夫妻共同财产利益的行为？二是范某与曹某签署的《房产分配协议》是否具有法律效力？

（一）严重损害夫妻共同财产利益行为的认定

根据我国《民法典》第一千零六十六条的规定可知：严重损害夫妻共同财产利益的行为主要指夫妻一方有隐藏、转移、变卖、毁损、挥霍夫妻共同财产、伪造夫妻共同债务的行为。当然该法条在"伪造夫妻共同债务"之后还增加了"等严重损害夫妻共同财产利益的行为"，也就是说若一方实施了其他严重损害夫妻共同财产利益的行为，也应包含在内。

本案中，范某与曹某一致确认涉案房屋系双方夫妻共同财产，双方共同决定出售涉案房屋，故出售房屋所得款项亦属于夫妻共同财产。根据《民法典》第一千零六十二条的规定，夫妻对于共同财产都有平等的处理权。但范某在收到其中150万元售房款后，一是未如实告知曹某，二是在曹某长期反对范某炒股的情况下擅自将其用于大额炒股投资，造成了70余万元的亏损，后其称将剩余的70余万元用于偿还信用卡及其亲人债务（该主张并无

9

相应证据支持）。以上行为，范某均未告知曹某，且未经曹某同意。故范某未如实告知曹某 150 万元并擅自处分该 150 万元的行为，侵犯了曹某对于夫妻共同财产的平等支配权，显然属于一方转移、挥霍夫妻共同财产的行为，严重损害了曹某对夫妻共同财产所享有的利益，因此，一审、二审法院均认定范某的行为属于严重损害夫妻共同财产利益的行为。

（二）夫妻财产协议效力的认定

范某与曹某于 2020 年 7 月 6 日签署了《房产分配协议》，该协议就双方对涉案房屋所占份额进行了约定，曹某占房产三分之二，范某占房产三分之一。范某在庭审中主张签署该协议受到胁迫，但未提交证据予以证明。根据《民法典》第一千零六十五条的规定，夫妻双方可以对夫妻关系存续期间取得的财产约定部分各自所有，该约定对双方均具有法律约束力，故范某与曹某签署的《房产分配协议》并未违反法律规定，具有法律效力，对双方均具有法律约束力。双方已将涉案房屋出售，获得了售房款，故售房款应按照《房产分配协议》中各自对房产所占份额的约定进行分配。

综上，根据《民法典》第一千零六十六条的规定，对于曹某请求婚内分割夫妻共同财产的诉讼请求，一审法院、二审法院均予以支持。

三、专家建议

近年来，在司法实践中，婚内分割夫妻共同财产的诉讼逐渐增多。但在这类纠纷中，并非所有婚内分割夫妻共同财产的诉求都能得到法院的支持。面对此类纠纷，我们最应该注意的是证据的收集。这里应收集的证据，主要指能够证明一方在婚内有隐藏、转移、挥霍夫妻共同财产等严重损害夫妻共同财产利益行为的证据，或者证明负有法定扶养义务的人患重大疾病需要医治，而另一方不同意支付相关医疗费用的证据。比如夫妻双方对于重大夫妻共同财产的处分是否存在沟通的证据，常见的如微信聊天记录、录音、有无配偶签字的财产处分协议，等等。因此，建议大家，在提起此类诉讼前，应尽可能收集充足的证据，否则作为原告方，将会承担败诉的风险。

四、关联法条

《民法典》第一千零六十二条、第一千零六十五条、第一千零六十六条。

夫妻双方存在互殴行为离婚时还会认定家庭暴力吗？

家庭暴力不同于普通的暴力案件，它往往发生在关系亲密的人之间，隐蔽的环境之内，经常被当作家务事，得不到妥善处理，致家庭悲剧发生。联合国妇女署曾有数据显示，2019年全球范围内共有 2.43 亿女性（15—49 岁）遭遇过家庭暴力。尽管《反对家庭暴力法》已实施多年，但受害者的求助和取证意识仍有待提高，相关部门在处理涉家暴案件时，仍掌握着不同的认定标准。尤其是涉及夫妻双方均有暴力行为时，多被认定为互殴，不属于法律规定的家暴情形。

一、案例简介

（一）基本案情

韩某与刘某于 2010 年 10 月 8 日登记结婚，2011 年 4 月 1 日生一子韩小某。韩某和刘某婚后常发生矛盾，韩某曾殴打刘某。2012年5月30日双方达成协议，该协议中，韩某保证不再殴打刘某，后刘某起诉离婚，又于2012年12月10日撤回起诉。同年12月18日，韩某、刘某再次达成协议，协议中韩某表示不再殴打刘某。2013年3月12日，刘某向公安机关报警称在家中被韩某打伤，并经良乡医院治疗损伤，后刘某起诉至法院要求离婚，于2013年6月6日撤回起诉。2015年3月1日，韩某、刘某再次发生矛盾后，韩某打伤刘某，刘某携韩小某回娘家居住。2015年4月10日，韩某和刘某发生争执，争执中刘某被致伤并到良乡医院治疗，韩某亦被致伤并到良乡医院治疗。刘某所受损伤经鉴定为轻微伤。

刘某第一次起诉离婚时，韩某在北京市房山区人民法院的调解笔录中明确保证将来不再打刘某了。

韩某本次起诉离婚称：我与刘某婚后常因琐事发生矛盾，影响了夫妻感情，故起诉离婚，韩小某由我抚养，刘某每月支付抚养费1600元。刘某辩称：同意离婚。韩小某由我抚养，韩某支付抚养费。2015年3月份至今，我抚养孩子期间，借款应由韩某偿还；结婚后，韩某多次对我实施殴打，将我打伤已经构成家庭暴力，要求韩某赔偿经济损失30万元。[1]

（二）法院裁决

1. 一审判决

刘某（女）在与韩某（男）共同生活中，双方多次发生矛盾，刘某被打的事实有韩某书写的协议书等证实，但是否构成家

---

[1] 详情参见北京市第二中级人民法院（2015）二中民终字第09294号民事判决书。

庭暴力双方存在争议。家庭暴力是指行为人以殴打、捆绑、残害、强行限制人身自由或其他手段，给家庭成员的身体、精神等方面造成一定后果的行为。双方均提供了 2014 年 10 月和 2015 年 3 月、4 月的诊断证明，双方发生冲突后各有伤情，伤情程度不同，双方均存在殴打对方的情形，刘某要求韩某离婚损害赔偿的请求，现有证据不足认定，可以在离婚后法定期限内另案诉讼处理。

2. 二审判决

原判认为韩某男对刘某构成家庭暴力进而不支持其离婚损害赔偿的请求欠妥，本院予以更正。关于韩某因此应赔偿刘某精神损害抚慰金的数额，综合考虑家庭暴力造成的后果及双方的工作收入、子女抚养等状况，本院酌定 3 万元为宜。

二、以案说法

本案的争议焦点是韩某对刘某是否构成家庭暴力的问题。

就本案而言，韩某对刘某是否构成家庭暴力，依据现有证据，具体分析如下：第一，暴力行为是客观存在的并造成了一定的身体伤害。依据 2012 年 5 月 4 日的离婚协议，2012 年 5 月 30 日、12 月 18 日的协议，2013 年 6 月 6 日北京市房山区人民法院的调解笔录及刘某的多次报警记录、就诊记录，可以认定韩某与刘某共同生活中，双方多次发生矛盾，韩某多次殴打刘某，给刘某的身体造成一定程度的伤害。第二，加害人屡悔屡犯、始终不改，造成受害人一定程度的心理伤害。结合前述协议的内容及刘某第一次起诉离婚后因韩某作出不再打人保证而撤诉的事实可以看出，韩某曾多次保证不再殴打刘某，道歉、忏悔成为当暴力行为暂时失效时加害人借以达到继续控制受害人的手段；刘某在庭审中称其出于保护自己和子女暂时免受家庭暴力伤害而无奈忍让的说法并非没有道理，从中亦可看出刘某因暴力行为而受到的心理伤害。第三，暴力行为呈现周期性、持续性，使受害人感到无助和无望。结合刘某的报警记录和就诊记录，可以认定，每隔一段时间，韩某即采取暴力方式解决其与刘某之间的矛盾；时间从2012年持续到2015年，暴力行为的发生和发展，呈周期性模式，显然不同于一般的夫妻纠纷。综上，韩某在与刘某的夫妻共同生活中，对刘某构成家庭暴力，刘某据此主张离婚损害赔偿于法有据，应予支持。

韩某上诉称其本人在双方纠纷中亦有受伤，双方之间的伤害行为属于互殴。但就现有证据而言，韩某仅提供了2015年4月10日其本人受伤的诊断证明，而刘某并不认可互殴情形的存在；且即便该次纠纷中双方存在互殴情节，依据双方对争执原因和事件经过的陈述，综合考虑争执过程中双方的体能和身高等身体状况、伤害情形和严重程度对比，亦不足以否定韩某在该次纠纷中对刘某未施加暴力行为；从2012年到2015年韩某对刘某多次施加的暴力行为已足以认定构成家庭暴力。

三、专家建议

家暴案件中，出现互殴的情况很多，家暴受害人一旦反抗就有可能给施暴方造成身体伤害，正是基于此种情况，即使受害者报警求助，往往也会被当作家务事草草调解了事，导致离婚时没有充分证明存在家暴的证据。建议家暴受害者一定要第一时间报警，保障人身安全，及时就医，同时向妇联、社区居委会、单位等相关部门求助，向法院申请人身安全保护令，切不可存在"家丑不可外扬"的心理。希望大家在面对家暴时，都能够勇敢地通过法律途径维护自己的权益，对家暴行为零容忍。

四、关联法条

《中华人民共和国反家庭暴力法》第二条、第十三条、第二十三条；《中华人民共和国妇女权益保障法》第十九条、第二十条、第二十一条。

离婚协议约定不明引发的离婚后财产纠纷

离婚的方式有两种，一种是到民政局办理协议离婚；另一种是到法院诉讼离婚。很多夫妻为了更平和地结束婚姻，同时也为了给日后的相处留一些余地，所以更愿意选择协议离婚。当然协议离婚会比诉讼更为便捷、省时、省力、省钱，但是在办理协议离婚时，如果签署的离婚协议存在法律漏洞，则会引发新的离婚后财产纠纷，让原本期待的和平相处变成对簿公堂。

一、案例简介

（一）基本案情

张某和程某于 2018 年 12 月 22 日协议离婚，《离婚协议书》中关于财产分割双方约定：下列财产归女方所有：北京市朝阳区建国路×号院×号楼×层×，奥迪×××汽车一辆；下列财产归男方所有：北京市通州区通胡大街×号×号楼×单元×号；波罗牌×××汽车一辆。除上述条款外，《离婚协议书》中无其他财产约定。离婚时，朝阳区房产登记在张某名下，贷款尚未偿还完毕；通州区房产登记在程某名下，贷款尚未偿还完毕。

车辆均登记在程某名下。

诉讼前，程某已将波罗车出售，置换了新的奔驰车，仍登记在程某名下。2020年1月，张某起诉至法院，请求判决奥迪车归自己所有，同时要求分割婚姻关系存续期间的存款和股票。程某不同意张某的诉讼请求，主张离婚时已口头约定各自名下存款和股票归各自所有。离婚协议约定奥迪车归程某所有，程某不同意将奥迪车判归张某，对于波罗车的出售款可归还给张某。经法院审理认定，离婚协议未涉及存款和股票的分割，遂判决平均分割双方银行账户截至离婚当日的存款余额；股票归程某所有，程某向张某支付折价款；奥迪车归张某所有，张某将奥迪车与波罗车出售款的差额折价给程某。①

（二）法院裁决

1. 一审判决

一审法院认为，双方所签《离婚协议》并未就存款及股票的分割进行约定，程某主张归各自所有缺乏依据，不予支持，张某主张分割股票及存款的诉求应予支持。根据调取双方离婚前一年的银行交易明细及公司关于程某名下股票情况说明，法院结合照顾子女和女方的原则对存款、股票进行了分割。对于车辆，考虑到北京小客车限购政策的背景，张某无法再取得波罗车，遂将奥迪车判归张某所有，酌情确定了差价作为折价款。

2. 二审判决

程某、张某均不服一审判决，提出上诉。二审法院驳回上诉，维持原判。

---

① 详情参见北京市朝阳区人民法院（2020）京0105民初9371号民事判决书。

二、以案说法

本案的争议焦点有两个：一是离婚协议未提及存款和股票分割是否意味着各自名下归各自所有？二是程某将离婚协议约定归张某的波罗牌车辆出售，张某能否主张奥迪车所有权？

三、离婚协议未约定的财产怎么处理

众所周知，离婚协议主要涉及三个方面的内容：一是婚姻关系的解除；二是子女抚养问题；三是夫妻共同财产分配问题。在司法实践中引发争议的主要是第二项和第三项。当夫妻共同财产种类繁多、情况复杂时，那么对于第三项财产分配就要作出全面、具体的约定，且一定要具有可执行性。本案即是因为张某与程某签订的离婚协议遗漏夫妻共同财产而引发的离婚后财产纠纷。程某认为未约定就默认为各自名下归各自所有，张某则认为属于未分割的夫妻共同财产。

法律对于这种情况是如何规定的呢？最高人民法院关于适用《民法典》婚姻家庭编的解释：

（一）第八十三条规定离婚后，一方以尚有夫妻共同财产未处理为由向人民法院起诉请求分割的，经审查该财产确属离婚时未涉及的夫妻共同财产，人民法院应当依法予以分割。所以很明确，离婚协议中有遗漏的夫妻共同财产未处理，相当于仍处于共有状态，不会因为婚姻关系的解除自动变为各自名下的财产属于各自。通过一、二审判决结果可知，张某的主张得到了法院的支持。

（二）一方将离婚协议中约定归属另一方的财产，在实际过户前进行处置会产生什么法律后果。

离婚协议在办理离婚登记时生效，离婚协议中涉及的财产分配不以是否办理过户登记手续为生效条件。本案中，虽然奥迪车和波罗车均登记在程某名下，但是离婚协议已经约定波罗车的所有权归张某。程某借助登记在自己名下的便利条件，将归属于张某的车辆出售，显然是对张某财产权益的侵犯。尽管程某愿意将波罗车出售款返还给张某，但是考虑到特定地区的限购政策，当事人所主张的实际权益并非车辆本身，还包含车辆附带的车牌指标，所以程某返还车辆出售款并不足以弥补给张某带来的损失，遂法院根据公平原则，判决奥迪车归张某所有，由张某向程某支付一定的差价。

显然，对于车辆的判决结果，对于程某来说是具有惩罚性质的。

四、专家建议

协议离婚和诉讼离婚相比，只是缩短了诉讼周期而已，离婚协议的内容有时要比判决更为全面。例如孩子的抚养费可以约定至 18 岁以后，而判决只能支持给付到 18 周岁。那么抚养费支付的数额、具体时间、增加条件等都可以约定具体的条款，而注明什么样的标点符号都会引起歧义，所以每一个细节都可能会引发日后的一场诉讼。离婚协议还应当尽可能将夫妻共同财产列明，约定明确的归属，包括债权和债务。如果不列明，日后一方发现，那么是可以作为夫妻共同财产继续分割的。如果是有意隐瞒，还有可能被认定隐藏、转移夫妻共同财产，最终少分或不分财产。所以，当财产情况复杂时，建议寻求专业法律人士代为起草离婚协议，降低诉讼风险，保障协议的可执行性。

五、关联法条

《民法典》第一千零六十二条、第一千零七十六条、第一千零九十二条;《最高人民法院关于适用〈中华人民共和国民法典〉婚姻家庭编的解释（一）》第八十三条。

重婚婚姻关系无效，重婚财产部分属于原配

常言道："婚姻大事，岂能儿戏。"在日常生活中婚姻关系被确认无效，是非常严重的情况，将导致作为社会组建单位——"家庭"的不稳定性，故我国法律对于婚姻无效作出了明确的范围界定，仅有在符合法律规定的情况下，才能认定婚姻关系无效。一旦婚姻被司法机构认定无效，则双方在"无效婚姻"期间产生的财产、子女抚养问题，均需要予以处理。

一、案例简介

（一）基本案情

1996 年，田某与赵某登记结婚。1998 年经北京市西城区人民法院调解离婚。2008 年，田某与赵某重归于好，在北京市西城区民政局登记复婚。此后双方因性格不合，渐行渐远，但未办理离婚手续。

2014 年，赵某与另一位女士刘某在北京市丰台区民政局登记结婚，后共同生活并育有一子。在刘某、赵某共同生活期间，刘某购买了小型轿车一辆，购车款 25 万元人民币，刘某、赵某承认各支付了一半费用。

2021 年初，赵某重婚情迹败露，北京市西城区人民检察院提起控告，经过北京市西城区人民法院判决：赵某犯重婚罪，判处有期徒刑 6 个月。2021 年 9 月，北京市西城区人民法院作出民事

判决，判决田某与赵某离婚。

2021 年 12 月，田某诉至法院，要求判决刘某与赵某的婚姻无效，并要求判令刘某向田某支付车辆折价款 100000 元。[①]

（二）法院裁决

1. 一审判决

案件中，赵某在与田某婚姻存续期间，又与刘某登记结婚，赵某的行为已构成重婚，现田某主张赵某与刘某婚姻无效，证据充分，于法有据，予以支持。

小型轿车系在赵某与刘某同居期间所取得的财产，属于赵某与刘某共同共有，因双方各支付了购车款的 50%，故确认赵某、刘某对小型轿车各占有 50% 的份额。因赵某系在与田某婚姻存续期间支付了小型轿车的购车款，故确定赵某对小型轿车占有的 50% 份额属于赵某与田某的夫妻共同财产，根据赵某的过错程度确定田某占有 70% 的份额，赵某占有 30% 的份额。

2. 终审判决

案件中，赵某在与田某婚姻存续期间，又与刘某登记结婚，赵某的行为已构成重婚，现田某主张赵某与刘某婚姻无效，证据充分，于法有据，予以支持。小型轿车系在赵某与刘某同居期间所取得的财产，属于赵某与刘某共同所有，因双方各支付了购车款的 50%，故确认赵某、刘某对小型轿车各占有 50% 的份额。因赵某系在与田某婚姻存续期间支付了小型轿车的购车款，故确定赵某对小型轿车占有的 50% 份额属于赵某与田某的夫妻共同财产，根据赵某的过错程度确定田某占有 70% 的份额，赵某占有 30% 的份额。现田某要求刘某向其支付车辆折价款的诉讼请

---

① 详情参见北京市第二中级人民法院（2021）京 02 民终 17256 号民事判决书。

求，予以支持。

二、以案说法

根据本案的实际情况，本书对"婚姻无效"做出如下几点介绍：

（一）什么情况下婚姻无效

根据《民法典》第一千零五十一条的规定：有下列情形之一的，婚姻无效：（一）重婚；（二）有禁止结婚的亲属关系；（三）未到法定婚龄。另根据《最高人民法院关于适用〈中华人民共和国民法典〉婚姻家庭编的解释（一）》第十七条第一款规定：当事人以《民法典》第一千零五十一条规定的三种无效婚姻以外的情形请求确认婚姻无效的，人民法院应当判决驳回当事人的诉讼请求。

本案中，赵某有配偶而与他人登记结婚，其行为已触犯刑律，构成重婚罪。赵某明确具有重婚情节，符合婚姻无效的法定条件，故法院判决赵某与刘某婚姻无效。但若在其他案件中除以上三种法定情形外的情况下，当事人主张婚姻无效的，则法院将驳回当事人的相关诉讼请求。

（二）婚姻无效后，婚姻无效双方共同所有的财产如何分配

婚姻被宣告无效后，婚姻关系自始无效，婚姻无效的双方属于同居关系。同居期间双方所得的财产，由当事人协议处理；协议不成的，由人民法院根据照顾无过错方的原则判决。对重婚导致的无效婚姻的财产处理，不得侵害合法婚姻当事人的财产权益。

本案中，赵某与刘某婚姻无效后，其同居期间购买的车辆属于共同财产，双方自认各出一半的费用，法院予以确认。但由于赵某系重婚期间出资购买车辆，故赵某出资部分属于赵某和田某的共同财产，田某作为合法婚姻当事人，有权享有赵某出资这部分财产的份额。

此外，提醒注意的是，根据《最高人民法院关于适用〈中华人民共和国民法典〉婚姻家庭编的解释（一）》第十六条的规定：人民法院审理重婚导致的无效婚姻案件时，涉及财产处理的，应当准许合法婚姻当事人作为有独立请求权的第三人参加诉讼。即若本案系赵某与刘某之间产生纠纷，确认婚姻无效后分割财产的，原配妻子，即合法婚姻当事人田某，也可以作为有独立请求权的第三人参与到赵某和刘某财产处理的案件之中。

三、专家建议

婚姻对象的选择，是人生诸多选择中较为重要的一个。在选择婚姻对象前，应当对对方的家庭背景、社会背景、身体情况及婚否情况进行全面的了解。另外在与他人缔结婚姻关系前，自身也要确认自己是否符合缔结婚姻关系的条件，是否已达到适婚年龄，是否有尚未终结的婚姻关系，谨防出现婚姻无效的尴尬境地，造成既"情债难还"，又"人财两空"的局面。

四、关联法条

《民法典》第一千零五十一条、第一千零五十四条，《最高人民法院关于适用〈中华人民共和国民法典〉婚姻家庭编的解释（一）》第十二条、第十六条、第十七条、第二十一条、第二十二条。

一方隐瞒精神分裂症病情，是否可以此撤销婚姻？

一纸婚约，一生允诺，婚姻是执子之手、与子偕老的契约，契约的达成和履行需要双方遵守诚实原则。人无信而不立，若婚姻关系中缺乏诚信，充斥谎言，那么同样可能面临着婚姻关系的破灭。

一、案例简介

（一）基本案情

朱某与陈某于 2019 年 5 月通过相亲认识，后于 2019 年 8 月 6 日登记结婚，婚后未生育子女。

朱某主张陈某在婚前并在婚后持续患有精神疾病，没有完全治愈的可能，陈某的患病情况足以影响其决定结婚的自由意志，且对婚后生活造成重大不利影响，如果其知道陈某的患病情况，决不会和陈某结婚，故朱某曾向法院提起诉讼，要求确认其与陈某之间婚姻无效，法院以陈某所患精神疾病不属于《中华人民共和国婚姻法》规定的婚姻无效情形中所指的"不应当结婚"的疾病为由，驳回了朱某的诉讼请求。在确认婚姻无效纠纷中，经法院委托，中衡鉴定所出具《司法鉴定意见书》，鉴定意见为：被鉴定人陈某患有偏执型精神分裂症，受所患疾病影响，对事物的辨认能力削弱，评定为限制民事行为能力。

朱某又提起了撤销婚姻之诉，一审法院于 2020 年 10 月 28 日收到起诉材料。

在撤销婚姻之诉中，法院曾于 2020 年 9 月 7 日委托中衡鉴定所补充对以下事项的鉴定：1.陈某在 2019 年 8 月 6 日前是否患有偏执型精神分裂症；2.陈某与朱某于 2019 年 8 月 6 日领取结婚证后，陈某所患有的偏执型精神分裂症是否已经治愈。中衡鉴定所复函称："收到贵院补充鉴定评估函后，我们对全部材料进行审核，经讨论分析，认为：依据现有病历资料，不能证明陈某所患偏执型精神分裂症已达临床治愈，其在 2019 年 8 月 6 日前及领取结婚证后处于该病的何种状态（疾病期或缓解期）无法评定。"①

（二）法院裁决

一审法院认为陈某所患偏执型精神分裂症属于《民法典》第一千零五十三条中所称"重大疾病"，判决撤销朱某与陈某之间的婚姻，陈某向朱某支付精神损害抚慰金 30000 元、鉴定费用 6650 元，驳回朱某其他诉讼请求。

二审法院认为一审判决认定事实清楚，适用法律正确，应予维持，判决驳回上诉，维持原判。

二、以案说法

本案双方的争议焦点包含以下两点：一是朱某起诉要求撤销婚姻是否超过一年的除斥期间；二是陈某所患精神疾病是否属于《民法典》第一千零五十三条规定的"重大疾病"。

（一）是否超过一年的除斥期间

《民法典》规定，因对方隐瞒重大疾病请求撤销婚姻的，应当自知道或者应当知道撤销事由之日起一年内提出，该条系《民法典》新规，2019 年 10 月的法律条文中并无此项规定。本案中，即使朱某于 2019 年 10 月知晓陈某患有重大疾病而未告知，在当

---

① 详情可参见北京市第二中级人民法院（2021）京 02 民终 5275 号民事判决书。

时亦无法行使婚姻撤销权。从充分保护当事人合法权益的角度出发，法院参照适用《最高人民法院关于适用〈中华人民共和国民法典〉时间效力的若干规定》第二十五条，将朱某起诉行使撤销权的除斥期间确定为《民法典》施行之日起一年内亦属适当，故陈某上诉主张朱某的起诉超过一年的除斥期间不能成立。

（二）偏执型精神分裂症是否属于可撤销婚姻中的"重大疾病"

《民法典》规定夫妻一方患有重大疾病的婚前告知义务，若婚前隐瞒重大疾病则另一方可申请撤销婚姻。对于"重大疾病"的内涵，《民法典》并未作出明确规定。根据《母婴保健法》规定，婚前医学检查包括下列疾病的检查：（1）严重遗传性疾病；（2）指定传染病；（3）有关精神病。一般来讲，重大疾病通常是指医治花费巨大且在较长一段时间内严重影响患者的正常工作和生活的疾病。一审法院按照该疾病是否能够足以影响另一方当事人决定结婚的自由意志或者是否对双方婚后生活造成重大影响的标准严格把握亦属适当，二审法院不持异议。

本案中，陈某所患偏执型精神分裂症具有长期性、反复性等特征，需要长期服药控制，且停药后容易复犯，在发病期间亦伴有暴力行为。就陈某的实际治疗情况而言，其自2005年经诊断为"偏执状态"并需要通过服药方式控制病情后至2020年期间，多次出现病情波动，停药后出现复犯，其间存在发脾气、打骂家人甚至需要警察予以协助住院治疗等情况。故综合本案实际情况，陈某所患精神疾病对日常生活存在较为严重的不利影响，而夫妻双方在共同空间内长久生活，具有高度亲密性，对朱某而言，陈某的患病情况亦会对双方的共同生活产生重大影响，且足以成为影响其决定是否缔结婚姻的重要考量因素，故陈某所患精神疾病属于前述法律规定中的"重大疾病"范畴。

依据查明的事实，陈某并未提交充分证据证明其在婚前将其患有重大疾病的情况向朱某如实告知，朱某在未超出法定除斥期间内，依据《民法典》第一千零五十三条规定要求撤销婚姻的主张符合法律规定。

三、专家建议

婚姻需用心经营，更需诚信经营，《民法典》新增的婚姻撤销权就是对遭受不诚信婚姻的法律救济，若存在影响到缔结婚姻意愿的重大疾病，则应在缔结婚姻前告知对方，否则可能面临婚姻被撤销的后果。

四、关联法条

《民法典》第一千零五十三条、第一千零五十四条，《最高人民法院关于适用〈中华人民共和国民法典〉时间效力的若干规定》第二十五条。

夫妻财产约定是否可以撤销？

生活中，夫妻双方存在对婚前及婚姻存续期间的财产进行约定，并签订夫妻财产约定协议书的情况。虽然该约定在事实上对复杂的夫妻财产关系具有一定的明确作用，但在夫妻关系不稳定时，则容易产生夫妻一方请求撤销夫妻财产约定的诉讼。夫妻财产约定能否撤销问题不仅关乎夫妻之间的稳定与和谐，也关系着个人的切身权益，对于该问题的处理应重点关注并慎重对待。

一、案例简介

（一）基本案情

蔡某与林某于 2012 年 3 月 30 日登记结婚。2015 年 10 月 11 日，由于林某在婚姻存续期间与其他女子有婚外情，为了维持婚姻关系，双方签订了《婚内财产协议》。协议主要包括两个方面：1. 林某个人财产某商品房 1（现房屋产权登记人为林某个人所有）产权 100% 归蔡某个人所有。林某需配合完成过户手续。如林某反悔则林某以个人所属财产支付蔡某 200 万元作为补偿；2. 双方婚姻存续期间的共有房屋某商品房 2，共有汽车，蔡某从所在公司获得的股票、期权等财产，双方借给林某父亲用于购买某汽车的 18 万元债权，以及替林某父亲偿还车辆贷款的债权，蔡某设置的个人专用银行账户的存款均归蔡某个人所有。后林某向一审法院提起诉讼，请求撤销《婚内财产协议》所有条款。[①]

（二）法院判决

1. 一审判决

一审法院认为，林某将个人婚前所购买的房屋赠与蔡某系夫妻之间的赠与，林某作为赠与方有权在房产变更登记之前撤销赠与。而《婚内财产协议》的其他约定应视为双方对夫妻共同财产的约定，该约定系双方真实意思表示且不违反法律法规的禁止性规定，合法有效。故一审法院判决支持林某撤销"某商品房 1 归蔡某个人所有"约定的请求，驳回林某的其他诉讼请求。

---

① 详情参见北京市第三中级人民法院（2019）京民申 544 号再审审查与审判监督民事裁定书。

2.二审判决

二审法院认为一审判决认定事实清楚，适用法律正确，应予维持。故判决驳回上诉，维持原判。

3.终审判决

终审法院认为两审法院根据查明的事实并结合相应证据所做判决，并无不当。故裁定驳回林某的再审申请。

二、以案说法

本案的争议焦点主要有两个：一是林某与蔡某的夫妻财产约定是否可视为对另一方的赠与？二是该夫妻财产约定能否撤销？

（一）夫妻财产约定和夫妻财产赠与的区分

《民法典》第一千零六十五条规定，男女双方可以约定婚姻关系存续期间所得的财产以及婚前财产归各自所有、共同所有或者部分各自所有、部分共同所有。夫妻对婚姻关系存续期间所得的财产以及婚前财产的约定，对双方具有法律约束力。该条款即为我国对于夫妻财产约定的规定。夫妻财产约定，是指夫妻之间关于财产安排的约定，旨在排除夫妻法定共有财产制在夫妻财产分割时的适用。而赠与制度，是一项针对具体的财产所有权无偿转移的具体约定。赠与行为的成立要件包括：第一，所赠财物须为赠与人合法所有的财物；第二，赠与必须是赠与人自身意志的真实表示；第三，受赠人自愿接受赠与。夫妻财产约定和夫妻财产赠与具有如下区别：

1.涵盖财产范围不同。夫妻财产约定是对夫妻各方或双方名下的部分财产或全部财产作出的一般性、总括性安排。而夫妻财产赠与是针对个别财产的处理。因此，夫妻财产约定中涵盖的财产范围大于夫妻财产赠与；此外，夫妻财产约定除了可对现有财产归属进行约定，也可对日后取得的财产的归属、对外债权债务的享有和承担进行约定。而赠与则通常是对现有的、已经存在的财产所有权归属的约定。

2. 目的不同。夫妻财产约定除了在事实上使另一方取得财产而未支付对价外，还具有对夫妻财产进行分割与分配、对家庭财产关系进行安排的意思表示。而赠与的目的是将个别财产无偿给予对方并使对方财富增值。

3. 排除效力不同。夫妻财产约定可以排除夫妻共有制在夫妻财产分割时的适用。而夫妻财产赠与，往往不具有直接排除夫妻财产共有制在夫妻财产分割中适用的功能。

本案中，《婚内财产协议》约定林某的个人财产某商品房1归蔡某个人所有。本书认为，该约定属于夫妻间的赠与行为。首先，该约定属于针对个别财产并事实上使蔡某财富增值的行为，改变的是该个别财产的权利归属状态，且该行为符合赠与行为的成立要件。其次，根据《民法典》第一千零六十五条，我国法律规定的夫妻财产并不包括将一方名下财产约定为另一方所有的情形。《最高人民法院关于适用〈中华人民共和国民法典〉婚姻家庭编的解释（一）》第三十二条规定："婚前或者婚姻关系存续期间，当事人约定将一方所有的房产赠与另一方或者共有，赠与方在赠与房产变更登记之前撤销赠与，另一方请求判令继续履行的，人民法院可以按照《民法典》第六百五十八条的规定处理。"因此，本案中，林某同意其个人财产某商品房1归蔡某个人所有，实为夫妻间的赠与行为。

而对于本案中《婚内财产协议》约定双方婚姻存续期间的共同财产归蔡某个人所有，该约定具有对夫妻共同财产进行分割与分配、对家庭财产关系进行安排的意思表示，因此属于《民法典》第一千零六十五条规定的夫妻财产约定。

（二）夫妻财产约定是否可予以撤销？

若夫妻对财产的约定认定为赠与行为，则根据《最高人民法院关于适用〈中华人民共和国民法典〉婚姻家庭编的解释（一）》第三十二条规定，赠与方在赠与房产变更登记之前可以撤销赠与。若夫妻对财产的约定协议认定为夫妻财产约定，由于该约定系双方真实意思表示，且不违反法律法规的禁止性规定，对双方均具有法律约束力，不可撤销。

三、专家建议

由于司法实务中对于夫妻财产约定协议的性质认定存在较多争议，如果夫妻一方想避免另一方行使任意撤销权，可以采取以下措施：第一，对夫妻财产约定进行公证。根据《民法典》第六百五十八条规定，经过公证的赠与协议不可撤销。第二，对夫妻财产约定中的涉案不动产及时办理不动产变更登记。第三，在夫妻财产协议中约定赠与人放弃任意撤销权。遵循意思自治原则，赠与人自愿放弃任意撤销权的，应当按照夫妻财产协议约定分配房产。第四，在夫妻财产协议中约定若撤销赠与的，应当支付一定数额的违约金。

四、关联法条

《民法典》第六百五十七条、第六百五十八条、第六百六十三条、第六百六十四条、第一千零六十五条，《最高人民法院关于适用〈中华人民共和国民法典〉婚姻家庭编的解释（一）》第三十二条。

仅以出轨为由能否要求离婚损害赔偿？

"一家仁，一国兴仁。"家庭是社会的基本细胞，家庭和谐是社会和谐高塔的累土。在婚姻关系存续期间，夫妻应当互相忠实，互相尊重，互相关爱，如果其中一方违反法定的夫妻义务，势必会侵犯另一方的权利，使对方蒙受物质或精神上的损害。离婚损害赔偿制度是我国一项重要的离婚救济制度，为婚姻家庭带来立法关怀，依法维护了婚姻中无过错方的合法权利，保护了婚姻中受伤的感情。

一、案例简介

（一）基本案情

原告某强与被告某红于 2019 年 9 月 6 日协议离婚，《离婚协议书》中载明：双方领养女儿小美，后生育儿子小帅，并约定女儿小美、儿子小帅均由被告某红抚养，原告承担女儿小美抚养费每月 1000 元直至 18 周岁。原被告双方曾于 2019 年 2 月 18 日到上海某医学检验公司做亲子鉴定，但在鉴定过程中因某红更换亲子鉴定所需检材，造成形式上载明支持某强与小帅之间的生物学亲子关系的鉴定结果其实并不属实。2020 年，某强向法院提起诉讼，要求某红赔偿某强精神损害抚慰金 50000 元、各项损失（怀孕期间医院检查费 20000 元、亲子鉴定费 10000 元、医院生育费用 15000 元、孩子满月酒费用 30000 元、怀孕期间原告给孩子现金 15000 元、出生后抚养费 30000 元、营养费 20000 元、政府生育补贴金 20000 元）共计 160000 元，诉讼费由被告负担。①

（二）法院裁决

法院认为，本案诉讼过程中，原告提出亲子关系鉴定申请，被告确认小帅并非原告某强亲生，亲子关系鉴定已无必要，法院确认原告某强与小帅不存在亲子关系。被告的行为致使原告人格权益遭受非法侵害，法院酌情确定被告赔偿原告精神损害抚慰金 30000 元。因原告与小帅不存在自然血亲父子关系，故在本案中原告对小帅不存在法定抚养义务，因被告隐瞒导致原告转账或支付生育相关联的住院、消费等支出。原告诉请要求被告赔偿原告各项物质损失共计 160000 元，但其并未提供充分的证据证明其物质损失达 160000 元，故法院酌情确定被告应赔偿原告损失 60000 元。

二、以案说法

本案的争议焦点主要有两个：在未能证明存在与他人同居的情况下，仅以出轨为由能否要求离婚损害赔偿，以及离婚损害赔偿金额如何确定。

（一）离婚损害赔偿的适用条件

离婚后损害责任纠纷，是指离婚纠纷中无过错的一方在婚姻登记机关办理离婚登记手续后，或者在人民法院判决离婚、调解离婚后，要求有过错的一方承担损害赔偿责任而引发的民事纠纷。

离婚损害赔偿的适用前提之一是一方对婚姻存在过错，该过错必须是导致离婚的原因，虽有过错，但并未导致离婚，或虽然

---

① 详情参见浙江省平湖市人民法院（2020）浙 0482 民初 3369 号民事判决书。

离婚，但诱发离婚的因素并非过错方的过错行为的，不能适用离婚损害赔偿。同时，过错方实施了妨害离婚关系的违法行为，具体体现为《民法典》第一千零九十一条列举的情形（重婚、与他人同居、实施家庭暴力、虐待、遗弃家庭成员或有其他重大过错）。此外，还需另一方不存在过错。夫妻双方均有违反婚姻义务或家庭义务行为的，不符合离婚损害赔偿的主体要求，均无权请求获得补偿或救济。

（二）在未证明存在与他人同居的情况下，仅以出轨为由能否要求离婚损害赔偿

《民法典》生效之前，离婚损害赔偿的适用情形限制在《婚姻法》第四十六条，即仅有重婚、有配偶者与他人同居、实施家庭暴力、虐待、遗弃家庭成员四种情形。显然出轨但无证据证明对方与他人同居并不属于上述四种情况。很多情况下，出轨行为无法获得赔偿，其最大的障碍在于没有相关法条对应，只能以《婚姻法》第四条夫妻互有忠实义务作为法律依据，但是《婚姻法》对违背忠实义务将承担什么责任也不明确，这就导致无过错方索赔困难重重。《民法典》生效以后，在第一千零九十一条增加了兜底性条款"其他重大过错"，扩大了离婚损害赔偿制度的适用范围。那么，是否意味着出轨损害赔偿将得到支持？离婚以后发现婚姻存续期内对方出轨，是否可以要求赔偿呢？

本书认为不能仅以出轨行为存在与否作为离婚损害赔偿的依据，更重要的是要综合考虑具体案件中出轨行为对受害方的侵害程度是否和《民法典》第一千零九十一条中明确列举的四种情形相等同。本案中，过错方不但与其他异性存在不正当男女关系，还与其生育一子，该行为必然严重影响双方当事人夫妻感情，也与双方夫妻感情最终破裂有相应的因果关系，由此必然给其配偶造成心理上的打击和精神上的创伤，应当属于《民法典》中规定的"其他重大过错"的行为。虽然原告是在签订《离婚协议书》后才得知儿子非自己亲生，但原告在得知所抚养的子女非亲生时，会使其自尊心严重受挫，所受到的精神损害是客观存在的，因此应由被告某红对原告某强承担离婚损害赔偿金额的责任。

（三）离婚损害赔偿金额如何确定

离婚损害赔偿包括物质损害赔偿和精神损害赔偿。离婚损害赔偿更多的是精神损害赔偿，个案中的赔偿数额由法官自由裁量，赔偿金额也普遍不高，集中在 5000 元至 50000 元之间，超过 50000 元的案例占比较小。实践中，有因过错方存在遗弃家庭成员的行为，法院判决支持无过错方获赔 10 万元的案例。

本案中，法院考虑被告某红的过错程度、手段、行为方式等因素，酌定过错方赔偿精神损害抚慰金 30000 元。原告某强主张怀孕期间医院检查费、亲子鉴定费、抚养费、营养费等共计 160000 元，法院考虑到原告主张的费用亦包含双方婚姻关系存续期间用于家庭共同生活的费用，且原告并未提供充分的证据证明其物质损失达 160000 元，综合原告的转账、消费记录以及庭审中双方陈述的事实，酌情确定被告应赔偿原告损失 60000 元。

三、专家建议

婚姻中的受害方要重视书面协议的效力，从目前法院支持的几例较大金额离婚损害赔偿的判决中来看，在婚内过错发生后，过错方愿意进行高额赔偿并能够达成书面协议的，法院支持的概率大于其他情形。另外，提出离婚损害赔偿请求时注意证据的有效收集，婚内与他人生育子女的案件之所以能获得更多支持，主要是因为该类案件的证据较易认定，另外，以"有其他重大过错"提起诉请时,更应该注重形成完整的证据链条,以此增强法院支持的可能性。

四、关联法条

《民法典》第一千零九十一条,《最高人民法院关于适用〈中华人民共和国民法典〉婚姻家庭编的解释(一)》第八十六条、第八十九条,《最高人民法院关于确定民事侵权精神损害赔偿责任若干问题的解释》第五条。

●继承纠纷

外孙女能继承外祖父母的遗产吗？

少年丧父或丧母是人生之大不幸，世人对此都抱有高度同情。这些经历大不幸的人们，拥有代替他们的父亲或母亲继承他们的祖父母或外祖父母遗产的权利，在法律上称为"代位继承"。当他们的祖父母或外祖父母去世以后，拥有代位继承权的他们在继承遗产时，可能还要面临自己的继承份额被侵夺的难堪局面。他们的叔父、舅父或其他有继承权的亲属，有的见财起意，会以他们没有尽到赡养义务等为借口而企图侵占他们应得的继承份额。假如一位外孙女遭遇这样窘境时，她该怎么办呢？

一、案例简介

（一）基本案情

李某与田某夫妻二人生育李某华、李某1、李某2、李某3四个子女。李某于2015年去世，田某于2021年去世。李某与田某去世时都未留下遗嘱。二人主要遗产有位于北京市通州区杨庄北街的一套房屋和银行存款379000元等。李某华于1998年死亡，留下独生女张某。2021年12月，张某、李某1、李某2以李某3为被告共同向通州区人民法院提起诉讼，请求依法分割上述遗产。被告李某3主张应由其和李某1、李某2平均分割，张某不分或少分。原因是张某的母亲李某华早已去世，张某作为被继承人的外孙女并未尽到赡养被继承人的义务，但李某3并未对此提交证据证明。张某在母亲李某华去世时未成年，随后因生活困难被寄养在姨妈李某1家。张某成年后与姨妈李某1共同对被继承人尽了赡养义务，李某1对此认可。李某2同样对张某均分遗产不持异议，也不认为张某没有对被继承人尽到赡养义务。对于李某3主张张某少分遗产或不分遗产的理由，法院认为缺乏证据证明和法律依据，不予采信。张某作为李某华的女儿，因李某华作为被继承人李某和田某的女儿先于被继承人死亡，故由其女儿（晚辈直系血亲）张某代位继承。

（二）法院裁决

李某与田某夫妻二人位于北京市通州区杨庄北街的一套房屋和银行存款379000元等遗产，由李某1、李某2、李某3、张某各继承四分之一份额。

二、以案说法

继承法律制度用以规范自然人死亡后其遗产的归属。继承的形式有法定继承和遗嘱继承。法定继承是按照法律规定的继承人范围、继承顺序和遗产分配方式所进行的继承方式。遗嘱继承是按照被继承人生前遗嘱指定的继承人所进行的继承方式。代位继承作为法定继承的一种，是指被继承人的子女先于被继承人死亡或被人民法院宣告死亡时，由被继承人子女的晚辈直系血亲代替被继承人子女继承被继承人遗产的继承制度。先于被继承人死亡的继承人，就是被代位继承人，即被代位人。代替被代位人继承遗产的人，就是代位继承人，即代位人。代位人代替被代位人继承遗产的权利，就是代位继承权。直系晚辈血亲指被代位人的子女、孙子女、外孙子女等，不受辈分限制。这里的"子女"包括婚生子女、非婚生子女、养子女和有扶养关系的继子女。在本案中，李某与田某夫妻二人是被继承人，他们的子女李某华、李某1、李某2、李某3是继承人，对其留下的遗产有继承权。李某华作为被继承人李某和田某的女儿先于被继承人死亡，故由其女儿（晚辈直系血亲）张某代位继承，继承属于李某华的份额。李某华是被代位继承人，其女张某是代位继承人。这也是张某能作为原告提起诉讼的法律依据。

继承权男女平等。宪法是国家根本大法，规定"中华人民共和国妇女在政治的、经济的、文化的、社会的和家庭的生活等各方面享有同男子平等的权利"。宪法这一规定在继承法律制度的体现就是被继承人的子女拥有同等继承权。本案中，李某与田某夫妻二人生育的李某华、李某1、李某2、李某3四个子女具有同样的继承权利。不得因为李某华是女儿而减损她的继承份额。

继承顺序。继承开始后，按照法定继承办理；有遗嘱的，按照遗嘱继承或者遗赠办理；有遗赠扶养协议的，按照协议办理。遗产继承顺序：第一顺序：配偶、子女、父母。第二顺序：兄弟姐妹、祖父母、外祖父母。继承开始后，由第一顺序继承人继承，第二顺序继承人不继承。被继承人的子女先于被继承人死亡的，由被继承人的子女的晚辈直系血亲代位继承。代位继承人一般只能继承他的父亲或者母亲有权继承的遗产份额。同一顺序继承人继承遗产的份额，一般应当均等。

继承人丧失了继承权，他的子女还有代位继承权吗？继承人子女的代位继承权源于继承人，继承人因为不法行为而丧失继承权，他的晚辈直系血亲自然不得代位继承。如果代位继承人丧失劳动能力又没有生活来源的，可适当分给遗产。

三、专家建议

继承从被继承人死亡时开始。继承权纠纷诉讼时效是三年，自继承人知道或者应当知道自己权利被侵犯之日起计算。但是，自继承权利受到损害之日起超过 20 年的，人民法院不予保护。继承人要关心自己继承权利的状态，比如有哪些遗产、遗产保存地点、遗产保管人等。根据自己的情况，及时行使权利。有些继承关系比较复杂，需要向专业人士咨询，就尽早咨询律师，以免自己的权利遭到侵害。本案中，张某在主张继承权利遇到阻碍后，与其他原告一起向法院提起诉讼，请求分割遗产。通过诉讼，顺利解决了继承纠纷，得到了自己应得的份额，有效地维护了自己的合法权益。

四、关联法条

《民法典》第一千一百二十一条、第一千一百二十三条、第一千一百二十五条、第一千一百二十六条、第一千一百二十七条、第一千一百二十八条、第一千一百三十条。

遗嘱继承能"成"吗？

继承容易起纠纷，因继承遗产导致的纠纷常常不期而遇。悲伤未消，新怨又起，徒增凄凉。这些纠纷往往导致亲情破裂，本为至亲却形同陌路，惹人喟叹！为避免发生继承纠纷，维护亲情和谐、家庭和睦，生前立遗嘱是行之有效的办法。

一、案例简介 ①

（一）基本案情

陈某、姬某夫妻二人生育陈某1、陈某2兄妹，姬某于2017年2月28日去世。陈某1与前妻生育一女陈某蝉，两人于2000年3月离婚。陈某1名下有位于北碚区华光村的房屋一套。2021年10月，陈某1在律师苟楠、钱强的见证下，由苟楠代书遗嘱一份，陈某1自愿将其名下位于北碚区华光村的房屋及名下社保可能产生的利益在身故后全部由陈某2继承，其他人无继承权，陈某2负责其后事。陈某1于2022年2月去世。2022年4月，陈某2起诉陈某蝉、陈某，请求法院判决陈某1留下的位于重庆市北碚区华光村的房屋由她个人继承；判决二被告配合原告办理产权变更登记手续。被告陈某蝉、陈某主张案涉房屋应该由陈某2、陈某蝉、陈某各占三分之一。法院认为，继承开始后，按照法定继承办理；有遗嘱的，按照遗嘱继承或者遗赠办理。本案中，被继承人陈某1生前留有代书遗嘱一份，该代书遗嘱符合法律规定，继承开始后，应按照被继承人陈某1的遗嘱办理，即案涉房屋由陈某2继承。被告陈某蝉提出陈某1立遗嘱时并非自愿，而是原告陈某2胁迫为之，但其也明确表示没有证据证明，法院不予采信。

（二）法院判决

陈某1名下位于北碚区华光村的房屋由陈某2继承，陈某蝉、陈某配合陈某2办理该房屋产权变更登记手续。

二、以案说法

继承中的遗产是被继承人死亡时遗留的个人合法财产，包括：

---

① 重庆市北碚区人民法院民事判决书（2022）渝0109民初5660号。

（1）公民的收入；

（2）公民的房屋、储蓄和生活用品；

（3）公民的林木、牲畜和家禽；

（4）公民的文物、图书资料；

（5）法律允许公民所有的生产资料；

（6）公民的著作权、专利权中的财产权利；

（7）股份有限公司的股份、有限责任公司的出资、合伙企业中的出资、独资企业的投资等企业出资权益；

（8）有价证券及收益；

（9）公民的履行标的为财物的债权；

（10）荒山、荒沟、荒丘、荒滩承包经营权、林地承包经营权、海域使用权；

（11）公民的其他合法财产。

自然人可以立遗嘱将个人财产指定由法定继承人中的一人或者数人继承，可以立遗嘱将个人财产赠与国家、集体或者法定继承人以外的组织、个人，也可以依法设立遗嘱信托。立遗嘱是自然人的权利。电视剧《情满九道湾》中，赵亚静立遗嘱把自己的一半财产遗赠给杨树茂，其弟赵亚平知道后，不顾赵亚静病重，前去争吵，导致赵亚静心脏病发作。赵亚平无权这样做，处理自己的财产是赵亚静的权利。

遗嘱有自书遗嘱、代书遗嘱、打印遗嘱、录音遗嘱、口头遗嘱、公证遗嘱等形式。遗嘱符合法律规定的条件就能有效。遗嘱继承优先于法定继承。

本案中就是代书遗嘱。根据《民法典》第一千一百三十五条规定，代书遗嘱应当有两个以上见证人在场见证，由其中一人代书，并由遗嘱人、代书人和其他见证人签名，注明年、月、日。2021 年 10 月，陈某 1 在律师苟楠、钱强的见证下，由苟楠代书遗嘱一份，符合法律规定，法院认为合法有效。最终按遗嘱继承，判决陈某 1 名下位于北碚区华光村的房屋由陈某 2 继承。

遗嘱继承能"成"吗？能啊！关键是要符合法律规定。现实中，遗嘱往往因为不符合法律形式要件而无效。立遗嘱人应当是完全民事行为能力人。下列人员不能作为遗嘱见证人：无民事行为能力人、限制民事行为能力人以及其他不具有见证能力的人；继承人、受遗赠人；与继承人、受遗赠人有利害关系的人。哪些人是与继承人、受遗赠人有利害关系？这些人包括：继承人或者受遗赠人的债权人、债务人、合伙经营的共同合伙人；或者是双方有亲属关系，如是继承人的子女、配偶等都不能作为遗嘱的见证人。不符合法律要求的遗嘱，会被法院认定为无效。

三、专家建议

被继承人所立遗嘱若无效，遗产则按法定继承办理，导致立遗嘱人愿望落空，不能实现立遗嘱的目的。立遗嘱时，若没有充分把握的立遗嘱人，可以请专业律师代为见证，或者到公证处办理遗嘱继承公证，以充分保障立遗嘱人的愿望顺利实现，进而更好地维护亲情、友情，更有效地维护家庭和谐、社会稳定。

四、关联法条

《民法典》第一千一百三十三条至第一千一百四十四条。

放弃继承权会怎么样？

有一位张三先生，不幸母亲早年去世。父亲张老三先生辗转腾挪，苦心经营维持生计，千方百计想让张三过上好日子。但时运不济，未能预料风险，生意全亏，导致负债累累。张老三先生日思夜想，仍然苦无对策。不久之前，张老三先生困难重重之际，撒手人寰。张三先生感觉父亲遗产不足还债，想想还是放弃继承算了。放弃继承权就能无事一身轻了吗？张三先生能心如所愿吗？希望下面案例对张三先生能有所帮助。

一、案例简介 [①]

（一）基本案情

郭某与李某于1993年结婚，育有一子郭某1。2020年9月，郭某向张某借款并出具借条，主要载明：为亲戚周转之用，收到张某现金出借70万元，月利率2%，借款一个月，到期还本清本息。如到期未清偿，愿承担张某通过诉讼等方式追讨的本金，包括利息、律师费、诉讼费、公告费、保函费、保全费等费用，若因本借款发生争议，由呼和浩特市所在地有管辖权的法院管辖，如违约每天按月利率2%两倍罚金。郭某与李某于2021年8月17日协议离婚，郭某于2021年8月25日死亡。郭某1在2021年9月2日已通过书面方式和视频方式发表声明书。声明内容为："声明人自愿无条件放弃对被继承人所有财产的继承权包括但不

---

① 呼和浩特市回民区人民法院民事判决书（2021）内0103民初6833号。

限于房产、车辆、存款、有价证券等财产。"

2021年9月7日，张某向法院起诉，要求李某偿还本金人民币70万元、借款利息、律师费，要求郭某1在继承范围内偿还被继承人郭某生前向原告的借款本金人民币70万元、利息、律师费，诉讼费由李某、郭某1两被告共同承担。

（二）法院判决

郭某1于本判决生效后十日内在继承或管理郭某的遗产范围内一次性偿还原告张某借款本金70万元、利息、律师费、诉讼费，驳回原告张某的其他诉讼请求。

二、以案说法

本案争议焦点有两个：一是案涉债务是否为郭某与李某的夫妻婚姻关系存续期间的共同债务；二是被告郭某1是否需在继承遗产范围内承担责任。针对第一个争议焦点，法院认为，郭某向原告借款虽发生在婚姻关系存续期间，但郭某向原告出具的借条中并没有被告李某的签字，原告支付的款也是汇入郭某个人账户，且郭某在借条中亦载明借款用途是因"亲戚周转之用"，在案证据不能证明郭某所借款项用于夫妻共同生活，李某也未对该笔借款属于夫妻共同债务予以追认，故该笔借款不应认定为郭某与李某婚姻关系存续期间的夫妻共同债务；李某与郭某已于2021年8月17日离婚，李某亦不是郭某的继承人，李某不应承担还款责任。

针对第二个争议焦点，法院认为，依照《民法典》第一千一百四十五条规定："继承开始后，遗嘱执行人为遗产管理人；没有遗嘱执行人的，继承人应当及时推选遗产管理人；继承人未推选的，由继承人共同担任遗产管理人；没有继承人或者继承人均放弃继承的，由被继承人生前住所地的民政部门或者村民委员会担任遗产管理人。"郭某1虽然作出了放弃继承的意思表示，但其作为郭某的法定第一顺位继承人，仍有遗产管理义务；依照《民法典》第一千一百四十七条规定"遗产管理人应当履行下列职责：……（四）处理被继承人的债权债务"，故郭某1应在郭某所留遗产范围内，向原告承担偿还责任；依照最高人民法院关于适用《中华人民共和国民法典》继承编的解释（一）第三十二条规定："继承人因放弃继承权，致其不能履行法定义务的，放弃继承权的行为无效。"因郭某1的放弃继承行为，导致其不能履行遗产管理义务的，损害了原告的合法权益，郭某1的放弃继承行为无效；《最高人民法院关于适用〈中华人民共和国民法典〉继承编的解释（一）》第三十六条规定："遗产处理前或者在诉讼进行中，继承人对放弃继承反悔的，由人民法院根据其提出的具体理由，决定是否承认。遗产处理后，继承人对放弃继承反悔的，不予承认。"故在遗产处理前，继承人是可以对放弃继承反悔，本案中，郭某1的放弃继承行为是在遗产处理前放弃继承的行为，该行为还是一种不稳定的状态，并且损害了原告的权益，故该行为不能产生法律约束力。综上所述，郭某1应在继承或管理郭某的遗产范围内，向原告承担偿还借款本金70万元、利息、律师费、诉讼费用的责任。

司法实务中，有法院认为，继承人放弃继承权，并不意味着其依法对被继承财产负有的保管义务也依法一并免除，认为继承人在遗产继承范围内对被继承人的债务承担还款责任。

三、专家建议

放弃继承权是继承人自愿处分其继承权的一项权利，在不影响继承人履行法定义务的情形下应视为有效。一定要注意的是，继承人放弃继承的意思表示，应当在继承开始后、遗产分割前作出。遗产分割后表示放弃的不再是继承权，而是所有权。实践中，有的继承人在案件进入执行后才提出放弃继承权，就不能对抗已发生法律效力判决的既判力。

四、关联法条

《民法典》第一千一百二十四条、第一千一百四十五条、第一千一百四十七条、第一千一百四十八条、第一千一百六十一条，《最高人民法院关于适用〈中华人民共和国民法典〉继承编的解释（一）》第三十二条、第三十五条、第三十六条。

能立遗嘱把财产赠给朋友吗？

人世间斑驳陆离，正如月圆月缺，岂能时时尽如己意？正是人生不如意事十之八九。如人饮水，冷暖自知。一个人在经历社会摔打、经历生活磨难之后，更能体会到雪中送炭的珍稀。恰是这样的情感，使他体会到人间的温情，使他对人生有所期待，进而支撑着他的生命历程。投桃报李，人之常情。在生命即将结束之际，他想把财产赠给关爱自己之友人，方不辜负方寸之心。他该怎样做，才能如愿以偿呢？

一、案例简介①

（一）基本案情

郭某 1957 年 3 月出生，2021 年 12 月因病去世。他生前无配

---

① 淮安市清江浦区人民法院民事判决书（2022）苏 0812 民初 2207 号。

偶、子女、父母均先于他离世，有两个妹妹郭某1、郭某2，都在南京工作、生活。2020年6月，郭某与拆迁部门签订《淮安市国有土地上房屋征收补偿安置协议书》，获得位于淮安市清江浦区拆迁安置房屋一套，面积83.9平方米。房屋已经交付使用，尚未办理产权登记手续。女士严某和郭某在一起相处多年，2010年左右郭某生病动手术，严某服侍周到。虽然郭某的两个妹妹也来看过他，郭某也去南京妹妹家里住过，但主要还是严某服侍。2021年11月，郭某在前同事史某、郑某见证下，签署名称为"财产继承权"的书面遗嘱，载明："本人自愿将我的名下安置房产所有产权百年之后交付严某所有。"郭某去世后，严某向法院提起诉讼，请求判令位于淮安市的房屋归原告所有。法院经审理认为，郭某生病住院等由严某照顾、丧葬事宜由严某操办，其生前通过遗嘱方式将名下安置房赠与给严某，现有证据证明是其真实意愿。

（二）法院判决

确认2020年6月《淮安市国有土地上房屋征收补偿安置协议书》载明的淮安市清江浦区房屋归原告严某所有。

二、以案说法

本案中郭某生前签署协议将自己财产赠与严某的行为，就是民法上的"遗赠"，是自然人通过立遗嘱方式将自己财产的一部分或全部赠给国家、集体、社会团体或法定继承人以外的个人，在立遗嘱人死后发生法律效力的法律行为。立遗嘱人为遗赠人，接受遗赠的人为受遗赠人。本案中，郭某为遗赠人，严某为受遗赠人。要注意以下事项：

1. 受遗赠人应当在知道受遗赠后60日内，作出接受或者放弃受遗赠的表示；到期没有表示的，视为放弃受遗赠。如本案中，严某知道郭某把财产赠与给自己的时候，应当在 60 日内做出接受赠与的意思表示；若 60 日内没做出接受赠与的意思表示，就视同放弃接受郭某的赠与。

2. 遗赠是单方、自愿、无偿的，在遗赠人死后才发生法律效力的法律行为。本案中，就是在郭某去世后发生法律效力。

3. 受遗赠人只能是法定继承人以外的其他人或组织，包括国家、集体组织和社会团体和个人。本案中，郭某的两个妹妹就不能作为受遗赠人。

4. 受遗赠权只能由受遗赠人行使，他人不能代替。若受遗赠人先于遗赠人死亡，其受遗赠权便自然消失；当受遗赠人放弃接受遗赠，他不能将该遗赠财产转让给他人。

5. 行使遗赠权应当遵守法律规定。比如，遗嘱应当为缺乏劳动能力又没有生活来源的继承人保留必要的遗产份额，执行遗赠不得妨碍清偿遗赠人依法应当缴纳的税款和债务等。

三、专家建议

自然人想把财产在自己去世后赠与朋友，这是他自己的权利。行使这一权利就是签署赠与遗嘱时，要考虑周全，使之符合法律规定的形式要件，以免在其去世之后，发生不必要的纠纷。签署赠与遗嘱后，有必要尽早通知受遗赠人。受遗赠人要在知道受遗赠后 60 日内，作出接受或者放弃接受遗赠的意思表示，避免 60 日期满后，因未做出接受赠与的意思表示而被视为放弃接受遗赠，白白辜负了赠与人的心意。

四、关联法条

《民法典》第一千一百二十三条、第一千一百二十四条、第一千一百三十三条、第一千一百四十一条、第一千一百四十四条、第一千一百六十二条。

●担保纠纷

父母可否以未成年子女名下房产作抵押?

不具备完全民事行为能力的未成年人,其对财产的处分因欠缺行为能力而受到法律上的限制。在生活实践中,监护人为不具备完全民事行为能力的未成年人的利益,而对该未成年人的财产进行处分是常态。尤其是随着我国社会经济的快速发展,未成年人拥有包括房产在内的财产的情形也日益增多,与此同时在司法实践中出现了不少因父母抵押被监护的未成年人的名下房产而引发纠纷的案件。那么,父母是否可以其未成年子女名下的房产设定抵押?如果已经抵押,其行为的效力如何认定?了解这些问题,有助于父母依法履行监护职责。

一、案例简介

(一)基本案情

姚某与唐某于 2013 年登记结婚。2014 年,其子姚某某出生。2018 年经法院调解离婚,离婚后姚某某由唐某抚养。案涉房产登记在姚某某的名下,该处房产属于农转居拆迁安置房,其取得与唐某无关。2019 年,姚某发现登记在姚某某名下的房产已被设立抵押登记,抵押权人为陈某某,债权数额为 200 万元。通过查档发现,唐某以姚某某名下的房产作为抵押,向陈某某借款 200 万元用于资金周转,双方签订了《抵押借款合同》并办理了不动产抵押登记,抵押人处由唐某一人代签。姚某以自己和姚某某为原告，将唐某和陈某某诉至法院，诉称其对案涉《抵押借款合同》不知情，认为唐某无权代表姚某在案涉《抵押借款合同》上签字，请求法院确认二被告签订的《抵押借款合同》中的抵押部分为无效，判令注销抵押权登记。被告陈某某辩称，二被告签订的合同系双方真实意思表示，即使合同存在瑕疵，也不影响其善意取得抵押权的事实。唐某自认姚某从未授权其办理房产抵押登记事宜，案涉《授权委托书》中"姚某"的签名均系其冒签。法院通过审理查明上述事实。[①]

（二）法院裁决

法院认为，案涉房产登记在原告姚某某名下，属姚某某的个人财产。被告唐某作为监护人通过伪造姚某的签名将被监护人姚某某名下的房产抵押借款，其所借得的款项实际并未用于被监护人的生活、教育等所需，其行为侵犯了原告姚某某的合法权益。陈某某在签订抵押合同时，应当知晓案涉房产属未成年子女所有，其有义务考量抵押合同相对人抵押未成年子女房产是否符合被监护人的利益。签订案涉《抵押借款合同》时，姚某某年仅 5 岁，合同载明借款用途为周转。陈某某明知唐某抵押未成年子女房产借款用作资金周转，系侵害未成年被监护人权益的行为，但其仍与唐某签订案涉合同，并且其在签订合同的过程中从未详细了解借款人的真实借款用途，故应认定陈某某在签订合同时存在过失，不能认定其为善意当事人。且唐某自认相关姚某的签名系其冒签，姚某从未授权唐某签订案涉合同，故唐某代姚某在"抵押人"处签字的行为自始不发生法律效力。法院最终判决两被告

[①] 详情可参见浙江省杭州经济技术开发区人民法院（2020）浙 0191 民初 235 号民事判决书。

所签《抵押借款合同》中关于抵押部分无效，两被告协助原告办理注销涉案房产的抵押登记。

二、以案说法

本案的争议焦点为：作为监护人的父母以其未成年被监护子女名下的房产进行抵押之行为效力如何？

（一）父母处分其未成年被监护子女的财产之行为类型

父母作为监护人，对其被监护的未成年子女有人身监护与财产监护职责：人身监护职责包括对未成年子女的教育、抚养与保护；财产监护职责涉及对被监护人财产的使用、收益、处分等。这里的"处分"，包括事实上的处分和法律上的处分。

所谓事实上的处分，是指监护人在生活或者生产中直接使未成年人的财产本体灭失或减损，或者改变财产的用途、性质、形态，如对未成年人房产进行修缮或者拆除等。

所谓法律上的处分，是指监护人以法律行为处分未成年人的财产以改变未成年人财产之归属，如出卖未成年人的财产、进行债权让与、设定抵押权等。本案中，被告唐某作为监护人，将被监护人姚某某名下的房产抵押给陈某某的行为，即属于法律上的处分。

（二）父母处分其未成年被监护子女的财产之行为效力

鉴于处分被监护人财产的行为直接关涉被监护人被处分财产的命运，对被监护人利益影响很大，《民法典》第三十五条第一款、第二款特别规定，监护人应当按照最有利于被监护人的原则履行监护职责；监护人除为维护被监护人利益外，不得处分被监护人的财产。换言之，监护人行使法定代理权必须在为被监护人利益这一目的范围内进行，如果监护人非为被监护人利益处分其财产，则构成无权代理。这一规定旨在通过限制法定代理权的行使以保护被监护人的利益。根据《民法典》第三十四条第三款规定，监护人不履行监护职责或者侵害被监护人合法权益的，应当承担法律责任。因此，无论作为监护人的父母对其未成年被监护子女的财产进行事实上的处分还是法律上的处分，如果其因过错损害被监护人权益，则构成侵权行为，该被监护的未成年人自然可以依该规定请求处分其财产的监护人承担侵权损害赔偿责任。

法律上的处分与事实上处分的不同之处主要在于，法律上的处分往往涉及第三人的权益保护问题，如本案中即涉及陈某某。在这种情形下，判断行为效力的关键即在于如何认定监护人的处分行为是否"为维护被监护人利益"。在父母作为未成年子女监护人的情形，《民法典》第三十五条第一款、第二款的规定可以通过限制父母作为法定监护人的法定代理权，以避免未成年人之父母借由管理未成年子女财产之便，不当处分其财产，以致对未成年子女造成不利。作为监护人的父母为维护、保值或增值被监护人的财产，或者为被监护的未成年子女筹措医疗费用、留学费用等，往往会实施包括处分财产在内的多种民事法律行为，如将其未成年子女名下的房产设定抵押以办理银行贷款等，这种抵押行为通常对被监护人有利，这种代理处分行为一般会认定为有效。需要注意的是，在司法实践中，鉴于房产的价值重大且抵押行为的高风险性，作为监护人的父母抵押其未成年子女名下房产的行为，一般会被认定为非为其未成年子女利益，该代理处分行为无效；除非相对人有相反证据足以证明该抵押行为确系为子女利益而实施，否则就不宜认定相对人为善意当事人。本案中，房产登记在姚某某名下，陈某某明知唐某抵押其未成年子女姚某某的房产借款用作资金周转，当然不宜认定为善意当事人。

三、专家建议

为维护作为被监护人的未成年子女的财产权益,《民法典》作出"监护人除为维护被监护人利益外,不得处分被监护人的财产"的明确规定。作为未成年子女监护人的父母,在处分被监护的未成年子女名下的财产时,应当根据被监护人的年龄和智力状况,尊重被监护人的真实意愿,且应特别注意避免滥用其对被监护人的支配地位,不使法定代理权的行使偏离最有利于被监护的未成年子女利益的原则。

四、关联法条

《民法典》第二十三条、第二十四条、第三十四条第 1—3 款、第三十五条第 1—2 款、第一百四十五条、第一百七十一条、第一千零四十一条第三款,《不动产登记暂行条例实施细则》第十一条。

●买卖合同纠纷

农村房屋买卖合同纠纷

近年来，我国经济发展势头旺盛，不少农民离开农村，进城工作和生活。在城市的周边，一些农村房屋闲置。部分农民希望将空闲房屋出租或出售，因此，农村村民与城镇居民签订农村房屋买卖合同的情形屡见不鲜，其合同有效性和买卖行为的法律后果值得探讨。

一、案例简介

（一）基本案情

黄某、周某系夫妻关系，是北京市昌平区史各庄乡西半壁店村村民。1998年12月11日，黄某、周某与孙某双方签订了《房屋买卖协议书》，协议约定，甲方将坐落于北京市昌平区史各庄乡西半壁店村村中院内北瓦房七间、西瓦房二间、东瓦房三间卖给乙方所有，房屋价值金额为8万元。当日，双方当事人在北京市昌平区公证处就上述协议进行了公证。次年2月4日，孙某付清全部房款，黄某、周某向其交付了房屋。之后，孙某在此居住至今，并在原有房屋的基础上进行了增建、装修和扩建的行为。另外，孙某长期居住在昌平区回龙观镇西半壁店村254号，其不是该村村民。

2010年8月，黄某、周某起诉至北京市昌平区人民法院，并主张房屋买卖协议无效，请求依法判令：1.房屋买卖协议无效；

2. 孙某立即向黄某、周某腾退西半壁店村房屋（房屋 12 间及院落）；3. 诉讼费由孙某承担。[①]

（二）法院判决

1. 一审判决

一审法院认为，使用土地的单位和个人必须严格按照土地利用总体规划确定的用途使用土地，买卖协议应属无效，双方应当相互返还。房屋经过翻盖、装修，由于双方在审理中均未要求对争议房屋的现有价值进行评估，法院对争议房屋的价值无法确定，故对于相互返还一节，当事人可自行协商或另行起诉。

2. 二审判决

二审法院认为，宅基地使用权是集体经济组织成员享有的权利，与特定的身份关系相联系，非本集体经济组织成员无权取得或变相取得。农村房屋买卖必然涉及宅基地买卖，而宅基地买卖是我国法律、法规所禁止的，因此买卖协议无效。支持一审法院的判决，驳回上诉，维持原判。

3. 再审判决

再审法院认为，当事人应当遵循自愿、平等、诚实信用的原则从事民事活动。孙某与黄某、周某的"房屋买卖协议书"于1998 年 12 月 11 日签订，系双方当事人真实意思表示，并经过了昌平县公证处公证，该协议已经实际履行多年。孙某系农业户口，公证卷里的证明表明其对诉争房屋的宅基地使用权经过西半壁店村村民委员会和昌平县史各庄乡人民政府两级同意，符合当时的法律规定。且孙某一直在诉争房屋居住，在他处并未分得宅基地，无违反国家法律和政策的行为。故孙某与黄某、周某之间

[①]（2013）高民提字第 03958 号，孙慧英与黄燕山、周秀兰农村房屋买卖合同纠纷。

达成的房屋买卖协议有效。

二、以案说法

本案的争议焦点为，农村房屋买卖协议的效力和法律后果为何？何种情况下，农民能够将房屋出售？

（一）农村土地权属、房屋权属以及流转的规定

农村和城市郊区的土地，除由法律规定属于国家所有的以外，属于农民集体所有；宅基地和自留地、自留山，属于农民集体所有。个人只对宅基地享有无偿的使用权，宅基地与其合法使用者的集体经济组织身份绑定。根据中国的房地一体原则，宅基地上的房屋和宅基地具有不可分性，转让房屋的同时也意味着转让宅基地使用权（"地随房走，房地一体"）。农村房屋买卖协议中，名义上处分房屋，实际上处分宅基地，损害了集体经济组织的利益，这是法律所禁止的。

（二）何种情况下，农村房屋买卖合同认定有效

根据"房地一体"原则，目前，合法宅基地买卖需要满足以下条件：

（1）需经本村村民委员会同意和乡级政府的批准；（2）转让人与受让人同为本村村民；（3）受让人无宅基地、符合宅基地申请条件；（4）宅基地使用权不能单独转让，须与住房一并转让。另外，转让人户口应该已经迁出本村或属于"一户多宅或多房"。如系一户一宅，须明确表示不再申请宅基地，且有证据表明其已有住房保障，如与其他近亲属合户居住。符合以上条件，房屋转让才能顺利进行。

本案例中介绍的案情中，当时签署买卖协议合法，购买者为其他村的村民，协议经过公证和村委会与乡政府同意，买方在别

处没有获得宅基地，一直居住在所购房屋等条件，均为法院判定协议有效的依据。

（三）农村房屋买卖合同无效的法律后果，过错责任分担和损害赔偿

根据《民法典》，民事法律行为（农村房屋买卖合同）无效后，行为人因该行为取得的财产，应当予以返还；不能返还或者没有必要返还的，应当折价补偿。有过错的一方应当赔偿对方由此所受到的损失；各方都有过错的，应当各自承担相应的责任。

从司法实践中看，近年来一般对于农村房屋买卖协议无效均予以认可，但法院也会认为，双方应当知道出售房屋及宅基地属于法律禁止的行为，就此点各自承担过错，此外，买卖涉案房屋多年后，因为房屋升值、拆迁等情形，卖方又主张合同无效，有悖诚实信用原则，卖方就此点应承担过错。

合同无效，在损害赔偿范围方面，各个地区的法院不具有统一的评价标准。北京地区法院一般支持买受人主张的信赖利益损失赔偿，应全面考虑出卖人因土地增值或拆迁、补偿所获得的利益，以及买受人因房屋现值和原买卖价格的差异造成损失两方面的因素，平衡买卖双方的利益，避免认定合同无效给当事人造成的利益失衡；对买受人已经翻建、扩建房屋的，应对其添附加值进行合理补偿；买受人确实无房居住的，应予以妥善安置。合同无效，双方返还购房款和房屋，至于利息能否返还各地法院判决不一。

三、专家建议

目前来看，除却国家开放的一些试点城市之外，农村住房或宅基地禁止对外买卖。农民如果希望利用宅基地上的闲置房屋，可以考虑签署依照法定程序租赁房屋，但需要考虑到《民法典》

规定的最长租期 20 年的期限限制。

四、关联法条

《中华人民共和国土地管理法》（2019 年修订）第九条、第十条、第十一条、第六十二条，《民法典》第一百五十七条、第三百六十二条，《国务院办公厅关于加强土地转让管理严禁炒卖土地的通知》，《关于严格执行有关农村集体建设用地法律和政策的通知》，《国务院关于深化改革严格土地管理的决定》。

委托合同及任意解除权在房产交易中的认定

房地产交易中，商品房的销售于开发商而言，其重要性不言而喻。为提升销量，加快资金回笼，或为缓解公司自身财力、人力不足，分散相关风险，许多开发商选择将其商品房销售的部分或全部工作外包给销售代理公司完成。该类委托销售的模式在商品房销售中已非常普遍，但此类合同的性质以及相关条款的设置容易产生认识的偏差，出现合同性质模糊、行权不确定以及责任承担不明等问题。通过委托销售实现合作共赢的情况虽很多，然而合作失败产生纠纷的同样不在少数，不但没有实现开发商提升利润、分担压力的初衷，反而导致了许多纠纷甚至损失，因此对于签订此类合同应该审慎对待。

一、案例简介

（一）基本案情

2019 年 11 月 26 日，开发商 A 公司与 B 公司签订《南充市

南部县某房地产项目全程营销代理合同》（以下简称《代理合同》）
及其附件《成都 B 地产顾问有限责任公司房地产项目全程营销代
理服务内容》（以下简称《附件》），正式委托 B 公司作为其《代
理合同》中所涉房地产项目的独家全程营销代理商。2013 年 4 月
23 日，双方合作产生纠纷，A 公司为避免损失扩大遂主张因 B 公
司违约及进一步谈判未果为由解除合同，并于同日向 B 公司开具
《退场通知书》要求其工作人员退场并办理移交手续。因双方后
续无法就纠纷达成一致，B 公司向四川省高级人民法院提起诉讼，
主张《解除合同通知书》无效并要求 A 公司支付佣金、考核保证
金、奖金等应付款项，以及赔偿因合同解除对其造成的可得利益
损失。①

（二）法院判决

1. 一审判决

一审法院认为，双方签署的《代理合同》约定了排除任意解
除权及擅自解除合同的违约责任条款，该约定不符合委托合同的
法律特征，按照原《合同法》及《最高人民法院民事案件案由规
定理解与适用（2011 年修订版）》的规定，不应归为委托合同类
型，因 A 公司无其他证据证明涉案合同存在法定解除或约定解除
的条件，遂判决 A 公司单方解除合同系无效，应承担不履行合同
的违约责任，并且支付 B 公司佣金、奖金共计 1967 万元以及赔
付可得利益损失 700 万元。

2. 终审判决

最高人民法院认为，一审法院在合同类型认定上存在不当，
根据合同约定的主要内容，案涉合同符合委托合同的特征，对此

---

① 详情可参见最高人民法院（2015）民一终字第 226 号民事判决书。

予以纠正，但合同中限制任意解除权的条款为合同的组成部分，并未违反法律的相关规定，基于约定优于法定的原则，当事人的意思自治应得到尊重，遂支持一审法院的判决，A 公司不得随意解除合同。此外，终审判决中对可得利益损失的计算进行了适当调整，对一审法院作出的其他判决事项则予以维持。

二、以案说法

本案的主要争议焦点为：1.商品房委托销售代理合同的性质是否系委托合同？ 2.委托合同项下的限制任意解除权条款对解除合同有何限制？ 3.解除合同后的可得利益损失如何确定。

（一）合同性质的认定

关于案涉合同是否为委托合同的问题，根据《中华人民共和国合同法》（以下简称《合同法》）第三百九十六条规定，委托合同是委托人和受托人约定，由受托人处理委托人事务的合同[①]。应委托人的要求，受托人可以为委托人特别处理一项或数项事务，也可以概括为委托人处理一切事务。委托人在受托人完成其委托事项后应向其支付报酬。在房地产交易中，因受托人需要代理委托人与购买者协商房产买卖事宜、签订合同及协助收取购房款等服务，根据《最高人民法院民事案件案由规定理解与适用（2011年修订版）》的规定，该类合同因其与房屋买卖的相关性而被吸纳入房屋买卖合同纠纷案由下，为商品房委托销售合同案由，但其法律适用方面应当适用委托合同来规范。本案中，案涉合同中对代理的内容及范围、考核指标、佣金及付款方式、违约责任以

[①] 因本案判决早于《民法典》，笔者将在关联法条章节罗列新旧法条，在其他章节均引用旧法。

及销售奖励等内容均进行了约定。合同附件中详细载明了 B 公司为 A 公司提供全程营销代理服务的具体内容，且案涉合同明确了附件作为合同不可分割的一部分，据此，案涉《代理合同》符合委托合同的特征，应为委托合同。

（二）任意解除权的效力

在委托合同项下，《合同法》第四百一十条赋予了合同当事人任意解除的权利，该权利也被认定为一种法定权利。而在委托合同中对该权利通过约定方式予以限制或排除，在司法实践中存在不同观点，即无效说和有效说。无效说认为任意解除权为具有强制性的法定权利，不能赋予当事人通过协商约定的途径而进行限制或放弃。本案一审法院则秉持此种观点，认为任意解除权是委托合同的重要特征之一且不可排除，案涉合同对单方不得擅自解除合同的约定不符合委托合同的特征。有效说则认为，合同自由原则为合同法的基本原则之一，是当事人根据其真实意思而做出的民事法律行为，约定即具有约束力。第二，基于约定优于法定的原则，当事人的意思应得到尊重。第三，合同双方存在利益关系的情形下，任意解除合同的行为有违诚实信用和民事活动公平的原则。本案中，案涉合同明确各方均不得中途单方面解除合同，该条款作为合同的组成部分并未违反法律规定。而且双方当事人签订合同除了基于特殊信赖关系之外，主要目的是为了获取经济利益，因此具备利益关系，基于上述三项原则，A 公司不得擅自解除合同。

（三）合同解除的法律后果承担

《合同法》第四百一十条虽明确任意解除权的行权方应赔偿损失，但并未明确赔偿范围，故应适用《合同法》第一百一十三条之规定，损失赔偿金额应当相当于因违约所造成的损失，包括合同履行后可以获得的利益，但不得超过违反合同一方订立合同时预见或应当预见到的因违反合同可能造成的损失。而《民法典》第九百三十三条则对任意解除权条款进行了重大修订，明确载明赔偿范围包括直接损失和可得利益损失。本案虽发生在无前述重大修订的时期，但根据当事人已通过合同约定排除任意解除权的情况下，一方当事人行使任意解除权的行为已构成违约，应根据《合同法》第九十七条与第一百一十三条之规定，赔偿守约方当事人的直接损失和可得利益损失。因此，一审法院及最高院对此的态度均保持一致。但对于可得利益损失的计算，最高院认为计算方式应当遵循可预见规则、减损规则、损益相抵规则以及过失相抵规则综合予以判定。本案中，一审法院将可得利益损失统一按照3000元/平方米计算有失公平，B公司代理销售的房屋除一期的房屋销售均价未超过3000元/平方米外，其余均超过此价格，故以案涉住宅房屋销售单价的平均值作为计算总代理佣金的标准较为客观、公正。

三、专家建议

房地产交易的代理销售，当前已是房地产市场不可忽视的一个环节。作为商品房代理销售的双方，无论是在合同签订的任一时期，能够明晰合同中的权利义务，最大程度保障自身的合法权益，疏通合作，防堵漏洞，应该得到开发商与销售代理商的重视。对于自身所签署的合同性质、责任承担以及佣金分配等等方面，双方都应带考虑周全，尽最大可能明晰风险，也能为日后发生的潜在争议提供有力保障。

四、关联法条

《合同法》第九十七条,《民法典》第五百六十六条第一款、第一百一十三条、第五百八十四条、第三百九十六条、第九百一十九条、第四百一十条、第九百三十三条,《最高人民法院民事案件案由规定理解与适用（2011 年修订版）》。

商品房预售广告那些事

在商品房预售制度下，购房人对于所购房屋的实际情况无从得知，只能通过开发商的介绍及广告了解房屋的信息。开发商为了吸引购房者，促进销售，也会通过项目围挡、路边广告，销售现场沙盘、楼书、户型图、样板间等方式对所售楼盘的环境和配套设施进行各种"花式"宣传，如屡见不鲜的"地铁上盖""优质学区""公园河畔"等等。这些广告是否可信，购房者该如何对待此类广告，值得探讨。

一、案例简介

（一）基本案情

2017 年 6 月 28 日，诸某与北京某房地产开发公司签订《北京市商品房预售合同》，约定北京某房地产开发公司将其开发的位于北京市某居住用地项目某某房屋出售给诸某，合同签订后，诸某已将房款全额支付给北京某房地产开发公司，该公司已向诸某交付涉案房屋。但案涉房屋交付后，诸某认为该公司存在没有按照售房时的宣传承诺接通温泉入户等违约行为，为此，诸某向北京某区法院提起诉讼，声称北京某房地产开发公司存在违约行为，主张经济损失若干以及被告履行对原告承诺的开放某五星级酒店温泉配套、周边绿地等承诺。被告北京某房地产开发公司不同意诸某的诉讼请求，请求法院予以驳回。[①]

（二）法院裁决

1. 一审判决

一审法院经审理查明，北京某房地产开发公司曾向不特定的购房者或潜在购房者宣传过关于温泉入户的内容，并将温泉作为涉案楼盘的显著特征，一审法院进一步认定温泉入户属于对涉案房屋使用功能质量的陈述，对于买受人订立商品房买卖合同满足特定的心理预期以及房屋价格的确定有一定的影响。对于北京某房地产开发公司提出的双方《补充协议》第十七条"相关广告、宣传资料、楼书、沙盘模型、展示品、样板房等所表达和提供的信息仅作为参考，不构成本合同内容，对出卖人、买受人均没有任何法律约束力，出卖人、买受人均不受其约束"，一审法院认为，这属于北京某房地产开发公司单方拟定的条款，免除了其责任，且其未采取合理方式提请买受人注意，故上述内容对买受人无效。一审法院遂判决北京某房地产开发公司向诸某给付因未履行温泉入户造成的经济损失8.3万元，驳回储某的其他诉讼请求。

2. 终审判决

二审法院经审理认为北京某房地产开发公司的上诉请求不能成立，应予驳回；一审判决认定事实清楚，适用法律正确，应予维持，遂判决驳回上诉、维持原判。

[①] 详情可参见北京市第三中级人民法院（2022）京03民终9960号民事判决书。

二、以案说法

本案的争议焦点主要是：北京某房地产开发公司未能兑现关于"温泉入户"的宣传是否构成违约？

（一）商品房预售中广告和宣传资料的法律效力

1. 要约邀请

一般认为，商品房预售的广告和宣传资料为要约邀请，要约邀请是希望他人向自己发出要约的表示。拍卖公告、招标公告、招股说明书、债券募集办法、基金招募说明书、商业广告和宣传、寄送的价目表等为要约邀请。要约邀请对于发出的一方不具有强制约束力。

2. 要约

如前所述商品房预售的广告和宣传资料，原则上属于要约邀请，不能将未订入合同中的广告宣传内容当作合同内容，但有例外。根据《最高人民法院关于审理商品房买卖合同纠纷案件适用法律若干问题的解释》第三条规定，出卖人就商品房开发规划范围内的房屋及相关设施所作的说明和允诺具体确定，并对商品房买卖合同的订立以及房屋价格的确定有重大影响的，构成要约。

要约是指希望与他人订立合同的意思表示，该意思表示应当符合下列条件：（一）内容具体确定；（二）表明经受要约人承诺，要约人即受该意思表示约束。也就是说开发商的销售广告和宣传资料是对开发规划范围内的房屋及相关设施所作的说明和允诺，且内容具体确定，对购房人订立合同和房屋的价格有重大影响的，即使这些说明和允诺没有在双方签署的《商品房预售合同》中明确约定，仍有法律约束力，开发商违反的，要承担法律责任。本案一审、二审法院均是基于此规定判令北京某房地产开发公司承担违约赔偿责任。

（二）开发商的免责条款

本案双方在案涉《商品房预售合同》项下另签署有《补充协议》，在补充协议中约定："相关广告、宣传资料、楼书、沙盘模型、展示品、样板房等所表达和提供的信息仅作为参考，不构成本合同内容，对出卖人、买受人均没有任何法律约束力，出卖人、买受人均不受其约束"，即开发商对其广告和宣传资料与实际交付不一致约定了免责条款，本案一审、二审法院均否定了该免责条款的效力，理由是属于该公司单方拟定的条款，免除了其责任，且其未采取合理方式提请买受人注意。

三、专家建议

购买房屋对于普通民众来讲绝非小事，为免遭不必要的损失，购房人在签署购房协议和付款前应当慎之又慎，特别是在选购预售商品房时。在选择楼盘时尽可能地选择在全国或者当地经济实力强、资质好、口碑好的开发商，要理性客观地对待开发商的销售广告和宣传资料，不要过分地在意华丽的效果图、鸟瞰图和宣传广告，一般来讲这些图片和文字只是为了吸引购房者，不具有法律效力。在签约时，对于开发商承诺的会影响是否选购该房屋或者影响房屋价格的承诺和说明，建议载入合同或者补充协议中。另外在签署合同时对于合同条款要认真审阅，特别是开发商用加粗、画横线、斜体等方式重点提示的免责或减轻责任的条款，双方产生争议后，这些条款有被法院认可的风险。

四、关联法条

《民法典》第四百七十二条、第四百七十三条、第四百九十六条、第四百九十七条、第五百七十七条，《最高人民法院关于审理商品房买卖合同纠纷案件适用法律若干问题的解释》第三条。

认购商品房不简单

由于房地产开发融资需求与销售资金回流之间的特殊性，商品房买卖交易过程中常常出现预约合同和本约合同的迷糊性造成的交易障碍。如果不予以审慎对待预约合同的履行，与本约合同的过渡等环节，往往会造成购房者与开发商皆不愿意见到的损失。

一、案例简介

（一）基本案情

2019年4月2日，李某与某房地产开发公司（以下简称开发公司）签订《房屋定向认购销售协议》（以下简称《认购协议》），约定李某认购总价为2000万元的两套物业（以下简称"目标物业"），同时以开发公司是否与当地政府主管部门达成关于李某认购物业租赁事宜为条件，由开发公司将沟通结果通知李某，李某则需对是否购买进行最终确认。2019年5月19日开发公司通过快递方式送达以《认购协议》中约定的通信地址（深圳）向李某函告，希望李某对最终购买的意愿作出决策。5月23日开发公司又通过快递方式送达以《认购协议》中李某个人信息载明的地址（香港）进行函告。此外，开发公司亦于5月20日通过微信向李某的父亲发出催告确认。5月30日，开发公司与第三人就目标物业进行了网签，网签价格为 2195 万元。6 月 6 日，李某向开发公司回函，确认购买目标物业，但为时已晚。

为此，李某向法院提起诉讼，主张解除《认购协议》，承担李某为此支出的律师费 30 万元，开发公司支付 400 万元的违约金。若违约金请求得不到法院支持，则主张开发公司赔偿李某的损失，包括可期待利益损失（195 万元＋汇率差 40 余万元＋机票费用 1 万余元），以及信赖利益损失（房屋差价 195 万元）。[1]

（二）法院裁决

1. 一审判决

一审法院认为《认购协议》的性质为预约合同，开发公司依据协议约定通过多种方式催告的行为已达合理通知义务，且李某具有自由支配取件机会的条件，因此李某构成逾期回复。开发公司将目标物业另售他人，不违反《认购协议》的约定，不存在拒签买卖合同的违约行为。

一审法院认为李某放弃购买以及开发公司退还认购诚意金的行为，双方履约完毕，合同已经终止，因此驳回了李某请求解除《认购协议》的主张。因《认购协议》属于预约合同，违约金条款规定于未来可能签订的商品房买卖合同之下，因此驳回了李某关于违约金和律师费的主张。

开发公司未及时将另售消息告知李某，未能使其避免不必要的误判及损失。开发公司在知晓李某父亲要从香港到本地商谈合同事宜后，依然隐瞒已另售他人的事实，由此致使李某遭受损失，应当承担赔偿责任。

---

[1]（2021）最高法民申 1544 号，李佳远、重庆葆翔房地产开发有限公司商品房预约合同纠纷。

2.终审判决

二审法院认为,双方均明确表示或以自己的行为明确表明不再履行《认购协议》,因此李某关于解除认购协议的主张成立;同时对李某因此承担的差旅费用进行识别核减。对一审法院作出的其他判决事项予以维持。

二审法院判决生效后,李某向最高人民法院申请再审,请求撤销二审判决,提审本案并改判支持李某一审全部诉讼请求。再审法院认为二审判决并无不当,裁定驳回了李某的再审申请。

二、以案说法

本案的核心争议焦点主要有:一是《认购协议》是预约还是本约?二是约定损失的认定,包括可得利益损失和信赖利益损失,以及双方往来中因违反诚信原则造成的损失如何认定?

(一)预约和本约的认定

相较于商品房本约合同,商品房预约合同的常见形式有:《购房意向书》《预约选房确认单》《商品房预定协议书》《商品房认购书》等。2003年施行的《最高人民法院关于审理商品房买卖合同纠纷案件适用法律若干问题的解释》第五条规定:"商品房的认购、订购、预订等协议具备《商品房销售管理办法》第十六条规定的商品房买卖合同的主要内容,并且出卖人已经按照约定收受购房款的,该协议应当认定为商品房买卖合同。"因此,本案中判断《认购协议》是预约合同还是本约合同,关键在于该协议是否具备《商品房销售管理办法》(以下简称《办法》)第十六条规定的商品房买卖合同的主要内容。

一方面,本案中《认购协议》约定了目标物业的基本情况、总价款、付款方式,但未约定《办法》中规定的基础设施和公共设施的交付承诺和有关权益、责任以及公共配套建筑的产权归属、面积差异的处理方式、办理产权登记等有关事宜。同时对于交付时间和装修标准，也明确约定以未来可能签署的正式商品房买卖合同为准。另一方面，双方于《认购协议》中约定了以开发公司与当地政府主管部门关于物业承诺租赁事宜为条件，由开发公司将该承诺情况通知李某，由李某在约定的期限内表示购买意向，如不购买，则开发公司全额退还认购诚意金。由此观之，关于目标物业的商品房买卖合同最终能否签订，取决于案涉房屋是否带租约出售的事实确定之后李某的表态。最终一、二审法院和再审法院都认定本案《认购协议》为商品房预约合同。

（二）预约合同下，可得利益损失、信赖利益损失和其他违反诚信原则造成的损失的分野

可期待利益指当事人订立合同时希望交易履行后可获得的利益总和，包括合同履行后可获得的利益及对方违约而导致的利益减损；信赖利益是一方实施订约建议等行为，另一方对此产生信赖，相信对方可能与自己立约并为此发生了费用。后因一方违反诚信原则导致合同未能订立或无效，另一方所发生的前述费用未能得到补偿而成为信赖利益损失。本案中，由于双方未能建立商品房买卖合同的本约关系，李某自然不存在合同履行后的可期待利益。开发公司转售行为产生的195万元房款差价，不属于李某的信赖利益损失，因为开发公司已尽合理的通知义务，李某逾期回复造成的损失应由其本人承担。

然而本案中，在开发公司明知目标物业已经转售，且李某一方明确表示到现场沟通的情况下，依然未能诚信告知李某目标物业的实际情况，因此造成李某一方差旅上的时间和金钱损失。《合同法》第六十条第二款规定："当事人应当遵循诚实信用原则，根据合同的性质、目的和交易习惯履行通知、协助、保密等义务。"根据该规定，开发公司应对因其未履行通知义务而给李某造成的损失承担赔偿责任。

三、专家建议

尽管预约合同随内容的变化，有转化为本约合同的可能，但预约合同与本约合同在法律实践中依然具有较为清晰的判断标准。在订立预约合同的过程中，建议明确划定预约和本约的界限，同时规定好预约履行和本约履行之间的过渡制度。在预约合同的履约过程中，开发商要着重注意合同履行的附随义务，避免因诚信履约的缺失造成对方乃至双方不必要的损失产生。

四、关联法条

《合同法》第六十条（现《民法典》第五百零九条），《最高人民法院关于审理商品房买卖合同纠纷案件适用法律若干问题的解释》第五条，《商品房销售管理办法》第十六条。

●租赁合同纠纷

租赁车辆被租车公司拖走怎么办？

车辆如今已成为千家万户日常出行的必需品，但为了缓解交通压力和符合环保要求，部分城市出台了限号和摇号政策，"一牌难求"已成为许多家庭实现开车出行的"拦路虎"。针对巨大的市场需求，部分车辆租赁公司和个人在扩展车辆租赁业务的同时推出了小客车指标租赁的业务。如何保证签订合同的效力？如何在迎合城市监管的同时保障自身的合法权益？这些问题成为困扰许多租车一族的难题。

一、案例简介

（一）基本案情

2014年1月1日，李某（承租方）与A公司（出租方）签订《北京市汽车租赁合同（范本）》，约定：承租方向出租方提供欲租用的车辆型号申请，待资质审核通过后，承租方支付相应费用并获得选定车辆的使用权，出租方提供其选定的全新车辆供承租方租用。合同到期后承租方有权选择决定购买该车辆办理过户手续或放弃购买。同日，双方签订《补充协议》，内容包括：车辆型号雷克萨斯，车牌号京Q00V**，月租单价500元，租期12个月。承租方于本合同签订之日预付租金人民币6000元，租期自2014年1月1日起至2014年12月31日止。租赁保证金作为履行本合同的保证，承租方应于合同签订之时一次性支付保证金

73

239000 元。风险抵押金为 20000 元，该风险抵押金可直接冲抵违章罚款和承租方所造成的出租方实际损失。2014 年 11 月 30 日，李某作为委托方，出租方作为受托方，双方签订《委托代理订购合同》，约定委托方通过以租代购的方式获取订购车辆的所有权，就委托受托方订购雷克萨斯车辆的事宜，订立相关条款，车辆单价 239000 元。后双方办理车辆过户手续，车辆过户至案外人名下。2021 年 5 月 12 日早上，李某发现停放在小区楼下的车辆丢失，后经报警才获悉车辆被 A 公司秘密拖走。经交涉该公司以未在公司上保险、车辆牌照增值、车辆租金为收购前的公司收取为理由终止该合同。李某向一审法院起诉请求判令：1. 双方签订的车辆租赁合同无效，A 公司退还租金 61000 元；2.A 公司支付自 2014 年 1 月 1 日至 2021 年 10 月 11 日的利息（以 61000 元为基数，按年利率 2.72% 计算）；3.A 公司赔偿过户费、上牌费、车费、GPS 定位安装费、代驾费、加油费合计大约 4445 元；4.A 公司承担本案诉讼费用。A 公司不同意返还相应费用。[①]

（二）法院裁决

1. 一审判决

一审法院认为，双方名义上虽为租赁车辆，实际却有买断车辆及车牌号之嫌，该行为违反了北京市关于小客车指标需要摇号确定的政策规定，违背了北京市对小客车指标进行调控的公共管理秩序，应为无效。故李某与 A 公司签订的《北京市汽车租赁合同（范本）》及《补充协议》无效。合同无效后，因该合同取得的财产，应当予以返还。故判决双方签订的《北京市汽车租赁合同（范本）》及《补充协议》无效，A 公司退还李某车辆租金、管

[①] 详情可参见北京市第二中级人民法院（2022）京 02 民终 1015 号民事判决书。

理费和 GPS 安装费用，驳回李某的其他诉讼请求。

2.终审判决

二审法院认为，鉴于案涉车辆租金及管理费 61000 元的实际性质应为 A 公司基于《北京市汽车租赁合同（范本）》及《补充协议》项下车辆号牌的有偿使用相关约定而获得的合同收益，故而 A 公司以双方均存在过错为由上诉主张不予退还李某车辆租金及管理费，缺乏法律依据，本院不予支持。故判决驳回上诉，维持原判。

二、以案说法

本案的争议焦点一是双方签订合同的性质是车辆租赁合同还是车辆买卖合同；二是违反北京市小客车指标的管理规定是否导致合同无效。

（一）通谋虚伪表示

一般来说，通谋虚伪表示是意思与表示不一致的情形之一，指的是表意人与相对人谋划为虚伪表示而其真意为发生另外的法律效果的表示行为，亦即双方当事人一致同意仅仅造成订立某项法律行为的表面假象，而实际上并不想使有关法律行为的法律效果产生[①]。

构成要件为：一是须有意思表示；二是须表示与内心目的不一；三是须有虚伪故意；四是行为人与相对人通谋实施。实践表现为双方签订的"阳合同"与"阴合同"。根据《民法典》第一百四十六条"行为人与相对人以虚假的意思表示实施的民事法律行为无效。以虚假的意思表示隐藏的民事法律行为的效力，依

---

①〔德〕卡尔·拉伦茨：《德国民法通论（下）》，王晓晔，邵建东等译，北京：法律出版社 2003 年版。

照有关法律规定处理"之规定，本案中法院根据双方所签协议确定的租赁期限和车辆所有权的转移情况，认定双方真实的意思表示是包含北京市小客车指标的车辆买卖行为，因李某并不具备相应过户条件，故按照李某指示，A公司将相关车辆过户至案外人名下。为规避相关政策，双方签订了车辆租赁合同，该合同因系双方虚假的意思表示而无效，双方真实的车辆买卖合同的效力需按照车辆买卖的规定进行处理。一、二审法院均将此合同按照车辆买卖合同予以认定。

（二）效力性与管理性强制性规定的区分

《民法典》第一百五十三条规定："违反法律、行政法规的强制性规定的民事法律行为无效。但是，该强制性规定不导致该民事法律行为无效的除外。违背公序良俗的民事法律行为无效。"该规定将强制性规定区分为效力性强制性规定与管理性强制性规定。

1. 效力性强制性规定

效力性强制性规定指法律及行政法规明确规定违反了这些禁止性规定将导致合同无效或者合同不成立的规定，例如涉及金融安全、市场秩序、国家宏观政策等公序良俗的；交易标的禁止买卖的，如禁止人体器官、毒品、枪支等买卖；违反特许经营规定的，如场外配资合同；交易方式严重违法的，如违反招投标等竞争性缔约方式订立的合同；交易场所违法的，如在批准的交易场所之外进行期货交易[1]。

2. 管理性强制性规定

管理性强制性规定指法律及行政法规没有明确规定违反此类规范将导致合同无效或者不成立的规定。关于经营范围、交易时

---

[1]《全国法院民商事审判工作会议纪要》，法〔2019〕254号。

间、交易数量等行政管理性质的强制性规定，一般应当认定为管理性强制性规定[①]。

本案中涉及的《北京市小客车数量调控暂行规定》系北京市政府的部门规章。虽然违反规章一般情况下不影响合同效力，但是该规章的内容涉及金融安全、市场秩序、国家宏观政策等公序良俗，应当认定合同无效。一、二审法院认为双方买断车辆和车牌的行为违反了北京市关于小客车指标需要摇号确定的政策规定，违背了北京市对小客车指标进行调控的公共管理秩序，应为无效。故要求 A 公司返还李某因合同无效取得的相关收益。

三、专家建议

车辆承租人不要盲目相信车辆租赁公司的宣传和保证，在决定承租车辆时，要认真阅读车辆租赁合同的条款，尤其是租赁时间、车辆保险和责任负担的规定，并及时保存沟通记录、发票和车辆证书、票据等证据材料，不要轻信租赁公司承诺的规避法律风险的合同方案。发生纠纷后，及时整理己方保留的证据材料，与对方充分沟通协调解决方案。如沟通未果进入诉讼程序后，可以询问律师意见和建议，了解相关法律法规，总结对自己有利的答辩和辩论意见。在合同可能被确认为无效的情况下，及时主张对方返还自己在履行合同过程中的支出，尽量减少自己因合同无效承受的损失。

四、关联法条

《民法典》第一百四十六条、第一百五十三条、第一百五十七

[①]《全国法院民商事审判工作会议纪要》，法〔2019〕254 号。

条,《北京市小客车数量调控暂行规定》第三条、第七条、第十条。

租房风险提前知

房屋租赁一直是房地产市场中备受关注的话题之一。随着城市化的不断推进、人口的不断增长以及商业地产的不断发展,房屋租赁已经成为许多人选择的一种住房方式,成了经营活动的重要一环。在大城市,购房价格高昂,以租代购成了许多人的选择。然而,房东、租客因为房屋租赁引起争议的却不计其数。因此,提前了解房屋租赁的是与非,避开房屋租赁过程中的"坑"就尤为重要。

一、案例简介

(一)基本案情

A 公司自 B 公司处承租涉案房屋,该房屋未取得建设工程规划许可证等相关手续。2021 年 2 月 27 日,A 公司将涉案房屋转租给许某,并签订《房屋租赁合同》:租赁期限自 2021 年 3 月 15 日起至 2031 年 3 月 14 日,免租期自 2021 年 3 月 15 日起至 2021 年 6 月 14 日止,许某需支付房屋押金、注册押金,租赁期满后或合同解除后,押金除抵扣应由许某承担的费用、租金,物业费、设施设备损坏赔偿以及违约赔偿责任外,剩余部分应当如数返还给许某。许某入住后,对涉案房屋进行了装修。后因 A 公司与 B 公司之间的房屋租赁合同解除,许某于 2021 年 9 月 25 日搬离房屋并于 2021 年 9 月 27 日将房屋钥匙交还 A 公司。许某起诉要求 A 公司退还房屋押金并赔偿损失。A 公司反诉要求许某支付房屋使用费及佣金损失。①

（二）法院判决

1. 一审判决

一审法院认为，出租人就未取得建设工程规划许可证或者未按照建设工程规划许可证的规定建设的房屋，与承租人订立的租赁合同无效。房屋租赁合同无效，当事人请求参照合同约定的租金标准支付房屋占有使用费的，人民法院一般应予支持。本案涉案房屋未取得规划审批手续故房屋租赁合同无效。虽许某于2021年9月27日前搬离房屋并将钥匙返还A公司，但是许某未明确表示其不再继续使用涉案房屋、房屋内物品不再使用，而A公司亦未积极与许某进行沟通腾退，故法院酌情确定许某支付房屋占有使用费2021年10月27日止。扣除占有使用费后，A公司应将剩余房屋押金返还许某。A公司还应返还许某注册押金。

关于损失，民事法律行为无效，各自都有过错的，应当各自承担相应的责任。对于涉案租赁无效，出租人A公司应承担主要责任，承租人亦应在租赁涉案房屋时对于房屋性质进行审核，故承租人亦应对租赁合同无效承担一定责任，故一审法院对于许某、A公司的损失酌情予以认定。

2. 终审判决

二审法院认为，一审法院已根据腾退情况判决占有使用费、合同无效的过错等判定损失承担，故判决驳回上诉，维持原判。

二、以案说法

本案在明确房屋租赁合同无效的基础上，主要的争议焦点有

---

① 详情可参见北京市第三中级人民法院（2022）京03民终9627号民事判决书。

两个：一是房屋占有使用费应如何计算；二是因合同无效而造成的损失应当如何承担。而将这两个争议焦点总结之后，均为房屋租赁合同无效的法律后果。

（一）房屋租赁合同的效力

《最高人民法院关于审理城镇房屋租赁合同纠纷案件具体应用法律若干问题的解释》第二条规定："出租人就未取得建设工程规划许可证或者未按照建设工程规划许可证的规定建设的房屋，与承租人订立的租赁合同无效。但在一审法庭辩论终结前取得建设工程规划许可证或者经主管部门批准建设的，人民法院应当认定有效。"无论对出租人还是承租人，房屋租赁合同的效力都直接影响合同条款的实现。对于出租人而言，房屋租赁合同的效力直接影响其依据合同向承租人追究违约责任。而对于承租人而言，若房屋租赁合同无效，随时可能"居无定所"，因此在承租前检查出租人是否具有房屋产权证或建设工程规划许可证更是尤为重要。

（二）合同无效的法律后果

《最高人民法院关于审理城镇房屋租赁合同纠纷案件具体应用法律若干问题的解释》第四条规定："房屋租赁合同无效，当事人请求参照合同约定的租金标准支付房屋占有使用费的，人民法院一般应予支持。（第一款）当事人请求赔偿因合同无效受到的损失，人民法院依照《民法典》第一百五十七条和本解释第七条、第十一条、第十二条的规定处理。（第二款）。"房屋租赁合同被认定无效的情况下，承租人仍应当参照租金标准支付房屋占有使用费。但是对于双方遭受的损失，则需要按照过错分担。一般而言，因房屋未取得建设工程规划许可证或者未按照建设工程规划许可证的规定建设的，出租方承担主要过错；而从常理来说，承租方在承租房屋时也应当尽到注意义务审查房产证等有效证件，因此在纠纷中，法院也可能判决承租人自行承担一定损失。

三、专家建议

因此，在租赁房屋前，审慎检查房屋权属十分有必要，否则在合同无效的情况下，任何合同约定的权利基础都将丧失意义。另外，前述案件中各方对于是否腾退发生争议，房屋腾退亦是房屋租赁的重要环节，应当引起关注。在房屋租赁合同中应当明确承租人的腾退义务，同时在房屋出租时明确房屋及其附属设备的交接清单对于未来腾退的强制执行非常有必要；若出租人对于逾期腾退不积极干预的，还会被认为存在放任损失扩大的情况，故发生相关纠纷后还需要出租人积极催促承租人进行腾退。

四、关联法条

《民法典》第五百六十六条、第七百一十五条、第七百一十六条，《最高人民法院关于审理城镇房屋租赁合同纠纷案件具体应用法律若干问题的解释》第二条、第三条、第四条、第十三条。

建筑设备租赁合同之项目部签章风险

随着基础设施及房地产开发等建设工程项目规模不断扩大，由租赁公司或者个人购买大型设备租赁给承包方用于施工建设的模式也逐渐增多。但是由于建筑设备租赁行业尚缺乏完备的管理规范、人员管理不到位等问题，导致建筑设备租赁合同纠纷日益增多。实务中常常面临经办人、项目部签订租赁合同的问题，从而导致出租方无法确定实际承租方，要求支付租金存在障碍，因此须规范建筑设备租赁合同签订流程，降低法律风险。

一、案例简介

（一）基本案情

2012年9月27日，某发包人与承包人A公司施工合同，承包人签章页由法定代表人董某某和委托代理人杨某某签名，并加盖公章。

2013年1月15日，出租方上海B公司与承租方A公司大丰南港置业工程项目部和A公司大丰南港老年养护中心工程项目部（以下合称"西团项目部"）签订了一份《建设设备租赁合同》，并约定了相应的权利义务。

合同签订后，B公司陆续安排车辆将钢管、扣件、套管等租赁物资运送至A公司承建项目工地，B公司和西团项目部每月就收发料数量和租费进行对账形成租费单，由宋某某等人签字确认。

2013年12月19日，B公司制作一份材料结算清单，落款处由B公司法定代表人徐某签名并加盖公章，另一方经办人由宋某某签名和挂靠承包人杨某某签名，并加盖西团项目部章。

2015年5月，B公司向A公司发出《请求归还租赁物及支付欠款的函》，A公司书面回复：内容与事实不符。因此B公司将A公司诉至法院要求支付租赁费、返还租赁物并承担违约责任。

同时，另经法院查明，在某公司起诉A公司案件中，在该案中涉及的材料结算清单与本案B公司提供材料结算清单相同，落款处均由经办人宋某某和挂靠承包人杨某某签名，并加盖西团项目部章，A公司在另案中对该证据无异议。[①]

（二）法院判决

法院结合本案及另案相关事实认为，A公司在经营活动中已经扩大了项目部印章的使用范围，也知晓项目部印章实际在对外经营中以其名义在使用，因此涉案合同上加盖的项目部印章应该对A公司产生法律效力，涉案合同真实有效。遂判决A公司支付B公司租赁费256万元、返还B公司出租的钢管、扣件、套管，并支付违约金27万元、运输费8万元。

二、以案说法

本案的主要争议焦点有两个：一是以项目部印章签订合同、工作人员签字是否构成表见代理，A公司与B公司之间是否存在建筑设备租赁合同关系？二是A公司是否应当承担租赁费用的付款责任？

（一）表见代理的认定

根据《民法典》第一百七十二条，行为人没有代理权、超越代理权或者代理权终止后，仍然实施代理行为，相对人有理由相信行为人有代理权的，代理行为有效。即该代理行为构成表见代理。

1. 表见代理具有代理权的外观

表见代理要求相对人在客观上有充分理由相信行为人具有代理权而与其从事民事法律行为，具有代理权的外观。常见的行为

[①] 上海昊勇钢模租赁有限公司与江苏西团建筑有限公司建筑设备租赁合同纠纷一审民事判决书。

人具有代理权外观的行为有：法定代表人越权代理、交易惯例、被代理人明知行为人以自己名义订立合同但不表示反对等情形。在本案中，西团项目部作为 A 公司的内设机构，在未获授权的情况下，与 B 公司签订合同，且由经办人员签字确认，A 公司实际上对该情况明知但并未表示反对，已经具备表见代理对代理权外观的要求。

2. 相对人必须是善意且无过失的

法律承认表见代理对被代理人发生效力，是为了保护善意相对人的利益和交易安全。主观善意要求相对人不知道行为人在实施行为时没有代理权；无过失要求相对人这种不知道的行为不是因为其疏忽大意造成的，没有主观上的过失。如果相对人知道或者应当知道行为人没有代理权、超越代理权或者代理权已终止，而仍与行为人签订合同，则不构成表见代理，相对人的权益则不能受到保护。就本案而言，B 公司与西团项目部签订租赁合同时，基于建筑施工行业的经常使用项目部印章签订合同的习惯，B 公司并不知道西团项目部及经办人员未获得授权，其主观是善意且无过失的。

因此，法院在裁判说理过程中实质上认定了 A 公司经办人员签字、使用项目部章签订合同的行为构成表见代理，A 公司应履行合同义务。

（二）工程项目部的法律地位与印章法律效力

根据住房和城乡建设部公告第 1535 号《建设项目工程总承包管理规范》（编号为 GB/T50358—2017），项目部是指在工程总承包企业法定代表人授权、支持下，为实现项目目标，由项目经理组建并领导的具有内外部沟通协调管理职能的项目管理组织。因此，项目部属于公司的内设机构，不具备独立的法人地位，不能独立享有民事权利和承担民事义务。在项目部以公司名义签订合同时，需要取得相应的授权，且只能在授权范围内实施民事法律行为。

但是从建筑施工企业的现状来看，由于项目部印章使用管理不规范，经常存在使用项目部印章对外签订合同的情况。根据《最高人民法院关于印发〈全国法院民商事审判工作会议纪要〉的通知》（法〔2019〕254号）第41条确立的"看人不看章"的裁判思路，应当主要审查签约人于盖章之时有无代表权或代理权，从而根据代表或者代理的相关规则来确定合同的效力。因此在司法实践中存在将承包方与项目部、经办人员之间的关系认定为代理关系，并依法受到表见代理等法律规定的制约。本案中，其实质处理思路亦是将A公司与西团项目部、经办人员之间作为表见代理关系处理。

三、专家建议

在建筑设备租赁合同签订过程中，一定要确定合同相对方，找准承租人，要求承租方使用公章或者合同专用章签订合同，尽量避免个人签字或使用项目部印章；如存在个人作为承租方签字，作为出租方要核实确认个人身份，是否具备授权文件以及具体的授权范围；如使用项目部印章的，鉴于项目部是临时性内部机构或内设机构的性质，因此需要确定设立该项目部的主体，以及项目部的是否具备授权。在租赁物品交接的过程中，完善交接手续，留存往来签收凭证、付款资料等文件，以备发生纠纷后能充分保障自身的合法权益。

四、关联法条

《民法典》第一百六十二条、第一百七十一条、第一百七十二条，最高人民法院关于适用《中华人民共和国民法典》总则编若干问题的解释第二十八条，《最高人民法院关于印发〈全国法院民商事审判工作会议纪要〉的通知》第四十一条。

租赁土地须符合规划用途

劳动是财富之父，土地是财富之母，土地使用自古以来就是事关我们国家富强、人民幸福的关键性问题，我国的政治、社会、文化、经济各领域皆离不开对土地的开发、建设和利用。在经济活动中，土地租赁行因其较低的准入门槛和较高的市场灵活性而为更多的经济主体所青睐，这也造成了司法实践中存在较多的土地租赁合同纠纷。本书将以北京市某公园与某俱乐部土地租赁合同纠纷一案作为切入点，分析该案的基本案情和主要争议焦点，对我国土地合同租赁纠纷的典型模式做一个案例分析。

一、案例简介

（一）基本案情

2017 年 11 月 13 日，A 公园与 B 俱乐部签订《租赁协议书》（"涉案合同"），约定 B 俱乐部承租 A 公园场地（"涉案场地"）作为足球青训学校培训场地，租期自 2018 年 1 月 1 日起至 2020 年 12 月 31 日止，年租金 86.505 万元。涉案合同并未明确约定涉案场地的规划用途，经法院依职权调查，涉案场地规划用途为防护绿地。

截至 2019 年 8 月 6 日，B 俱乐部仅支付租金 136.505 万元。2019 年 9 月 18 日，A 公园向 B 俱乐部发送催交租金的函。B 俱乐部回函称因 A 公园单方提高租金，双方处于谈判阶段，故暂停支付租金直至双方达成协议。

2019 年 9 月 29 日，A 公园以 B 俱乐部未按约定时间支付租金、将涉案场地转租给第三方使用为由向 B 俱乐部发送《解除〈租赁协议书〉通知书》。B 俱乐部回函称 A 公园对于涉案场地由案外人运营等情况自始知悉，且 A 公园单方提高租金未与 B 俱乐部达成一致意见，B 俱乐部不构成违约。

2019 年 10 月 16 日，A 公园向 B 俱乐部发送《告知书》，称拟对涉案场地进行绿化恢复施工并进行断水断电。2019 年 11 月 7 日，A 公园向 B 俱乐部发送《告知书》，要求 B 俱乐部限期清退涉案场地。

后 A 公园将 B 俱乐部诉至法院，请求判决确认涉案合同已于 2019 年 9 月 29 日解除、B 俱乐部支付占有使用费和违约金。一审诉讼过程中，B 俱乐部提出反诉请求：要求 A 公园退还部分租金、向 B 俱乐部支付违约金并赔偿场地建设损失。[①]

（二）法院裁判

1. 一审判决

一审法院认为涉案合同旨在改变涉案场地规划用途，违反了《中华人民共和国土地管理法》《中华人民共和国城乡规划法》的强制性规定，应属无效。针对双方因涉案合同无效所受实际损失，A 公园损失主要为涉案场地的占有使用费；B 俱乐部所受损失主要为使用涉案场地进行建设的设备设施现值。针对双方应当承担的责任，A 公园应承担 60% 的主要责任；B 俱乐部应当承担 40% 的次要责任。

---

① 详情可参见北京市第三中级人民法院（2022）京 03 民终 12600 号民事判决书。

2. 终审判决

二审法院认为一审法院关于合同效力问题、双方过错程度问题认定正确，仅基于 B 俱乐部在二审过程中提交的新证据对租期进行了新的认定，进而对一审法院认定的涉案场地占有使用费和设备设施损失进行了相应调整。

二、以案说法

本案的争议焦点主要为涉案合同效力问题及双方关于合同无效的过错程度。

（一）涉案合同的效力

本案中，法院已查明涉案场地规划用途为防护绿地，而 B 俱乐部租赁涉案场地系作为足球青训学校培训场地，即涉案土地实际用途为体育用地。

我国实行严格的土地用途管制制度，使用土地的单位和个人必须严格按照土地利用总体规划确定的用途使用土地。对于土地用途的分类，公园与绿地的土地用途、体育用地土地用途属于不同的土地用途分类。涉案场地的规划用途为防护绿地，涉案合同约定将涉案土地用于足球培训场地，属于将涉案土地用于体育设施用途，双方合同的约定改变了涉案场地的土地规划用途，违反了《中华人民共和国土地管理法》第四条、《中华人民共和国城乡规划法》第三十五条等国家对土地用途实施管制的法律强制性规定，该合同应属无效。

B 俱乐部对于涉案场地实际用途与场地规划用途不一致的解释是：足球发展和全民健身已经上升为"国家战略"，涉案场地用于足球培训场地，不仅没有破坏防风绿化还增加了体育使用功能，做到了两全其美。其主张不应被采纳。建设体育设施、加强体育运动、提高全民身体素质是国家鼓励和支持的，但建设体育设施应遵守国家的法律、法规，在建设体育设施前应按照国家法律、法规的相关规定履行土地、规划的相关审批，通过相关审批后再进行建设、使用，依法发展体育事业。

（二）双方关于合同无效的过错程度

A公园在诉讼过程中称其不清楚涉案场地的规划用途，对合同无效没有过错。然而，A公园作为涉案场地的管理人，明确其管理范围内的土地性质、土地用途并按照土地用途和法律、法规对土地的使用进行管理是其应尽的职责，其主张其不清楚土地的用途等，属于其未尽到相应的管理职责，具有明显过错，应承担主要责任，故法院最终判决其对合同无效承担60%的责任。

B俱乐部主张其不了解涉案场地规划用途，且建设足球青训学校符合国家发展足球和全民健身的政策要求，相关主张均不足以排除其对于合同无效的过错。B俱乐部作为土地承租方，在租赁该涉案场地时应对涉案场地的土地用途等予以审查，审查土地的规划用途是否与其实际使用用途相符，但B俱乐部未予审查，未尽到审慎义务，亦存在一定过错，应承担次要责任，故法院判决其承担40%的责任。

三、专家建议

无论是土地出租方还是承租方，在签订土地租赁合同前务必关注土地的性质、规划用途与实际用途是否一致。对于出租方，在出租土地前，建议征询有关主管部门的意见，对土地使用的限制性要求进行充分把握；承租方在承租土地前，同样必须要求出租方充分披露土地的性质和规划用途，并应对前述内容进行审慎的、主动的核实。在土地租赁合同履行过程中，承租方应保证土地实际用途与规划用途相一致；出租方亦应尽到土地管理人的责任，对土地使用进行切实有效的监督，切勿放之任之，避免承租方对土地不合理、不合法、不合规划地使用。

四、关联法条

《合同法》第五十二条、第五十八条，《中华人民共和国土地管理法》第四条，《中华人民共和国城乡规划法》第三十五条。

● 借款合同纠纷

微信记录如何证明债权债务关系？

随着电子支付的逐渐普及，越来越多的民间借贷采用微信转账的形式，这一转变在带来便利的同时也暗藏着一些隐患。不同于传统形式的民间借贷，微信转账的形式更为方便，借贷双方往往对借款的性质、期限和利息等内容缺少明确约定。实践之中也由此产生了许多纠纷。为了保障财产安全，借贷双方需要对微信转账的细节慎之又慎。

一、案例简介

（一）基本案情

2021年1月9日，殷某通过微信转账方式向龙某转款3万元，双方约定全部借款于2021年4月9日之前归还。借款期限届满之时，殷某多次催促龙某还款，均被龙某以种种理由搪塞。无奈之下，殷某起诉至法院，要求龙某偿还本金3万元，并支付利息。龙某辩称，原告以微信转账方式支付的3万元为修建公路的工程投资款，而非借款，且殷某并未出具借条，无法证明借贷关系的存在。殷某围绕其诉讼请求提交了微信转账记录和微信聊天记录等证据；龙某未提交任何证据。另经法院查明，殷某曾多次通过微信催促龙某还款，龙某多次回复"快了""月底吧"，未对债权的存在提出异议。①

---

① 详情可参见重庆市合川区（市）人民法院（2023）渝0117民初94号民事判决书。

（二）法院判决

法院认为，本案中双方虽未对 3 万元转款的性质进行书面约定，但双方的微信聊天记录显示，龙某并未否认债权的存在，也未提供任何证据证明 3 万元为原告支付的投资款。因此，殷某的证据更具有优势，应将殷某转给龙某的 3 万元认定为出借款，并支持殷某要求龙某归还借款 3 万元的请求。

关于利息问题，鉴于双方在出借款项时未对利息问题进行约定，案涉 3 万元借款在借款期间不应支付利息，但殷某可主张逾期资金占用利息。殷某主张双方曾约定借款期限为三个月，但未提供证据予以证明，应认定属于借款期限不明确的情形。对期限不明的借款，出借人可催告借款人在合理期限内返还，在出借人要求借款人还款的宽限期届满，或者借款人承诺还款期限届满后，仍未还款的，视为借款逾期，自逾期之日起开始支付利息。本案中，双方微信聊天记录显示龙某曾向殷某承诺于 2022 年 8 月还款，应认定还款期限至 2022 年 8 月底届满，故支持殷某要求龙某从 2022 年 9 月 1 日起支付逾期资金占用利息。

二、以案说法

本案的争议问题主要有两个方面：第一，殷某如何通过微信记录证明案涉 3 万元的性质为借款？第二，借贷双方约定不明之时，借款利息如何计算？

（一）民间借贷纠纷的举证责任分配

根据"谁主张，谁举证"的原则，民间借贷纠纷中通常由出借人，也即主张法律关系存在的当事人承担举证责任，根据最高人民法院关于适用《中华人民共和国民事诉讼法》（以下简称《民事诉讼法》）的解释的规定，主张法律关系存在的当事人承担着更重的举证责任。本案中，殷某作为主张借贷关系存在的一方，应当对借贷关系的成立承担举证责任，其证明标准必须达到能证明待证事实的存在具有高度可能性的程度。殷某提供了微信转账 3 万元的转账凭证，并提供与龙某的微信聊天记录，其中详细记录了龙某多次承诺还款的内容，以上证据证明案涉 3 万元为借款具有高度可能性。而针对以上证据，龙某并未提出任何异议且未能提供任何证据证明其主张，根据《最高人民法院关于审理民间借贷案件适用法律若干问题的规定》，只有在被告提供了相应证据证明其主张后，原告才有必要就借贷关系的存续承担举证责任。本案中，针对案涉 3 万元性质为借款的问题，殷某已完成其证明义务。

（二）借款利息

在民间借贷纠纷中，借贷双方通常会提前约定借款利息，如果双方未加约定，根据《最高人民法院关于审理民间借贷案件适用法律若干问题的规定》，借贷双方没有约定利息，出借人主张支付借期内利息的，人民法院不予支持。本案中，由于双方在借款之时对利息约定不明，应认定龙某无须向殷某支付借期内的利息。此外，对期限不明的借款，出借人虽不能主张借期内利息，但可主张逾期利息，逾期利息自借款逾期之日起算。而对于期限不明的借款，出借人催告期限届满或借款人承诺还款期限届满仍未还款的，视为借款逾期。本案中，由于没有证据证明双方约定了借款期限，法院认定案涉 3 万元借款为期限不明的借款。殷某提供的微信聊天记录证明龙某曾承诺于 2022 年 8 月底还款，该笔借款的还款期限被认定为 2022 年 8 月 31 日。由于龙某逾期未还，法院判决龙某从 2022 年 9 月 1 日起支付逾期资金占用利息。

三、专家建议

在民间借贷案件中，双方通过微信转账发生金钱往来十分常见。为了保障借贷双方的财产安全，借款前一定要约定清楚借款时间、借款用途以及利息如何计算等关键问题，以免出现无法确认借款期限、无法收回借款利息，甚至损失本金的风险。此外，根据证据的真实性、合法性、关联性要求，出借人应谨慎核实借款人的身份，明确转账资金的用途，并注意截取微信记录的完整性和连贯性。

四、关联法条

《民法典》第五百零九条、第五百七十七条、第六百六十七条、第六百七十五条、第六百七十六条、第六百八十条第三款，《最高人民法院关于审理民间借贷案件适用法律若干问题的规定》第十五条第一款、第二十四条第一款、第二十八条第一款。

金融机构贷款能否转借他人？

在民间借贷案件中，将自由闲置资金互相借贷的情形极为普遍，但需要注意的是，民间借贷的资金来源只能是自有资金。一旦涉及金融借款，借贷行为将无法受到法律保护。根据我国法律规定，出借人将金融机构贷款转借他人的合同无效。转借金融机构贷款的行为不仅无法获取高额利息，还可能面临其他法律风险。因此，出借人应当谨慎对待借款问题，切勿将金融机构贷款转借他人。

一、案例简介

（一）基本案情

2009年4月14日至2014年10月24日期间，A公司曾多次向施某、许某借款，其中大部分借款签订了《借款协议书》，且部分借款约定利率高于3%。A公司按约履行还本付息义务之后，认为部分借款利率过高，故提起诉讼。一审中，A公司主张部分借款利率超出法律保护范围，并据此要求返还超付利息。二审中，A公司进一步主张其于2014年初收到的1500万元借款来源为银行抵押贷款，根据《最高人民法院关于审理民间借贷案件适用法律若干问题的规定》，银行贷款禁止转贷，如有违反，不可计算利息。经法院查明，上述1500万元借款来源于B公司向某银行申请的贷款，且该笔贷款发生之时，施某为B公司的实际控制人。施某确有控制B公司将银行贷款1500万元转贷给A公司的行为。①

（二）法院判决

1. 一审判决

一审法院认为，经计算，本案中A公司并不存在超付利息的情形。A公司虽不认可一审法院确定的计算方式和原则，但又无法证明其存在向施某、许某多支付利息的情形，应承担举证不能的法律后果。判决驳回A公司的诉讼请求。

2. 二审裁决

二审法院认为，施某控制B公司向银行贷款，并将该贷款转借A公司收取高额利息的行为，已构成套取金融机构贷款转贷，

---

① 详情可参见最高人民法院（2021）最高法民终644号民事判决书。

该借款合同依法应认定为无效。一审法院将上述借款的利息按月利率3%进行核算，认定事实、适用法律均有错误，应依法予以纠正。但参照一审法院对案涉借款本息核算的方式，A公司仍不存在超额付款的情况。综上所述，驳回A公司诉讼请求。一审法院虽然认定事实有误，但处理结果并无不当，应予维持。

二、以案说法

本案的争议焦点主要集中于两个方面：第一，施某控制B公司将银行贷款1500万元转借A公司的借款合同效力如何？第二，若该借款合同被认定为无效，其法律后果如何？

（一）套取金融机构贷款转贷

出借人向金融机构贷款，并将该贷款转借借款人即构成套取金融机构贷款转贷的行为。根据2020年出台的《最高人民法院关于审理民间借贷案件适用法律若干问题的规定》，套取金融机构贷款转贷的，人民法院应当认定民间借贷合同无效。其中，套取贷款进行转贷的主体可以是法人、非法人组织，也可以是自然人，转贷行为无须以牟利为意图或结果，也不要求借款人对出借人"转贷"行为明知或应知。只要转贷资金来源为金融机构贷款，民间借贷合同即应被认定无效。本案中，施某控制B公司将银行贷款转借给A公司，并收取高额利息，符合上述要件，应被认定套取金融机构贷款转贷，A公司与施某之间的借款合同也应被认定为无效。

（二）民间借贷合同无效的后果

依照《民法典》第一百五十七条规定："民事法律行为无效、被撤销或者确定不发生效力后，行为人因该行为取得的财产，应当予以返还。"无效合同自始没有法律约束力，因该无效合同取得的财产应当予以返还，因此，民间借贷合同因出借人转贷金融机构贷款而无效的，借贷双方对利息的约定也随之无效，借款人应返还本金而无须支付利息。本案中，施某通过套取金融机构贷款后将款项出借给 A 公司，此情形下出借人与借款人之间的民间借贷合同应认定无效，A 公司只需归还本金，而无须支付利息。基于此，最高人民法院在二审判决中主张，一审法院将上述借款的利息按月利率 3% 进行核算，认定事实、适用法律均有错误，应依法予以纠正。

三、专家建议

出于风险控制的考量，金融机构倾向于放贷给资金实力较强的企业，而许多资金缺口较大的企业却苦于借贷无门。因此，部分资金实力较强的企业和个人从银行获取贷款之后，又将贷款转贷给他人，以此赚取高额利息差。然而，套取银行贷款转贷并收取高额利息的行为抬高了借款成本，扰乱了金融监管秩序，也违反了相关法律法规的规定。出借人不仅无法获取高额利息，还可能面临借款无法讨回的风险。因此出借人应当严格遵守银行贷款的用途限制，切勿抱有侥幸心理，以免因小失大，血本无归。

四、关联法条

《关于人民法院审理借贷案件的若干意见》第六条，《最高人民法院关于审理民间借贷案件适用法律若干问题的规定》第十三条、第十四条、第十六条，《民事诉讼法》第六十四条，《最高人民法院关于适用〈中华人民共和国民事诉讼法〉的解释》第九十条。

小额借款合同纠纷如何处理？

伴随着小额信贷的快速发展，小额借款合同纠纷也越来越多，在我国部分地区甚至已占据了民事诉讼案件的半壁江山。即便如此，由于小额信贷有着门槛低、效率高等特点，仍有大量借款人选择通过小额信贷产品周转应急，其中尤其以低收入人群和小微企业为主。基于这样的现实情况，我们有必要对小额借款合同的特点，以及法律上针对小额借贷问题的特殊规定加以了解。

一、案例简介

（一）基本案情

2015 年 3 月 9 日，闫某、何某等 10 人与 A 小额贷款公司分别签订借款合同，约定每人借款 30 万元，借款期限为 2015 年 3 月 9 日至 2017 年 5 月 8 日，月利率 60‰。借款合同签订后，A 小额贷款公司向 10 位借款人分别发放了 30 万元借款。上述借款共计 300 万元事实上均由闫某使用。此后，闫某分 10 笔向 A 小额贷公司还款共计 168 万元。2017 年 5 月 9 日，闫某与何某等 9 名借款人签订债务转移协议书，将何某等 9 人与 A 小额贷款公司之间的债务转移给闫某承担。同日，依据该债务转移协议书，A 小额贷款公司与闫某重新签订借款合同，约定闫某向 A 小额贷款公司借款 300 万元，借款期限为 2017 年 5 月 9 日至 2018 年 5 月 8 日，月利率 60‰。借款期限届满后，闫某向 A 小额贷款公司偿还本金 47 万元，利息 5000 元。A 小额贷款公司向法院起诉请求闫某偿还借款本金 300 万元，并按月利率 20‰（年利率

24%）支付利息。[1]

（二）法院裁判

1. 一审判决

双方约定借款利率超过了年利率 24%，依据司法解释相关规定，年利率超过 24% 部分无效，应按年利率 24% 认定本案借款利率。依据这一标准，判决闫某向 A 小额贷款公司偿还借款本金 2098697 元，支付截至 2019 年 3 月 9 日的借款利息 1076825 元，支付自 2019 年 3 月 10 日至 8 月 19 日按年利率 24% 计算的利息，支付 2019 年 8 月 20 日至本金清偿之日按全国银行间同业拆借中心公布的贷款市场报价利率（LPR）的 4 倍计算的利息。

2. 二审判决

二审法院认为，《最高人民法院关于新民间借贷司法解释适用范围问题的批复》于 2021 年 1 月 1 日起施行，本案应适用该司法解释处理当事人之间的纠纷。根据该司法解释的相关规定，小额贷款公司被界定金融机构，因此无须适用《最高人民法院关于审理民间借贷案件适用法律若干问题的规定》。根据最高人民法院司法解释的相关规定以及甘肃省相关法规，A 小额贷款公司向闫某发放贷款的利率上限应为中国人民银行公布的同期同类贷款基准利率的 4 倍。基于此标准计算，闫某应向 A 小额贷款公司偿还借款本金 1322749.43 元，支付截至 2019 年 3 月 9 日的借款利息 1035683.61 元，支付自 2019 年 3 月 10 日至 8 月 19 日按中国人民银行公布的同期同类贷款基准利率的 4 倍计算的利息，支付自 2019 年 8 月 20 日至本金清偿之日按全国银行间同业拆借中心公布的贷款市场报价利率（LPR）的 4 倍计算的利息。

---

[1] 详情可参见甘肃省金昌市中级人民法院（2021）甘 03 民终 397 号民事判决书。

二、以案说法

本案的争议焦点在于小额借款合同纠纷的借款利率上限应当适用何种标准。具体而言，就是小额贷款合同纠纷的贷款利率是否受限于《最高人民法院关于审理民间借贷案件适用法律若干问题的规定》。

2020年8月20日，根据《最高人民法院关于审理民间借贷案件适用法律若干问题的规定》的相关修改，民间借贷利率的司法保护上限被确定为一年期贷款市场报价利率（LPR）的4倍。这一修改大幅度降低了民间借贷利率的司法保护上限，一时引发广泛争议：部分专业人士认为此举有利于缓解高息借款引发的大量借贷纠纷；但也有人主张借贷利率过低会大大降低出借人的积极性，从而导致融资困难的情况愈加严峻。为回应这一争议，2020年12月29日，最高人民法院在《关于新民间借贷司法解释适用范围问题的批复》中表示，经征求金融监管部门意见，由地方金融监管部门监管的小额贷款公司、融资担保公司、区域性股权市场、典当行、融资租赁公司、商业保理公司、地方资产管理公司七类地方金融组织，属于经金融监管部门批准设立的金融机构，其因从事相关金融业务引发的纠纷，不适用民间借贷新司法解释。根据该批复，小贷公司等七类机构被认定为金融机构，不适用《最高人民法院关于审理民间借贷案件适用法律若干问题》的规定。因此，法院在审理小额借款纠纷时，不应将小额贷款公司发放贷款的利率限定为一年期贷款市场报价利率（LPR）的4倍，而应根据《民法典》和金融监管部门的相关规定确定。

本案一审期间，最高人民法院尚未对《关于审理民间借贷案件适用法律若干问题的规定》进行修改，按照旧的司法解释规定，民间借贷利率适用以 24% 和 36% 为基准的"两线三区"的规定。因此，一审法院以 24% 的年利率为标准计算借贷利率。二审期间，基于前文所述小额信贷公司利率上限相关规定的调整，二审法院将 A 小额贷款公司向闫某发放贷款的利率上限确定为中国人民银行公布的同期同类贷款基准利率的 4 倍。

三、专家建议

相比于民间借贷，小额借贷有着门槛低、效率高等优势，因此在不少群体中广受欢迎。需要注意的是，根据现行法律的相关规定，小额信贷的利率上限标准通常高于普通民间借贷。这就意味着小额信贷虽然便于获取，但借款人可能要因此承受更为沉重的利息负担。因此，提醒广大借款人理性处理借款问题，切勿因贪图一时的消费自由而忽略利息负担，以至于陷入还款不能的境地。

四、关联法条

最高人民法院关于适用《中华人民共和国民法典》时间效力的若干规定第一条第二款，《最高人民法院关于审理民间借贷案件适用法律若干问题的规定》第二十五条，《最高人民法院关于新民间借贷司法解释适用范围问题的批复》第一条、第三条，《民事诉讼法》第一百七十条第二款。

● 医疗损害侵权纠纷

医疗过度检查行为怎么办？

实践中，某些医院将医生的收入与科室医疗费收入相挂钩，导致医生为获得绩效奖金而实施不必要的检查或治疗行为。很多患者到医院看病，排了很长的队伍后，医生没说几句话，就会开核磁共振、CT、造影等各项检查。虽然有些情况的确需要设备来检查，但不可否认的是，这种设备"大撒网"式的排查，也是当前部分医院的主要谋利手段。医院为了更好地创造效益，争相购买大型医疗设备，为了快速收回成本赚取利润，鼓励医生多给患者开这种费用较贵的新设备检查。过度检查、过度医疗的行为导致患者承担了不必要的经济损失，甚至烦恼、痛苦与记忆，因此必须慎之又慎、严肃对待。

一、案例简介

（一）基本案情

2022年6月11日，任某因腰部后方突发疼痛，至大连某医院急诊外科就诊，支付挂号费25元。该医院医生姜某于当晚21：40接诊，之后为任某开具CT检查，检查部位为：64层及以上CT（腹组）下腹部平扫，64层及以上CT（腹组）盆腔平扫，原告支付CT检查费844元。经检查，任某右侧输尿管上段盆腔内可见结节状高密度影，径约4mm。CT影像诊断结论为：右侧输尿管上段结石，伴其上段输尿管及肾盂积水扩张；阑尾较长；前列腺钙化灶；请结合临床，随诊复查。该医院对任某病情诊断结论为右侧输尿管上段结石，医嘱为：离院随诊、病情加重即刻回急诊科。

出院之后，任某认为该医院对其实施了不必要的检查，造成其不必要的检查费用损失。于是将该医院起诉到了法院，请求：1. 判令大连某医院向其赔偿不合理支出的 CT 检查费用 844 元；2. 请求依法判令大连某医院就诊疗中存在过错向其赔礼道歉。[①]

（二）法院裁决

1. 一审判决

一审法院认为，本案中，原告至被告急诊外科就诊，被告为其开具 CT 检查，原告主张被告"提供了超过患者本身所需的医疗服务，对原告采取了过度检查，此种医疗服务行为超出了疾病检查的实际需要"，而如原告起诉状中所述，原告系因"突发疼痛、疼得直打冷战、满头冷汗"在被告急诊处就诊，被告作为专业的医疗机构有义务采取高效、快捷、便利的辅助性检查手段对患者的突发疾病进行确诊以便快速救治。CT 检查是一种广泛应用于临床的常规影像学检查，也是肾结石的检查方式之一，被告在开具 CT 检查之后，原告交付了检查费用并进行了相应检查，即说明原告知晓并同意被告对其采取 CT 方式检查。原告主张被告未对检查部位等进行告知和说明，但医疗机构是否尽到说明义务以及采取的检查诊疗手段有无过错、检查部位是否适当等均属于专业性问题，一般难以通过普通的生活经验知识去判断，必须借助于专业的医疗损害鉴定来确定。经释明，原告不申请司法鉴定，故从现有证据而言，并不足以认定被告侵害了原告的知情同

---

① 详情可参见辽宁省大连市中级人民法院（2022）辽 02 民终 8499 号民事判决书。

意权，亦不能认定被告的诊疗行为存在过错。原告支出 844 元的检查费是基于其对自身疾病检查所发生的费用，其要求被告返还，缺乏法律依据。原告陈述被告没有检测原告血压却在病历上记载血压数值系伪造病历，但依据现有证据已无从判断原告是否测量过血压，故不能认定被告存在伪造病历的情况。原告的诉讼请求，事实依据不足，不予支持。据此，一审法院作出判决：驳回原告任某的诉讼请求。

2. 终审判决

二审法院认为，本案中，上诉人因"突发疼痛、疼得直打冷战、满头冷汗"到被上诉人医院急诊科就诊，医生接诊后初步判断系结石。CT 检查是一种广泛应用于临床的常规影像学检查，也是诊断结石的检查方式之一，在上诉人疼痛难耐的情况下，被上诉人对上诉人行 CT 检查能够准确确定病因及病灶位置，是高效的诊疗方式。上诉人认为 CT 检查属于特殊检查，需要向患者进行解释和说明，但其提交的依据不能证明其主张。一审中，任某明确表示不申请司法鉴定，故本案现有证据不足以认定被上诉人侵害了上诉人任大伟的知情同意权。现有证据亦不能认定被上诉人的诊疗行为存在过错。上诉人支付的 844 元检查费是基于其对自身疾病检查所发生的费用，请求返还缺乏依据。据此，二审法院作出判决：驳回上诉，维持原判。

二、以案说法

本案中的主要争议焦点在于：医院对任某所做的 CT 检查是否属于不必要的检查，构成过度检查？

《民法典》第一千二百二十七条规定，医疗机构及其医务人员不得违反诊疗规范实施不必要的检查。

本案中，原告任某认为，医生初诊即判断可能是肾结石，对于肾结石的检查，可以有其他基础检查措施，而医生直接开具CT，而且除了对应肾结石的腹部CT之外，更是隐瞒患者还另行开具了盆腔CT以及"薄扫"CT。该医院此种医疗行为超出了疾病检查的实际需要，是不必要的、多余的、不合理的，构成了不必要的过度检查。该过度检查，既给原告带来了经济损失，也对原告的身体造成不当的辐射影响，存在潜在危害。

被告大连某医院认为，根据我国医疗卫生法规现有的规则规定，CT检查不是特殊的需要告知患方或者需要书面通知患者的检查，只是常规的检查项目，医院在就医的过程中不存在过度医疗的情况。结石的成分很复杂，很多结石无法通过B超或X光发现，在这种情况下由于患者是急诊的病人，医生也充分考虑到患者进行检查诊断的需要，做常规的B超和X光检查很有可能无法确诊肾结石及结石位置的情况下，为了减轻患者的痛苦一并进行相关的CT检查，我方的处诊完全符合医疗常规，不存在患方反复说的过度检查，缺乏告知等情况。

关于CT检查是不是任某当时所处情况下所必要的检查，双方各执一词。医学诊疗活动是一种高度专业性的活动，关于检查项目是否必要、检查部位是否适用，一般难以通过普通的生活经验知识去判断，必须借助于专业的医疗损害鉴定来判断。然而本案中，经法院释明后，原告并不申请司法鉴定，故从现有证据来说，不能证明医院实施了不必要的检查或过度检查。一审法院、二审法院均持相同观点，故驳回了原告任某的诉讼请求。

三、专家建议

从实践来看，医疗机构实施过度检查主要有两种情形：一种是本来不需要检查而要求患者检查；另一种则是本来可以用简单诊疗技术进行检查却要求患者采用成本高的复杂诊疗技术进行检查。

实践中遇到过度检查或过度医疗，我们可以：

首先，在实施相应的医疗检查项目之前，可以请求医生释明该项目的必要性与目的，也可以网上查阅该项目的相关问题，如该项目的检查目的是什么以及一般用于哪些疾病的诊疗所需。

其次，在实施了相关的检查后，如果认为该检查不属于疾病诊疗所必需，可以请求相应的专业机构进行鉴定，从而确定该检查的确属于不必要检查或过度检查。然后可以获得的鉴定结果及相关诊疗单据等证据向县级以上人民政府卫生健康主管部门举报。

最后，如果想要弥补自己的经济损失，可以自己获得的专业鉴定等证据向人民法院提起诉讼，请求医院退还相关检查费用。

四、关联法条

《民法典》第一千二百二十七条，《基本医疗卫生与健康促进法》第五十四条，《医师法》第三十一条、第五六十条，《医疗器械监督管理条例》第七十三条，《医疗保障基金使用监督管理条例》第十五条。

医疗美容失败怎么赔？

爱美之心，人皆有之。随着社会物质文化水平的不断提高，人们对自身的形象有了更高的要求或者期待，而医疗美容恰好契合了这一需求，为社会公众提供了一种重新塑造自我形象的选择与路径。但是医疗美容轻则使用药物（俗话说"是药三分毒"），重则"动刀子"，具有一定的侵袭性、创伤性和风险性。医疗美容成功者有之，但失败者同样不在少数。近年来，有关"医美纠纷"的案件时有出现，下面通过一个案例，分析"医美纠纷"中涉及的有关法律问题。

一、案例简介

（一）基本案情

2017年4月27日，王某因"双眼皮、外眼角整形手术后自觉外观不满意"就诊于北京某医疗美容诊所。经诊所相关检查后，于当日实施了"双侧内眦赘皮重建术、双侧重睑修复术、双侧外眼角修复术、双侧上睑自体脂肪填充术、双侧面颊部脂肪填充术"。术后出现双眼上睑可见重睑及瘢痕、双眼内眼角呈括号状、干眼（双眼）等并发症。2019年3月19日，王某就诊于某省眼科医院，诊断为干眼（双眼）。为此，王某向北京某区法院提起诉讼，声称北京某医疗美容诊所存在欺诈行为，主张3倍的惩罚性赔偿以及医疗费、营养费、护理费、误工费、住宿费、交通费、精神损害抚慰金、公证费若干。被告北京某医疗美容诊所不同意原告王某的诉讼请求，请求法院予以驳回。另经法院查明，北京某医疗美容诊所自2017年2月以来通过公众号、官网等发布与实际情况不符的广告，曾数次受到主管行政机构的行政处罚。[①]

（二）法院裁决

1. 一审判决

一审法院结合某鉴定机构出具的鉴定意见认为，北京某医疗

---

① 详情可参见北京市第三中级人民法院（2021）京03民终9107号民事判决书。

美容诊所存在主要过错，应当承担 80% 的赔偿责任。遂判决北京某医疗美容诊所向王某赔付医疗费、营养费、护理费、误工费、住宿费、交通费、精神损害抚慰金共计 20 万元左右，同时赔偿王某三倍的手术服务费用共计 39 万元，驳回王某的其他诉讼请求。

2.终审判决

二审法院认为，一审法院认定北京某医疗美容诊所存在主要过错定性正确，但比例稍高，遂改判承担 60% 的赔偿责任。遂改判北京某医疗美容诊所向王某赔付医疗费、营养费、护理费、误工费、住宿费、交通费、精神损害抚慰金共计 13 万元左右。对一审法院作出的其他判决事项则予以维持。

二审法院判决生效后，北京某医疗美容诊所向北京市高级人民法院申请再审，请求撤销一审、二审判决。再审法院认为，二审法院根据查明的事实和证据对该案所作判决，认定事实清楚，适用法律正确，审判程序合法，遂裁定驳回北京某医疗美容诊所的再审申请。

二、以案说法

本案的争议焦点主要有两个：一是北京某医疗美容诊所是否构成欺诈？二是王某因双眼皮、外眼角整形手术后自觉外观不满意而实施医疗美容是否属于消费行为，能否适用《消费者权益保护法》主张惩罚性赔偿？

（一）欺诈的认定

一般认为，欺诈是指经营者在提供商品或者服务中，采取虚假或者其他不正当手段欺骗、误导消费者，使消费者的合法权益受到损害的行为。《侵害消费者权益行为处罚办法》对经营中的欺诈行为进行了列举。在本案中，北京某医疗美容诊所自 2017 年

2 月以来多次利用公众号、官网进行虚假宣传，存在欺诈的故意，并且实施了欺诈行为。王某接受医疗美容服务是在 2017 年 4 月 27 日，实际上是受到了虚假广告的欺诈而陷入错误认识，并且基于这种错误认识作出了决定，因此构成欺诈，一审法院、二审法院均坚持相同的观点，并作出了相同的认定。

（二）美容的分类与定性

1. 美容的分类

美容可以分为生活美容和医疗美容，二者区分的核心在于专业性不同。生活美容主要是通过化妆品、保健品和非医疗器械等非医疗性手段进行护理或保养，以追求美的效果，常见的美甲、面部保湿、面部精油按摩、肩颈疏通等均为适例。医疗美容则不同，它是指运用手术、药物、医疗器械以及其他具有创伤性或者侵入性的医学技术方法对人的容貌和人体各部位形态进行的修复与再塑。无论是医疗美容机构，还是医疗机构的医疗美容科，首先必须具备医疗机构执业许可证，然后再根据《医疗美容服务管理办法》的规定，由具备相应资质的医务人员提供相关服务。医疗美容科为一级科目，美容外科、美容牙科、美容皮肤科和美容中医科为二级科目。其中，美容外科、美容皮肤科按照依据手术难度和复杂程度以及可能出现的医疗意外与风险大小，将美容外科项目分为四级。本案中，王某接受的双侧内眦赘皮重建等手术就属于医疗美容外科手术。

2. 美容的定性

生活美容是为了美的需要进行生活消费，从经营者那里接受服务，属于消费者，因此其与经营者之间的纠纷当然适用《消费者权益保护法》的规定，若是经营者提供服务存在欺诈行为，则消费者可以主张三倍的惩罚性赔偿。医疗美容比较复杂，也存在一定的法律适用争议，但当前已经初步形成共识：医疗美容分为病理性的医疗美容和非病理性医疗美容，前者主要是为了身体康复、功能恢复而实施，不宜定性为消费行为，应当适用按照服务纠纷和医疗损害责任纠纷处理，如果是非病理性美容，尽管其基础仍是医疗行为，但主要目的是为了追求美的需要①。为了规范医疗美容行业乱象丛生，同时为了更好地保护处于弱势地位的消费者，应当定性为消费行为，适用《消费者权益保护法》的规定。本案中，王某接受的双侧内眦赘皮重建等手术主要是为了追求美的需要，因此属于非病理性美容。

三、专家建议

求美者不要盲目相信医疗美容广告。在可能的情况下，应多听听家人、朋友的意见和建议，即便是决定选择医疗美容，也需"货比三家"，选择正规且经济实力较强、规模较大的医疗美容机构，并认真阅读医疗美容服务合同的条款，尤其是风险描述和经营者免除责任的规定，并及时保存病历、发票等证据材料。发生医疗纠纷后，不卑不亢，理性维权，寻求律师等法律专家的意见，在和解、调解、诉讼、仲裁等纠纷解决方式中选择一种最有利的途径进行维权，充分保护自身的合法权益。

四、关联法条

《医疗美容服务管理办法》第二条，《消费者权益保护法》第二条、第四十五条、第五十五条，《侵害消费者权益行为处罚办

---

① 刘炫麟：《论医疗美容纠纷的法律适用》，载《法律适用·司法案例》2018年第6期。

法》第五条、第十六条,《广告法》第二十八条、第五十五条,《最高人民法院关于审理医疗损害责任纠纷案件适用法律若干问题的解释》第一条。

医疗损害责任如何判定?

患者在医疗机构就诊的过程中发生损害甚至死亡的后果,医疗机构是否应当承担医疗损害责任,以及承担多大比例的医疗损害责任,一直是理论界和实务界关注的重点与难点。由于医疗具有风险性和未知性,同时叠加了患者体质的特殊性和病情的复杂性,使得医疗机构的过失难以判断,患者作为非医学专家,其处于较为弱势的地位,其举证证明医疗机构存在过失,常常"难于上青天",法官由于不是医疗专家,其没有足够的知识储备和技术能力同样难以判断医疗机构是否存在过错,因此实践中大部分仰赖于鉴定,借助同行评价。

一、案例简介

(一)基本案情

2021年6月21日,刘某因连续多日左侧腰背部疼痛前往某医院住院治疗,入院诊断为左侧肾结石。6月25日,该医院对刘某进行膀胱镜检查+左侧输尿管导管置入术+经皮肾镜穿刺+经皮肾镜下超声弹道碎石取石术+左肾镜下输尿管支架置入术+腹腔穿刺引流术。术后刘某无自主呼吸,转入ICU。6月27日,刘某被转往某部队医院治疗,出院诊断为左侧肾结石(术后)、多脏器功能衰竭、腹水、胸腔积液、感染性休克、混合性酸碱平衡失调、凝血功能障碍。同时，某部队医院对刘某的入院诊断为脓毒症、尿路感染、左肾结石、左侧经皮肾镜下超声弹道碎石取石术后、左侧输尿管导管植入术后等。7月8日，刘某经抢救无效死亡。后刘某的近亲属将某医院、某部队医院告上法庭。诉讼过程中，根据刘某近亲属的申请，法院委托某司法鉴定所对某医院、某部队医院的诊疗行为进行司法鉴定。2022年8月22日，某司法鉴定所作出司法鉴定意见书：1.某医院对刘某的诊疗行为存在医疗过错，其过错与刘某死亡后果之间存在一定因果关系，医疗过错的原因力大小为同等原因。2.某部队医院是否存在过度检验和延误治疗情况不能认定，其医疗与刘某死亡后果之间的因果关系原因力无法给予认定。另查，某医院已经投保了医疗责任保险。①

（二）法院裁决

1. 一审判决

一审法院认为，鉴定机构在鉴定意见书中指出，某医院对术前检查结果重视不够，术前对患方告知的拟行手术方式交代不全面、手术替代方案无明确告知，手术时间偏长、抗感染措施滞后。刘某所患左侧肾结石属于其自身原有疾病，有手术适应证。术后出现的脓毒症、感染性休克等与手术相关联，属于并发症，但并非属于完全不可避免的手术并发症。刘某是在原有疾病基础上因手术、麻醉、药物、感染等因素导致多器官功能衰竭而死亡。因此，根据本案实际情况，综合考虑刘某自身情况及医疗过错情况，本院酌定某医院赔偿责任的适用比例为55%，由保险公司先行赔付，不足部分由某医院承担。

---

① 详情可参见辽宁省营口市中级人民法院（2023）辽08民终464号民事判决书。

2. 二审判决

二审法院认为，一审法院认定某医院承担 55% 的赔偿责任是正确的，某司法鉴定所对某医院的诊疗行为进行了司法鉴定，鉴定意见为该医院医疗过错的原因力大小为同等原因。关于同等原因，其适用比例为 40%—60%，故一审法院综合考虑刘某自身情况及医疗过错情况，酌定该医院承担 55% 的赔偿责任并无不当。

二、以案说法

本案的争议焦点主要有两个：一是医疗损害责任如何判定？二是某医院应当承担多大比例的医疗损害责任？

（一）医疗损害责任的构成要件

我国《民法典》第一千二百一十八条规定，患者在诊疗活动中受到损害，医疗机构或者其医务人员有过错的，由医疗机构承担赔偿责任。该条即是对医疗损害责任的一般规定，其构成要件主要包括以下四个方面：

1. 患者遭受了损害

是指患者在接受诊疗服务的过程中，因为医疗行为受到损害。至于这种损害是大是小，是人身损害还是财产损害，或者精神损害，在所不论。不过，需要注意的是，对于较为轻微的损害，一般不纳入法律调整的范围。本案中，患者刘某发生了死亡的损害结果，符合这一要件。

2. 医疗机构或者医务人员实施了医疗行为

若患者不是基于医疗行为导致的损害，如在就诊的过程中因地板湿滑导致摔伤，属于安全保障义务责任，而非医疗损害责任。在本案中，患者刘某前往某医院治疗，某医院实施了手术等医疗行为，因此符合这一要件。

3. 患者损害与医疗机构或者医务人员的诊疗行为存在因果关系

医疗损害责任中的因果关系判断通常十分复杂，因此常常仰赖鉴定，本案即为适例。在本案中，尽管某医院和某部队医院均实施了诊疗行为，但在因果关系的认定上，某医院成立，某部队医院没有证据证明成立，按照"谁主张谁举证"的诉讼法基本原理，患者自然要承担举证不能的法律后果，不能认定某部队医院的诊疗行为与患者刘某的死亡之间存在因果关系。

4. 医疗机构或者医务人员存在过错

我国《民法典》第一千二百一十八条虽然来源于我国原《侵权责任法》（已废止）第五十四条的规定，但是做出一定的改变，其中之一就是将"医疗机构及其医务人员"修改为"医疗机构或者其医务人员"。换言之，只要医疗机构和医务人员有一方主体存在过错，即符合这一要件。但是过错的判断需要借助我国《民法典》第一千二百二十一条，即是否尽到了与当时的医疗水平相应的诊疗义务。

（二）医疗损害责任的具体分配

医疗机构在满足前述医疗损害责任构成要件时，并不意味着其承担 100% 的责任，除非患者的损害完全由医疗机构或者医务人员的过错诊疗行为所致，并无其他因素的影响。但是现实中，这样的案例数量非常少，因为在有些情况下患者自身的疾病发展也是导致患者损害的一个重要原因，甚至在有些情况下，患者也存在一定的过错，理应自担一部分。社会上，有些人认为只要在医疗机构受到损害，医疗机构就有责任，而且承担 100% 的责任，这种认识显然是不正确的，关键需要看二者之间是否存在因果关系，对产生结果的原因力大小或者比例如何。一般来说，医疗损害责任的具体分配与因果关系中的原因力大小有关，大致可分为六个层次（如下表所示）。尽管北京市司法局于 2009 年发布的《关于印发〈北京司法鉴定业协会关于办理医疗过失司法鉴定案件的若干意见〉的通知》已经废止，但是其所体现出的精神与尺度仍有重要的参考价值。

表 1　医疗过失参与度对照表

划分等级	理论系数值（％）	责任程度	参与度系数值（％）
A	0	无	0
B	10	轻微	1 ～ 20
C	25	次要	20 ～ 40
D	50	共同	40 ～ 60
E	75	重要	60 ～ 90
F	100	全部	90 ～ 100

三、专家建议

医疗纠纷发生后，若患者或者其家属对医疗机构或者医务人员提供的医疗服务存在异议，认为医疗机构或者医务人员存在过错导致患者受到损害，此时需要封存病历，因为病历是评判医疗机构或者医务人员是否存在过错最重要的证据材料。具体而言，首先，患者或者其家属要向医疗机构提出封存要求。其次，在病历封存时需要医患双方共同在场，同时记录病历的总页数，并标注于封存的信封（文件袋）。再次，制作（完整）的病历目录，如果有些没有归档，可以先就已经完成的病历进行封存，并标记未封存的病历材料，同时复印一份自我保存。最后，对病历的信封（文件袋）粘贴封条，交由医疗机构保管，日后有可能成为鉴定依据。同时，患者或者其近亲属也可以考虑与医疗机构处理医疗纠纷的方式，比如协商、调解、诉讼等。当前，第三方医疗纠纷调解已经成为一种重要的纠纷解决渠道，北京、山西、天津、福建、广东等省市均成立了第三方医疗纠纷调解机构，共同推动医疗纠纷的顺利解决。

四、关联法条

《民法典》第一千二百一十八条、第一千二百二十一条、第一千二百二十四条，《医疗纠纷预防和处理条例》第七条、第十六条、第二十二条、第二十四条。

医务人员说明义务的告知程度

医务人员的说明告知义务，即医务人员在诊疗活动中应当向患者说明病情和医疗措施，对于患者需要实施手术、特殊检查、特殊治疗的，医务人员应当及时向患者具体说明医疗风险、替代医疗方案等情况。医务人员说明告知义务属于《民法典》明确规定的法定义务，该义务的履行，是患者知情同意权得到保障的前提条件。但是《民法典》第一千二百一十九条以及其他部门法中的相关规定，对于医务人员说明义务应当履行的告知程度却缺乏明确规定，在司法案件中引发了相应的争议。

一、案例简介

（一）基本案情

2021年1月31日，高某因为右手食指长出一个圆形寻常疣而到被告医院就医。被告医院术前令原告高某签署了《激光治疗知情同意书》，其中载明：治疗过程中或治疗后可能带给您的意外风险或并发症包括但不限于：1. 由于疾病本身原因、治疗部位不同，部分患者需要治疗的次数和效果可能不一样。2. 治疗后部分患者可能出现皮肤色素增加或减退。3. 极少数患者皮疹复发。4. 治疗创口可能有不同程度的疼痛，医师将根据具体情况予以适当处理。患者知情选择：1. 我的医生已经告知我将要进行的操作方式、此次操作及操作后可能发生的并发症和风险、可能存在的其他治疗方法并且向我解答了关于此次操作的相关问题。2. 我同意在操作中医生可以根据我的病情对预定的操作方式作出调整。3. 我的医生已经告知我成功的可能性。4. 我已如实向医生告知我所有病情，如有隐瞒，一切后果自负。原告在"患者方意见及签名"处签字。术后病情复发，原告向医院申请并得到了手术费退款120元，此外2021年10月28日原告收到被告的委托诉讼代理人支付的500元赔偿。

此后，原告高某向朝阳区法院提起诉讼，诉讼请求为：1. 要求确认被告因在向原告提供关于右手寻常疣手术的术前告知义务履行过程中未尊重原告作为消费者的知情权和同意权构成单方违约，应当承担违约损害赔偿责任，退还手术费120元；2. 判令被告因为在给原告做右手寻常疣手术过程中未尽到足够告知义务的行为构成欺诈，对原告赔偿500元及其利息，按照年利率4.35%的标准计算。一审法院驳回原告全部诉讼请求。

此后，原告高某仍认为被告医院对患者病情说明和医疗措施说明都不够具体，只是作了一般的格式说明，其说明的具体程度仅仅达到了"合理病人标准"而没有针对原告这一特定的患者达到"具体病人标准"。既没有根据原告这一具体患者的身体状态明确告知用激光切除手术是否可以一次治疗痊愈，也没有提出用冷冻疗法这种替代医疗方案的相关情况，比如治疗次数、费用、手术过程等。事后原告通过对比实验显示，在北京大学国际医院用冷冻法治疗两次术后痊愈没有复发，说明更低成本的术后不复发的医疗方案的存在。被告医院没有细致地向患者解释该替代方案。虽然在患者知情同意书中写到了上述的治疗次数可能存在不止一次的风险，但由于被告医院对冷冻治疗法不予介绍，使得患者没有被全面告知各种手术替代方案，从而无法对比选择成本低得多的冷冻法治疗方案，这种不完全告知侵犯了原告的术前知情同意权，从而影响了患者自主决定权的理性行使。

基于此，原告向北京市第三中级人民法院提起诉讼，诉讼请求为：1.撤销一审判决并改判被告医院因在向原告提供关于右手寻常疣手术的术前告知义务履行过程中未尊重原告作为消费者的知情权和同意权以及自主决定权构成单方违约；2.判令被告医院承担本案一审、二审全部诉讼费。

（二）法院裁决

1. 一审判决

原告主张被告未尊重其知情权和同意权，亦未尽到足够告知义务，但原告提交的《激光治疗知情同意书》中显示被告已经将手术相关风险进行告知，该同意书中亦列明了患者知情选择的内容，故原告据此主张被告存在违约及欺诈行为证据不足，本院不予支持。此外，双方均认可被告已向原告退还医疗费120元，并支付原告500元赔偿款，本院不持异议。本案中，原告再次要求被告支付其医疗费120元、赔偿款500元及利息没有事实和法律依据，本院不予支持。

综上，依据《民法典》第一千二百一十九条、《民事诉讼法》第六十四条第一款之规定，判决如下：驳回原告的全部诉讼请求；案件受理费 50 元，由原告负担（已交纳）。

2. 二审判决

本案二审争议焦点为被告医院向原告提供右手寻常疣手术是否存在违约行为。本案中，原告主张被告医院未充分履行术前告知义务，侵犯原告知情权和选择权以及自主选择权，构成违约。原告提交的《激光治疗知情同意书》中显示被告医院已经将手术相关风险及可能存在的其他治疗方法等事项进行了告知，该同意书中亦载明了患者知情选择的内容。原告以学术论文的相关论述为依据上诉主张被告医院履行术前告知义务缺乏针对性且不够具体，依据不足，本院不予采信。原告据此要求确认被告医院构成违约，依据不足，本院不予支持。

综上所述，原告的上诉请求不能成立，应予驳回；一审判决认定事实清楚，适用法律正确，应予维持。依照《民事诉讼法》第一百七十七条第一款第一项规定，判决如下：驳回上诉，维持原判；二审案件受理费 50 元，由原告负担（已交纳）。

二、以案说法

本案的争议焦点是医务人员说明义务应当履行的告知程度，即在本案中被告医院通过与原告签署《激光治疗知情同意书》是否完全尽到了说明义务，《民法典》第一千二百一十九条规定的医务人员的说明告知义务是否需要尽到针对不同个体的特殊性进行说明。

医务人员履行说明义务的范围分为两种情况：一是在诊疗活动中应当向患者说明病情和医疗措施；二是在需要实施手术、特殊检查、特殊治疗的情形下，应当及时向患者说明医疗风险、替代医疗方案等情况。第一种情况是指医务人员在通常的诊疗活动中履行说明义务的范围，在这种情况下，需要说明的信息主要为病情和医疗措施。具体说来，病情包括疾病的性质、严重程度、发展变化趋势等信息，还包括诊断信息，即疾病名称、诊断依据等；医疗措施包括可供选择的医疗措施、各种医疗措施的利与弊、根据患者的具体情况拟采用的医疗措施、该医疗措施的治疗效果和预计大致所需的费用、可能出现的并发症和风险以及不采取医疗措施的危险性等。第二种情况是相对第一种情况来说的特殊情况，在这种情况下，医务人员除了履行向患者说明病情和医疗措施的义务以外，还应当及时向患者说明医疗风险、替代医疗方案等情况。所谓医疗风险，是指医疗措施可能出现的并发症、后遗症、不良反应等风险，代替医疗方案信息包括可选择的几种手术方案及其利弊等信息。这种特殊说明义务适用的条件是患者需要实施手术、特殊检查、特殊治疗。

《民法典》第一千二百一十九条将告知说明义务分成两个层次，一个是一般告知，面对所有患者均应当告知其病情和医疗措施；一个是具体告知，要求医方履行说明义务必须"具体"。

"具体"主要是指细节方面很明确、不抽象、不笼统。医务人员应在知情同意书的基础上，就患者的病情、多种诊疗方案的利弊及风险、并发症、治疗预期效果等足以影响到患者行使同意权的事项，用患者能够明白的语言进行说明。

三、专家建议

在诊疗活动中，患者知情权对应的就是医疗信息告知义务。患者在就医时，医务人员应当向患者告知其病情、医疗措施和存在的潜在医疗风险。

在一般的医疗活动中，一是医务人员应当如实向患者说明病情，这些病情包括疾病名称、病因、性质、诊断依据、严重程度、发展变化趋势、需要采取何种治疗措施以及相应的后果等。二是说明医疗措施包括可供选择的医疗措施、各种医疗措施的利弊、根据患者具体情况拟采取的医疗措施、采取该医疗措施预期的治疗效果。三是可能出现的并发症和医疗风险、不采取医疗措施的危险、采取该项医疗措施大致所需的费用等。

审判实践中，可以通过以下三个方面来判断患者的知情权是否被侵犯：

告知形式，对除了需要实施手术、特殊检查、特殊治疗，医务人员向患者告知医疗风险、替代医疗方案应当采取书面方式外，其他医疗信息可以通过口头形式完成，但医院应当举证证明口头告知的事实存在。

告知程度，以告知的信息对患者决策是否具有实质性影响的程度为准，即所有潜在影响患者决策的风险都应当为患者所知悉。

告知明确度，必须达到普通病人在相同情况下能够对告知的内容予以充分理解并有条件做出判断的程度。

四、关联法条

《民法典》第一千二百一十九条，《医师法》第二十五条、第二十六条、第五十五条，《基本医疗卫生与健康促进法》第三十二条、第一百零二条，《医疗机构管理条例实施细则》第六十二条，《医疗事故处理条例》第十一条，《消费者权益保护法》第八条。

●侵犯人格权（名誉权、隐私权）等纠纷

职场性骚扰如何杜绝？

近几年来，关于性骚扰的报道时常见诸报端，而职场往往是性骚扰行为的高发地。职场性骚扰作为典型场景之一，受侵害者往往为女性员工。受到传统观念的影响，不少女员工遭遇性骚扰时会有羞耻心理，有的担心落人口舌而影响自己的名声而不愿意张扬，还有的害怕被打击报复，所以主动维权和积极取证的意识较弱；抑或是受制于上级权势，为保全工作选择隐忍。相较于其他场景，职场性骚扰中的被侵犯者往往更加"敢怒不敢言"。因此，仅仅针对女性职员进行权利维护的普法宣传显然是不够的。从风险防范的角度上看，我们还应该将目光聚焦在雇主，即公司企业层面，通过鼓励、引导其行使管理权，夯实公司内部治理制度，共同铸造防范职场性骚扰的第一道防线。

一、案例简介

（一）基本案情

郑某于 2012 年 7 月入职 A 公司，担任渠道销售经理。A 公司建立有工作场所性骚扰防范培训机制，郑某接受过相关培训。郑某与 A 公司签订的劳动合同约定郑某确认并同意公司现有的《员工手册》及《商业行为准则》等规章制度作为本合同的组成部分。2018 年 8 月 30 日，郑某因认为下属女职工任某与郑某上级邓某（已婚）之间的关系有点僵，为"疏解"二人关系而找任

某谈话。

后至 2018 年 11 月，郑某以任某不合群等为由向 A 公司人事部提出与任某解除劳动合同，但未能说明解除任某劳动合同的合理依据。人事部为此找任某了解情况。任某告知人事部其被间接上级邓某骚扰，郑某有意无意撮合其和邓某，其因拒绝骚扰行为而受到打击报复。A 公司为此展开调查。

2019 年 1 月 31 日，A 公司出具《单方面解除函》，以郑某未尽经理职责，在下属反映遭受间接上级骚扰后没有采取任何措施帮助下属不再继续遭骚扰，反而对下属进行打击报复，在调查过程中就上述事实做虚假陈述为由，与郑某解除劳动合同。[①]

（二）法院判决

法院生效裁判认为，在案证据显示，郑 A 公司的《员工手册》《商业行为准则》应对郑某具有约束力。

另外，在案证据显示 A 公司建立有工作场所性骚扰防范培训机制，郑某亦接受过相关培训。A 公司《商业行为准则》要求经理、主管等管理人员在下属提出担忧或问题时能够专业并及时帮助解决，不能进行打击报复。A 公司 2017 年版《员工手册》还将违反公司《商业行为准则》的行为列为会导致立即辞退的严重违纪行为范围。

因此，法院认为，A 公司主张郑某存在严重违纪行为，依据充分，不构成违法解除劳动合同。对郑某要求 A 公司支付违法解除劳动合同赔偿金 368130 元的上诉请求，不予支持。[②]

---

① 详情可参见（2021）沪 01 民终 2032 号民事判决书。
② 详情可参见（2021）沪 01 民终 2032 号民事判决书。

二、以案说法

不论是今年新修订的《中华人民共和国妇女权益保障法》还是我国最高人民法院发布的指导案例、典型案例，都传达出法律对于女性权益的维护。从《民法典》到《中华人民共和国妇女权益保障法》再到人力资源和社会保障部、国家卫生健康委等六部门联合发布的《消除工作场所性骚扰制度（参考文本）》和《工作场所女职工特殊劳动保护制度（参考文本）》，在逐步落地的法律制度中，我们不难发现，对于女性权益的保护不再单单局限于被侵害女性本身，同时更强调落实加强用人单位内部规章制度规范指引，为妇女权益保护在工作中场所铸造一道防线。

（一）职场性骚扰的定义

结合《民法典》第一千零一十条，职场性骚扰是指发生在工作场所的，以动作、语言、文字、图片、电子信息等方式实施的，与性有关的、违背员工意愿的行为。而在最新发布的《参考文本》中，对于性骚扰的定义做了新的定义，此次文本特别强调，无论行为实施者是否具有骚扰或其他任何不当目的或意图，只要行为本身违背了受害者的意愿或者不受其欢迎，就构成了性骚扰。这意味着，性骚扰不再以加害者的主观意愿，而是以受害人的主观感受作为判断标准，实施者不能以"并无此意"或"对方想多了"作为抗辩理由。这是性骚扰定义上的重大完善，也将带来性骚扰行为证明模式的转变。

（二）雇主层面合规应对

本案当中之所以雇主能够取得合法解除的有利结果，与其在规章制度上的充分释明，以及调查、处理阶段良好的取证意识是密不可分的。这是由于职场作为雇主充分行使管理权能的场域，理应对其间发生的性骚扰事件履行事前预防、事后调查和处理的职责。不当处理相关事件不仅会导致企业面临诉讼纠纷，更可能由于性骚扰事件的特殊性引起舆论关注，从而给企业的名誉造成损害。

本案例中的 A 公司的一系列措施对于其他企业应对时下社会及法律对于雇主企业加强反职场性骚扰合规建设要求落地落细的要求具有极大借鉴意义：首先，企业应在内部规章制度中对职场性骚扰的相关制度进行明确规定；其次，除了规章制度之外，企业应明确处理职场性骚扰相关的部门和程序，并且对员工进行反职场性骚扰的培训，告知后果及收集证据的流程。最后，对于受害员工，还要及时进行心理疏导。

三、专家建议

《民法典》颁布实施后将防治职场性骚扰规定为雇主的法定义务。企业作为职场性骚扰的第一道防线，这意味着企业需要承担更多的法律责任和社会责任，既要做到合法合理地行使企业的用工管理权，同时也要依法保护好劳动者的合法权益。因此，对雇主而言，仅仅意识到防治职场性骚扰的管理责任还远远不够，只有建立践行完善的合规调查体系，明确涉及性骚扰不当行为的纪律处分措施，才能够在职场性骚扰举报或发生时从容应对。

四、关联法条

《民法典》第一千零一十条、《中华人民共和国妇女权益保障法》第二十五条、《中华人民共和国劳动合同法》第三十九条。

个体建筑工程队工人受伤怎么赔

乡村建设是实施乡村振兴战略的重要任务，也是国家现代化建设的重要内容。随着小城镇经济的发展和新农村建设的稳步推进，自建房、翻建房日益增多。个人建房中大多由自己或者包给不具备资质的个体施工队施工，而建筑工地的复杂性和高危险性使工人受伤的事情时有发生。工人受伤后如何赔偿伴随用工活动性质认定的改变发生显著差异，屋主在选任施工队、工人在选择工作的施工队时均应注意选择具有相应施工资质的施工单位，避免承担更多的风险与损失。

一、案例简介

（一）基本案情

杨某1和吴某为加建房屋的第三、四层，将工程发包给杨某2建设施工，承包方式为包工不包料，吴某在工地做小工。2020年3月4日，吴某找到周某做小工；2020年3月5日，周某在三楼内部桥排上做工时不慎跌落二楼楼梯平台受伤。事故发生后当天，周某被送往某市人民医院就诊，被诊断为多处骨折。2020年3月8日，周某转院至市某骨科医院住院治疗；2020年7月1日，经广东某司法鉴定所鉴定，周某"不慎跌倒致股骨粗隆间骨折引起右髋关节部分丧失功能评定为九级伤残"、"骨盆多发骨折后，骨盆畸形愈合评定为十级伤残"。为此，周某向广东省某法院提起诉讼，请求杨某1、杨某2、吴某连带承担医疗费、营养费、护理费、误工费、残疾赔偿金、鉴定费、精神损害抚慰金、交通费若干。被告不同意原告周某诉讼请求，请求法院予以驳回。另经法院查明，周某和杨某2均没有相关施工资质。[1]

（二）法院裁决

1. 一审判决

一审法院认为杨某1和吴某将房屋发包给杨某2承建，杨某2按照其要求进行建设、交付工作成果，形成承揽合同关系。杨某1和吴某作为定做人，将涉案房屋建设工程发包给没有相关建设资质的承揽人杨某2施工，存在选任过失，应当对承揽人在完成工作过程中对第三人造成的损害承担。杨某2承揽工程后找到周某到工地做小工，形成劳务关系，在施工过程中对周某的工作未尽监管责任，未做好安全防护措施，应对周某受伤承担过错责任。周某作为具有认知能力的成年人，明知自己无施工资质且在施工过程中未注意安全，也应承担一定责任。遂判决对周某医疗费、营养费、护理费、残疾赔偿金、鉴定费、精神损害抚慰金、交通费共计30万元左右损失，由杨某1和吴某承担30%，杨某2承担40%，周某自行承担30%。

2. 二审判决

二审法院认为，一审判决认定事实清楚，适用法律正确，处理正确，应予维持。

二、以案说法

本案的争议焦点主要有两个：一是杨某1、吴某、杨某2和周某之间的法律关系如何认定？二是杨某1、吴某、杨某2和周某应承担的责任如何认定？

---

[1]详情可参见广东省茂名市中级人民法院（2021）粤09民终1432号民事判决书。

（一）法律关系的认定

一般认为劳务关系是劳动者与用工者根据口头或书面约定，由劳动者向用工者提供一次性或者是特定的劳动服务，用工者依约向劳动者支付劳动报酬的一种有偿服务的法律关系；承揽合同是承揽人按照定做人的要求完成工作，交付工作成果，定做人支付报酬的合同。

劳务关系和承揽关系的区别主要体现在当事人之间的控制程度不同：（1）当事人之间是否存在控制、支配和从属关系。承揽合同的目的是通过独立的工作向定做人交付工作成果，承揽人对工作完成的进度、时间等享有高度自主性，而在劳务关系中提供劳务方对接受劳务方一般具有人身依附性，接受劳务方的管理；（2）劳务关系中通常由接受劳务一方指定工作场所、提供劳动工具或设备，限定工作时间；承揽合同中当事人一般不存在该情况；（3）承揽合同中承揽方可以将承揽的辅助工作交由第三人完成，而劳务合同中提供劳务者以自己的劳务完成劳务工作，具有不可替代性；（4）报酬的给付方式不同，承揽合同多为一次性结算，而劳务合同多为持续性结算。

本案中，杨某1、吴某以包工不包料的方式将工程发包给杨某2，杨某2按照其要求进行建设、交付工作成果，未体现其对杨某2或周某的控制、支配的关系，认定为承揽合同关系；而周某在杨某2承揽的工地做小工，接受杨某2的安排、由杨某2支付工资，认定为劳务关系。对此，一审法院、二审法院均坚持相同的观点，并作出了相同的认定。

（二）侵权责任的承担

劳务关系和承揽关系具有不同的侵权责任承担规则。承揽关系中承揽人在完成工作过程中造成第三人损害或者自己损害的，定做人不承担侵权责任。但是，定做人对定作、指示或者选任有过错的，应当承担相应的责任。劳务关系中提供劳务一方因劳务造成他人损害的，由接受劳务一方承担侵权责任。接受劳务一方承担侵权责任后，可以向有故意或者重大过失的提供劳务一方追偿。提供劳务一方因劳务受到损害的，根据双方各自的过错承担相应的责任。

根据《中华人民共和国建筑法》《建设部关于加强村镇建设工程质量安全管理的若干意见》等规定，对于居民自建两层（含两层）以下住宅建设工程的管理主要为县级建设行政主管提供技术服务和指导外，更多的建筑工程都要求施工单位具有相应的资质。在本案中，杨某1、吴某发包的工程需要由具有相应资质的单位承包，却选择了没有资质的杨某2和周某，对于选任的过失也使得其对周某的损害承担责任。杨某2明知自己没有施工资质仍承包工程，并雇请没有施工资质的周某施工，在施工过程中对周某的工作未尽监管责任，未做好安全防护措施，导致周某在施工过程中受伤，对此杨某2存在过错，应承担相应责任。而周某自身在工作中疏忽大意亦存在过错，应承担相应责任。当事人之间按照过错程度承担按份责任而非连带责任。

三、专家建议

将自建房工程承包给不具有资质的个人施工，常因为承包人、施工者缺乏必要的专业知识而对建筑质量埋下隐患。对自建两层（含两层）以下住宅之外的房屋由无资质的个人施工，建设方更是可能对工程中的工人受伤等损害承担赔偿责任。自建房屋主在选任施工方时，应顾及建房质量与安全，尽可能选择有资质、有经验、有实力的承包人。工人也应当尽量选择有资质、有经验的施工队工作，工作前了解安全作业条件和防护措施，工作过程中多听大工或工头的意见，注意安全。在受伤后，应在及时就医治疗的过程中保存病历、发票等证据材料，后续索赔时理性维权，寻求律师等法律专家的意见，充分保护自身合法权利。

四、关联法条

《民法典》第七百七十条、第一千一百九十二条、第一千一百九十三条，《中华人民共和国建筑法》第十二条、第八十三条，《建设部关于加强村镇建设工程质量安全管理的若干意见》第三条。

六旬老太"抢鸡蛋"摔成十级伤残，谁担责？

物美价廉的商品对消费者的吸引力不言自明，在"限量销售"的加持下，此种吸引力更是成"指数级"增长。特别是当物美价廉与限量销售的标签贴在鸡蛋、蔬菜等生活必需品上时，勤俭节约的老人们便可能被这"天上掉下的馅饼"砸昏了头脑，不管不顾地向促销中的超市"发起冲锋"。若超市没能做好对消费者的安全保障措施，老人们便可能遭遇摔倒、踩踏等可怕的事件，因此受到的损害，又该由谁来承担责任呢？

一、案例简介

（一）基本案情

2021年10月21日8时许，曾某在A超市前进入处于促销活动中的超市时被人挤倒受伤，伤后被送往汨罗市人民医院住院

10 天，花费医疗费 7034 元，其中 3877 元由 A 超市支付。2022 年 1 月 27 日，鉴定机构出具司法鉴定意见书：1. 被鉴定人曾某所受损伤诊断为：右第 2—7 肋、左第 4—7 肋骨折，右肱骨外科颈粉碎性骨折；其伤残程度分别评定为拾级伤残（十级）、拾级伤残（十级）；2. 前期医疗费用凭票据审核认定，预估后续医疗费用 2400 元整或以实际发生的费用为准；误工自受伤之日起计算至伤残评定前一日止，计算护理 60 日、营养 60 日。为此，曾某向湖南省汨罗市人民法院提起诉讼，请求 A 超市赔偿其因购买商品、接受服务受到人身损害的各项损失费 168957 元。而 A 超市认为曾某要求其承担责任没有事实和法律依据，请求法院予以驳回。另查明，曾某已经享受退休待遇，并且其母赵某健在，出生于 1936 年 4 月 1 日，育有包括曾某在内四名子女。[①]

（二）法院裁决

法院结合案情与鉴定机构出具的司法鉴定意见书，认定本案中曾某受到的损失包括医疗费、护理费、交通费、住院伙食补助费、营养费、鉴定费、伤残赔偿金、精神损害抚慰金、被扶养人生活费，共计 141789 元。同时，根据本案实际情况与损害发生的原因力大小，法院酌定 A 超市承担 70% 的责任，曾某承担 30% 的责任。

二、以案说法

本案的争议焦点主要有两个：一是 A 超市是否尽到了安全保障义务？二是曾某对损害的发生是否存在过错并应承担相应责任？

[①] 详情可参见湖南省汨罗市人民法院（2022）湘 0681 民初 1847 号民事判决书。

（一）安全保障义务

一般认为，安全保障义务是指经营者在经营场所对消费者、潜在的消费者或者其他进入该场所的人之人身、财产安全依法承担的安全保障义务，义务主体为经营场所的所有者、管理者等对该场所具有事实上控制力的公民、法人或其他社会组织。[①] 就本案而言，A 超市应当依法保障曾某等消费者的人身财产安全。

A 超市对此提出的抗辩理由是曾某受伤时尚未进入超市，其受伤地点位于超市前的广场，超市不应当对超市占用场所外的自然人的人身财产安全承担安全保障义务。然而，A 超市"一刀切"地将其承担安全保障义务的范围限定于超市大门内的主张显然是站不住脚的。首先，根据社会一般观念，消费者并不会对超市与超市门外的广场进行区分，在消费者看来，二者相差无几。同时，对于超市而言，超市也确实对其门前的空间具有事实上的控制力。试想，当某人在超市门前乱停车或丢垃圾时，超市是否有意愿或有能力对相关人员进行处理？这种"碍事急忙赶，出事不负责"的权责不等的想法绝对不能得到支持。其次，超市门外的汹涌人潮是曾某被挤倒受伤的主要原因，而这汹涌的人潮也将为超市带来"汹涌"的收益。根据收益与风险相一致的原则，超市既然从消费者身上收获了利益，就应当为消费者防范风险，保障消费者消费时的人身财产安全。此外，超市相比于消费者，更加了解服务场地的实际情况，具有更加强大的能力与更加专业的知识，更能预见可能发生的危险与损害，更有可能采取必要措施以防止或减轻损害。因此，A 超市理应预见到超市门外拥挤的人

[①] 参见张新宝、唐青林：《经营者对经营场所的安全保障义务》，载《法学研究》2003 年第 3 期。

群可能导致危险发生，超市有义务且有能力采取雇佣保安维持秩序、设置防拥挤回形护栏等方式防止此类事件发生。最后，根据实质平等和企业承担社会责任的要求，法律会倾向于给予处于弱势地位的消费者更强的保护，而要求处于强势地位的经营者承担更重的义务。就本案而言，法院将 A 超市承担安全保障义务的空间范围扩张至超市门外，便是完全合情合理合法的。

除此之外，A 超市提出的另一个抗辩理由是实际导致曾某摔倒受伤的消费者才是本案的适格被告，应当要求实际侵害人承担全部责任。但是，根据《民法典》第一千一百九十八条的规定，即便是因第三人的行为造成曾某损害的，未尽到安全保障义务的 A 超市也应当承担相应的补充责任。这是实质平等理念的重要体现，当弱小的受害者难以维权或获得足够的赔偿时，强大的经营者因自身未能防止或减少损害的发生，应当对受害者承担相应的责任。安全保障义务的制度设计主要就是找一个"深口袋"，使受害人尽可能地获得赔偿。① 毕竟 A 超市在赔偿后还有权向实际侵害人追偿，相比于消费者，超市显然更有能力对实际侵害人主张权利。

（二）过错相抵原则

根据《民法典》第一千一百七十三条的规定，如果被侵权人对损害的发生有过错，则可以减轻侵权人的责任。在本案中，即便曾某已过花甲之年，其仍然是民法意义上的完全民事行为能力人，当曾某看见超市门口拥挤的人群时，其就应当预见到可能发生的危险，做到远离人群、缓慢进入，而不是争先恐后地向前

---

① 参见杨会：《论安全保障义务人承担补充责任的原因》，载《河北法学》2013 年第 7 期。

"冲锋"。因此，曾某漠视自身安全的行为确实具有一定过错，应当对损害的发生承担一定的责任。

三、专家建议

当消费者在经营场所受到损害时，千万不要自认倒霉，而是要拿起法律的武器维护自身的合法权益，追究经营管理者未尽安全保障义务的法律责任。需要注意的是，未尽安全保障义务致人损害适用的是过错责任制度，根据"谁主张谁举证"的原则，消费者需要及时固定经营场所未采取或完善安全保障措施的证据，例如，拍摄案发现场照片、采集监控录像等。除此之外，消费者还要为自己主张的损失提供充足的证据。如果消费者未能对某部分损失提供证据，相应的主张便不会得到法院支持。就本案而言，由于曾某已享受退休待遇，其未能举证证明自己存在误工损失，曾某请求 A 超市赔偿误工费的主张就无法得到法院的支持。

四、关联法条

《民法典》第一千一百六十五条、第一千一百七十三条、第一千一百七十九条、第一千一百八十三条、第一千一百九十八条，《民事诉讼法》第六十七条，《最高人民法院关于适用〈中华人民共和国民事诉讼法〉的解释》第九十条、第一百零八条。

同饮变"痛饮"——同饮者是否赔偿

酒里乾坤大，壶中日月长，共饮须谨慎，当心要赔偿。饮酒文化在我国源远流长，相约同饮本属人们生活交往中的情谊行为，因其缺乏可探知的受法律约束之意思，故该行为本身一般不会产生法律效果。但正如"年年岁岁花相似，岁岁年年人不同"，三五好友相约同饮，同样的酒，美的是觥筹交错、曲水流觞，糟的是三长两短、对簿公堂。一旦同饮出现伤亡问题，此时情谊行为便可能转化为情谊侵权行为，侵权损害赔偿的认定随之而生。

一、案例简介

（一）基本案情

安甲、周某系安乙之父母，安乙、张某原系夫妻关系，二人育有一子安丙，2017 年 7 月 20 日，安乙与张某协议离婚，安丙由张某抚养。

2021 年 10 月 19 日 17 时左右，刘甲约安乙外出就餐，刘甲、刘乙、安乙三人于 18 点 17 分进入某饭店就餐，刘甲自带一瓶白酒。就餐期间，刘甲递给安乙一杯白酒，刘乙给自己和安乙倒了一碗可乐，安乙自行端起酒杯喝了两口酒后，表现出不适。18 点 37 分安乙去卫生间，刘甲、刘乙立刻站起跟随，后将安乙搀扶回餐椅，安乙面部痛苦侧倒在餐椅上。18 点 44 分刘甲、刘乙询问安乙情况后立即驾车将其送往顺义区医院，其间刘甲多次拨打 122、110、120 电话告知警局和医院情况紧急。到医院后，刘甲、刘乙积极交纳了医疗费并通知安乙家属，医院诊断安乙为意识障碍、脑出血，二人在安乙家属将安乙转至宣武医院后离开。10 月 20 日 2 点 51 分，安乙因脑出血经抢救无效死亡。安乙去世后，刘甲、刘乙二人一起给了安乙家属 1000 元。

原告安甲、周某、安丙认为二被告刘甲、刘乙对安乙的死亡存在过错，请求法院判令刘甲、刘乙按照 50% 的责任比例，连带赔偿原告各项损失共计 860616 元。二被告辩称安乙系自身疾病导致死亡，自己已经尽到救助义务，不同意原告诉讼请求。①

（二）法院裁决

法院经审理认为，安乙与刘甲、刘乙的相邀聚餐行为，属于正常的交往活动，并无不当。刘甲、刘乙并不存在劝酒行为。同时刘甲、刘乙在安乙身体出现异常后也履行了及时、足够的救助、照顾义务。对于原告以未尽安全保障义务、存在过错为由，要求刘甲、刘乙对安乙的死亡承担赔偿责任，无事实和法律依据，遂判决驳回原告全部诉讼请求。

二、以案说法

本案的争议焦点主要在于，对于安乙死亡的事实，刘甲和刘乙是否要承担赔偿责任。

《民法典》第一千一百六十五条第一款规定："行为人因过错侵害他人民事权益造成损害的，应当承担侵权责任。"对于过错侵权责任的构成要件，四要件说为我国理论学说和司法判例中的通说观点，即违法行为、主观过错、损害事实、因果关系共同构成过错侵权成立的要件，四者耦合，缺一不可，本案重在分析违法行为与主观过错。

违法性是指行为违反法律所体现出的价值而具有反社会性质的情形，违法行为包括作为和不作为。作为是以积极行为方式侵害他人民事权益的行为。不作为是违反积极作为义务的行为，确定不作为违法行为的前提是行为人负有作为义务。主观过错是指侵权人在实施侵权行为时对损害后果的主观心理状态，包括故意和过失。由于主观过错体现在行为之中，因此通常需要采取客观

---

① 详情可参见北京市顺义区人民法院(2021)京 0113 民初 23189 号民事判决书。

标准，从行为中检验判断行为人是否有过错。

本案中，刘甲、刘乙、安乙三人相约聚餐，刘甲递给安乙一杯白酒，安乙自行端起酒杯喝了两口。在刘甲、刘乙非明知安乙存在明显饮酒风险的情况下，双方系进行正常社交，法律不应过度干涉、动辄得咎，以保障行为自由与社会安定。故从作为角度，刘甲、刘乙的行为不构成以积极方式侵害他人民事权益；从过错角度，刘甲、刘乙不存在加害故意，也履行到了一般注意义务，没有过失，故不存在过错。

从不作为角度，须考察刘甲、刘乙是否负有积极的作为义务。作为义务来源包括法律直接规定、意思自治约定、先行危险行为等。

一方面，本案中刘甲、刘乙或负因先行危险行为而生的作为义务，即先前的行为使他人进入某种危险状态，此时行为人应当承担危险防免的作为义务。虽然本案中安乙确系在聚餐中陷入危险，但从危险的产生来看，首先，如前所述，刘甲与刘乙在客观上并无积极违法行为；其次，安乙系自行端起酒杯喝酒，其本人更应当履行对危险的谨慎注意义务；最后，从医院诊断来看，也并无证据证明安乙脑出血系饮酒所致。故并非刘甲、刘乙的危险行为使安乙进入危险状态，刘甲、刘乙不负因危险行为而生的作为义务。

另一方面，本案中刘甲、刘乙或负因法律规定的安全保障义务而生的作为义务，与之相关的请求权规范为《民法典》第一千一百九十八条第一款。依该款规定，安保义务人主体包括两类：一是经营场所、公共场所的经营者、管理者；二是群众性活动的组织者，所谓群众性活动，即非家庭内部的组织多人聚集的活动。本案中，刘甲、刘乙自非经营者和管理者，若需承担侵权责任，则一是要属于群众性活动的组织者，二是未尽到安全保障义务。而《民法典》第一千一百九十八条第一款规范目的在于明确如下原则："开启或维系公众活动或公共活动空间之人，对其中蕴含的危险负有主动防范义务。"① 本案中刘甲虽给安乙发短信约其外出就餐，但即使认定刘甲为组织者，该聚餐行为，因系三位好友相聚，亦难以评价为公众、公共活动，进而不属于群众性活动；其次，聚餐行为本身通常并不蕴含危险，安乙的危险状态如前文所述更非刘甲引发；最后，即使借鉴德国民法上"交往安全义务"理论，扩大解释安保义务主体，刘甲和刘乙在安乙出现异常后也履行了及时足够的救助照顾义务，主观上也并无过错，故刘甲与刘乙不承担违反安保义务的侵权责任。

综上所述，由于刘甲和刘乙未实施违法行为，主观也无过错，因此侵权责任不成立，刘甲和刘乙无须赔偿。

三、专家建议

首先，饮酒虽为中华文化的一部分，作为一种生活情致，好友相约共饮，即使欲小酌几杯，亦要注意同饮者是否有不适宜饮酒的身体状况，以提前避免损害出现；其次，虽言"酒逢知己千杯少"，但还是要注意抵制过度劝酒、拼酒等行为，否则可能构成侵权行为；再次，若确实出现醉酒情况，同饮者一定要积极履行救助照顾义务，以安全方式及时将醉酒者送至医院；最后，当出现醉酒伤亡结果时，权利人和同饮者都尽量留存证据还原事实，通过法律途径冷静处理问题。

---

① 邹海林、朱广新主编：《民法典评注：侵权责任编》，中国法制出版社2020年版，第353页。

《民法典》第一百一十条、第一千零二条、第一千零五条、第一千一百六十五条、第一千一百七十九条、第一千一百八十一条、第一千一百九十八条。

个人信息被泄露，经营者应当采取补救措施

随着互联网的发展，现实生活中出现大量关于涉及个人隐私被非法泄露的问题，个人信息的不当扩散与不当利用已经逐渐发展成为危害公民民事权利的一个社会性问题。以电子或者其他方式记录的，能够单独或者与其他信息结合识别自然人个人身份的各种信息，一旦被网络平台收集、提取和综合，就完全可以与特定的个人相匹配，从而形成某一特定个人详细准确的整体信息。这些整体信息一旦被泄露扩散，可能会被不法分子利用，个人的隐私将遭受威胁。

一、案例简介

（一）基本案情

2013 年 11 月 5 日，林某某的公司工作人员通过拨打 028-888×××8，为林某某订购了一张由成都飞往昆明的机票，并以转账的方式向某航空公司官方网站支付 420 元的购票费。订票同时，林某某的公司工作人员将林某某的手机号码告知某航空公司，并于当日收到某航空公司发送的成功出票信息及航班信息。同月 9 日，林某某的手机收到 153×××9650 号码发送的信息，

载明了林某某的姓名及详细的航班信息，并提示林某某所订购的航班因故将停飞，要求其通过拨打 400×××020 办理退票或改签手续。后林某某另行订购了一张另一航空公司由成都飞往昆明的机票，并支付 469 元。后经证实，林某某于 2013 年 11 月 5 日订购的航班并未取消。

（二）法院裁决

1. 一审判决

一审法院认为，林某某虽然举证证明了四川航空公司掌握、知晓其交易信息及该信息被泄露的客观事实，但并未举证证明该信息确系由四川航空公司泄露。根据"谁主张、谁举证"的原则，林某某应该承担举证不能的法律后果。故驳回了林某某的诉讼请求。

2. 终审判决

二审法院撤销了一审判决，认为某航空公司构成隐私权侵权，判令某航空公司赔偿林某某的实际损失，并要求某航空公司以书面形式向林某某赔礼道歉。①

二、以案说法

本案的案由为互联网侵权纠纷，发生在互联网上对于隐私权的侵权案件，本案主要争议焦点是某航空股份有限公司是否泄露了林某某的隐私。

（一）林某某的证据能够证明其个人信息是从售票渠道泄露出去的基本事实

本案中，林某某的工作人员通过某航空公司官方订票电话购

---

① 详情可参见四川省成都市中级人民法院（2015）成民终字第 1634 号判决书。

买机票，将林某某的姓名、手机号码等个人信息提供给某航空公司。其后林某某的手机收到了载明林某某姓名及详细航班的信息以及航班将停飞、要求其办理退票或改签手续的短信。林某某因此误信了短信中航班停飞的通知而重新购买了机票，产生了经济损失。对于上述事实，林某某举示了银行卡电子账单、会员卡账户信息、手机短信、机票订购信息等证据，某航空公司对此并无异议，其证据达到了盖然性优势，能够证明其个人信息是从售票渠道泄露出去的基本事实。

（二）林某某不具备进一步举证的能力

虽然"谁主张，谁举证"是民事诉讼中举证责任的一般原则，但本案中，林某某系远离证据材料、又缺乏必要的收集证据的条件与手段的普通消费者，某航空公司收集证据的能力明显强于林某某，在举证中处于有利地位。如果要求林某某进一步举证，显然超出其举证能力，有违公平原则。

（三）某航空公司未尽到保障个人信息安全等法定义务

本案中，某航空公司作为经营者，理应保护消费者的个人信息。但某航空公司既没有举证证明信息系第三方泄露的，也未对其采取了确保消费者信息安全的技术措施和其他必要措施的事实进行举证和说明，不足以说明其已尽到了保障消费者信息安全的义务。

三、专家建议

作为个人消费者，首先，要做的就是提升防范意识。我们要管理好含有自己隐私的物品，不要将自己的电脑、手机、相机等含有个人信息的物品轻易交给他人，不要将自己网络账号的用户名、密码等泄露给他人，并应定期变更密码。其次，个人在购买火车票、飞机票，预订酒店的时候，需要填写手机号码、身份证信息等内容，要登录官方网站，换取纸质票据后保存好纸质凭证，防止有人利用高科技窃取个人信息。最后，个人在日常生活中浏览网站、使用软件时，要选择官方渠道登录或下载，谨慎授予应用"发送短信""读取短信""查看通讯录""读取定位信息"等权限，当软件需要绑定身份证或银行卡等关键信息时，要谨慎操作。

四、关联法条

《中华人民共和国消费者权益保护法》第二十九条。

公众人物如何应对网络名誉侵权

随着互联网的发展，越来越多的公众人物遭遇网络名誉侵权，这给他们的形象带来了极大的损害。当公众人物面对网络上的恶意诽谤、中伤、恶意攻击时，如何维护公众人物形象呢？法律又是如何保护公众人物名誉权的呢？

一、案例简介

（一）基本案情

2019 年 6 月 23 日，被告 A 公司通过其运营的微信公众号发布的文章中使用"宝宝"这一代替性词语暗指杨某对其进行侮辱、诽谤，文中发布有"活动的筹码自然就是自己的身体"等多达 15 处侮辱诽谤内容，涉嫌构成对杨某名誉权的严重侵犯。为维护自身合法权益，杨某随即将 A 公司起诉至北京互联网法院。

（二）法院裁决

1.一审判决

北京互联网法院经审理后认为：第一，涉案文章内容直指杨某。第二，涉案文章利用"这样的女人""宝宝就更骚了"等词汇对杨某进行描述，构成对杨某的语言侮辱；"活动的筹码自然就是自己的身体"等内容构成对杨某的诽谤。上述内容通过信息网络传播较广，足以降低杨某的社会评价，产生负面影响。综上，A公司的行为构成对杨某名誉权的侵害，判决A公司在微信公众号上显著位置连续十日登载声明向原告杨某赔礼道歉，并赔偿原告杨某精神损害抚慰金人民币50000元及维权合理开支人民币15000元。

2.二审判决

本案上诉后，二审法院认可了一审法院的观点，认为按照一般理性人的判断标准，足以认定上诉人在案涉文章中描述的人物系指向本案被上诉人，故驳回上诉，维持原判。[①]

二、以案说法

本案的案由为互联网侵权纠纷，发生在互联网上对于名誉权的侵权案件，本案的争议焦点及分析如下：

（一）如何判定原告为被侵权人

一般认为，在侵权人发布的侵权信息中若包含被侵权人的姓名或者足以推定是其本人的其他信息就可以判定原告为被侵权人。在本案中，涉案文章主人公宝宝的经历与杨某本人经历具有高度重合性；且在涉案文章的评论中，多名网友将主人公宝宝称

---

① 详情可参见北京市第四中级人民法院（2020）京04民终174号民事判决书。

143

之为"天使宝贝""天使北鼻"等,而上述称谓为网络上对杨某的别称。据此,一审法院认定涉案文章中的主人公宝宝确系直指杨某。

(二)如何判定是否侵犯原告的名誉权

从构成要件上来讲,网络侵权必然同一般侵权一样,满足基本的构成要件。

第一,侵权行为。通过阅读A公司在公众号发表的这些言论,我们可以看出其中包含的内容涉及对杨某的个人评价,而且均为贬损、侮辱、诽谤的负面评价。这种侵权虽然并非当面对杨某进行侮辱,但是言论是通过互联网发出的,产生了和实体侵权一样的效果。因此,A公司的所作所为具备了"侵权行为"这个要件。

第二,损害事实。损害事实是指他人财产或者人身权益所遭受的不利影响,包括财产损害、非财产损害。结合本案的情况,A公司对杨某的网络侵权行为,足以造成杨某对自身形象毁损的忧虑或需承受公众不良的社会评价,因此具备精神损害的事实。

第三,因果关系。侵权行为与损害结果之间有因果关系,网络侵权也不例外。在本案中,A公司的侵权行为与杨某的名誉权存在必然的因果关系,正是A公司在网络上的侵权行为,导致关于杨某的负面信息被其他人浏览、转发,造成了对杨某的名誉权侵权。尽管公众人物应该对其他人的评论有容忍的义务,但这明显已经超出容忍的限度。

第四,主观过错。按照《民法典》的规定,侵犯他人名誉权的民事侵权责任属于一般侵权责任,在认定这种侵权责任时,应当适用过错责任原则。在本案中,A公司明知所发布文章会降低杨某的社会评价,产生负面影响,仍然发布侵权文章,侵权系其故意所为。

（三）如何判定承担责任的大小？

侵害公民名誉权的，被侵权人有权要求停止侵害、消除影响、赔礼道歉，并可以请求赔偿损失。杨某要求赔礼道歉的诉讼请求于法有据，但 A 公司赔礼道歉的方式应与侵权的具体方式和所造成的影响范围相当，故一审法院综合考虑前述因素，判定 A 公司在前述责任比例范围内赔偿精神损害赔偿金 5 万元。

三、专家建议

在名誉权网络侵权责任纠纷中，由于侵权行为发生的场景本质上是虚拟的互联网世界，因此养成良好的证据意识，及时、完整、有效地收集、保存证据，可以降低维权的风险，提高维权的成功率。参与诉讼的过程中，从诉讼请求到案件事实，再到法律关系、法律责任的判断，证据是一切主张的前提和基础，因此"用证据说话，用证据思维"是赢得民事诉讼的不二法则。

四、关联法条

《民法典》第一千零二十四条、第一千零二十八条、第一千一百八十二条。

在微信群侮辱、诽谤、污蔑、贬损他人构成名誉权侵权

随着互联网技术的快速发展，各种网络聊天应用应运而生，其中微信、微博等网络应用深受大众的青睐，越来越多的人在微信、微博等应用上进行聊天交流，发表自己观点动态。虽然网络言论自由是公民享有的基本权利，但公民在行使这种自由的权利

时，不得侵犯他人的合法权益。网络空间并非法外之地，公民在网络上进行言论表达应注重避免侵害他人合法权益，如果公民利用微信、微博等网络平台发表一些侮辱、诽谤、污蔑、贬损他人的言论，将会构成侵犯他人的名誉权，应承担相应的侵权责任。

一、案例简介

（一）基本案情

A公司在北京市顺义区某小区一层开有一家美容店，黄某某系该公司股东兼任美容师。2017年1月17日下午4点许，赵某陪同住该小区的另一业主到该美容店做美容。黄某某为顾客做美容，赵某询问之前其在该美容店祛斑的事情，后二人因美容服务问题发生口角。后公安部门对赵某作出行政处罚决定书，给予赵某行政拘留三日的处罚。双方发生纠纷后赵某多次在业主微信群中对二原告进行造谣、诽谤、污蔑、谩骂，称黄某某有精神分裂，污蔑A公司的仪器不正规、讹诈客户，并将黄某某从业主群中移出，A公司的生意因赵某的行为而严重受损。

（二）法院裁决

1. 一审判决

北京市顺义区人民法院作出一审判决，判令被告赵某向原告黄某某、A公司赔礼道歉，并赔偿A公司和黄某某的经济损失。

2. 二审判决

北京市第三中级人民法院认可一审法院的判决，并驳回上诉，维持原判。①

---

① 北京市第三中级人民法院于2018年1月31日作出（2018）京03民终725号民事判决。

二、以案说法

本案属于利用网络应用侵犯他人名誉权的网络侵权案件。争议焦点及解读如下：

（一）认定微信群中的言论构成侵犯他人名誉权，除应当符合名誉权侵权的全部构成要件外，还应当考虑信息网络传播的特点并结合侵权主体、传播范围、损害程度等具体因素进行综合判断

赵某在与黄某某发生纠纷后，通过微信号在双方共同居住的小区两个业主微信群发布的信息中使用了明显带有侮辱性的言论，并使用了黄某某的照片作为配图，而对于 A 公司的"美容师不正规""讹诈客户""破仪器""技术和产品都不灵"等贬损性言辞，赵某未提交证据证明其所发表言论的客观真实性；退一步讲，即使有相关事实发生，其亦应通过合法途径解决。赵某将上述不当言论发至有众多该小区住户的两个微信群，其主观过错明显，损害小区公众对 A 公司的信赖，对二者产生负面认识并造成黄某某个人及 A 公司产品或者服务的社会评价降低，赵某的损害行为与黄某某、A 公司名誉受损之间存在因果关系，故赵某的行为符合侵犯名誉权的要件，已构成侵权。

（二）不特定关系人组成的微信群具有公共空间属性，公民在此类微信群中发布侮辱、诽谤、污蔑或者贬损他人的言论构成名誉权侵权，应当依法承担法律责任

随着互联网的发展，人们的工作、学习、社交、娱乐及购物等部分生活需要均得以通过信息网络进行，信息网络空间已被赋予更多的社会属性，对此，公共场所亦应包括信息网络空间。本案中，被告赵某在微信群中发布侮辱、诽谤、污蔑或者贬损他人

的言论，从表面上看，微信群、通信网、微信朋友圈等具有一定的私密性，但结合微信群组的人数，及组成情况来看，该微信群具有公共场所的属性。

行为人因过错侵害他人民事权益，应当承担侵权责任。从上述可知，不特定关系人组成的微信群具有公共空间属性，公民在此类微信群中发布侮辱、诽谤、污蔑或者贬损他人的言论构成名誉权侵权，应当依法承担法律责任。公民、法人的名誉权受到侵害，有权要求停止侵害，恢复名誉，消除影响，赔礼道歉，并可以要求赔偿损失。现黄某某、A公司要求赵某基于侵犯名誉权之行为赔礼道歉，符合法律规定。

三、专家建议

网络空间不是法外之地，公民在网上发表言论时，不得损害他人的合法权益。不特定关系人组成的微信群具有公共空间属性，公民在此类微信群中发布侮辱、诽谤、污蔑或者贬损他人的言论构成名誉权侵权，应当依法承担法律责任。当发现自身权益受到侵害时，应通过法律手段解决。在收集微信信息的证据时，微信用户的注册信息可向深圳市腾讯计算机系统有限公司调取，但需要特别注意的是，对于微信聊天记录，由于腾讯公司无法提供用户的聊天数据，法院也无法调取。因此，用户应当及时保留相关的微信记录，做好相应的侵权证据的固定。

四、关联法条

《民法典》第一百一十条、第一千一百九十四条。

主播带货销量惨淡，商家损失谁来承担？

随着互联网直播行业的兴起，直播带货成为很多商家的重要营销方式。为了提高直播间的关注度，很多商家不惜花费重金聘请知名艺人、网络红人等坐镇进行直播带货，聘请这些流量艺人的费用动辄数万元甚至数十万元。然而，并非所有的流量艺人都有带货的能力，花费巨额服务费但是最终带货数额寥寥无几的情况也屡见不鲜。那么在这种情况下，商家如何去维护自己的合法权益呢？数万甚至数十万元的服务费、出场费，就这么"一去不复返"了吗？收取天价服务费、出场费的流量艺人又应该承担怎样的法律责任呢？

一、案例简介

（一）基本案情

2021年11月20日，甲方（A公司）与乙方（B公司）签订《直播推广服务合同》，约定B公司利用抖音等平台为A公司的品牌产品进行直播带货服务，合作期限自2021年11月20日至2022年1月10日，曹某某出镜抖音直播。甲方于合同签订之日起三日内支付了直播服务费10万元，后期佣金提成比例为产品总销售额的10%。乙方承诺在曹某某直播间销售额需达到直播服务费5倍，即销售目标金额为50万元，如果至1月10日仍未达到50万元，则乙方按未达成比例退款。但是，截至2022年1月10日曹某某出镜的抖音直播中，乙方通过抖音直播带货完成销售总额仅为778.7元。

为此，甲方向法院起诉，要求乙方返还直播服务费 99844.26 元、税费 5990.7 元及相应资金占用利息。[①]

（二）法院裁决

一审法院认为：当事人应当按照约定全面履行自己的义务。根据约定，乙方应在合作期限内实现 50 万元的销售额，否则应按比例退还服务费，但乙方仅实现 778.7 元的销售额，故对甲方要求乙方退还服务费 99844.26 元、税费 5990.66 元的请求予以支持，同时乙方还应返还一定的资金占用利息。

本案上诉后，二审法院认可了一审法院的观点，驳回上诉，维持原判。

二、以案说法

直播带货作为当下十分流行的互联网销售方式之一，受到了越来越多商家的关注，甚至很多商家不惜重金去聘请流量明星来进行直播带货。然而，需要注意的是，流量艺人尽管在特定的演艺领域中具有超高的人气，但未必都具有带货能力，本案就是典型的流量明星直播带货失败的例子。而从当前的直播行业情况和司法实践来看，类似的案例比比皆是。

根据《民法典》的规定："当事人应当按照约定全面履行自己的义务。"直播带货的相关合同签订后，主播就应当充分履行自身义务，提高带货量。如果主播带货达不到相应的数额，自然要对商家进行一定的赔偿。因此，从法律的层面来看，类似案件的法律关系并不复杂，属于常见的违约责任问题。

就本案而言，甲方之所以能够获得退还的服务费，其中一个

---

① 北京市第二中级人民法院（2022）京 02 民终 12154 号民事判决书。

重要原因就在于合同签订之时，双方在合同中明确了艺人所在公司应当实现的直播带货目标数额，若达不到约定的数额，则艺人公司一方需要按比例进行退款。而实践当中，亦有部分公司在签订合同之时，仅仅约定了高额服务费，但并未明确直播销售的目标数额，在产生纠纷后，各方在赔偿款方面容易产生更大的争议。

类似案件的增多，也反映出不少商家在与主播或主播背后的经纪公司签合同时，对于直播带货有着不合理的预期，甚至盲目选择流量艺人，最终又因流量艺人带货能力不足，而导致合同无法履行或履行不到位，纠纷就此产生。

三、专家建议

建议各位商家在直播带货时，要有清晰的判断，在选择主播的过程中，应当充分考虑该主播的专业素养，必要时可以请专业人员对其带货效应进行前期预判，而千万不可单纯凭借流量数据、粉丝影响力等判定其直播带货能力。同时，商家在与艺人公司签订相关协议时，也一定要明确各方的权利义务、带货标准、违约责任等，对可能出现的结果要全面预测并在合同条款中进行防范，尽量避免这种"赔了夫人又折兵"的现象。艺人和艺人公司在合同签订时，也应当合理审视自身的带货能力，设置合理的服务费用标准和带货限额，否则不仅容易引发法律纠纷，也会对公司的信誉、经营能力等产生不良的影响。

四、关联法条

《民法典》第五百零九条、第五百七十条。

●相邻关系法律纠纷

入户门"向外开"如何应对？

对于房屋居住人而言，入户门设计为外开相比于向内开有着诸多优点，其中之一便是可以避免开门时占用入户玄关的面积，以此扩大房屋的体感空间。因此不少业主在实际入住房屋后往往会选择加装向外开的入户门。但是，在楼道空间过窄或者向外开的入户门与邻居之间的门距过近的情形下，入户门向外开时，邻居的通行往往会受到影响，这也是日常生活中引发邻里纠纷最为常见的导火索之一。如何妥善处理此类纠纷，对于营造和睦、友善的邻里关系至关重要。

一、案例简介

（一）基本案情

刘某与张某两家相邻而居，张某进出家门需经过刘某家。刘某将原本朝内开启的防盗门改装为向外开启，并在向外开启的防盗门上安装了一根铁链条。2019 年 7 月 19 日，上海某物业管理有限公司在刘某家张贴了门外开违规行为整改通知书。张某认为刘某家的外开防盗门对其日常通行造成诸多不便，存在安全隐患。为此，张某向上海某区法院提起诉讼，请求刘某拆除外开防盗门，将防盗门改为朝内开启。被告刘某认为在防盗门上安装的限位链条可以确保门开至最大时，走道尚余 60 多厘米的距离，足以通行，并且其今后可在门口安装门铃，在开门前将先按铃作为提示以保障安全，因此不同意原告张某的诉讼请求，请求法院予以驳回。[①]

（二）法院裁决

1. 一审判决

一审法院认为，不动产的相邻各方当事人，应当按照方便生活、团结互助的精神，正确处理相邻关系。刘某的防盗门向外开启，对张某的日常通行带来安全隐患，构成相邻妨碍。遂判决刘某拆除外开防盗门。

2. 二审判决

二审法院认为，刘某将原始装修朝内开的防盗门改为朝外开的行为，缩小了用于日常出行等之用的公共区域面积，势必会给其相邻而居的张某的日常出行造成妨碍，存在安全隐患。一审法院查明事实清楚，适用法律正确。遂判决驳回上诉，维持原判。

二、以案说法

本案的争议焦点主要在于张某是否需要容忍刘某将其防盗门改装为向外开启？

相邻关系，是指两个或两个以上相互毗邻的不动产的所有人或使用人，在行使不动产所有权或者使用权时，因相邻各方应当给予便利和接受限制而发生的权利义务关系。[②]相邻关系普遍存在于每个不动产之上，所有人或使用人在利用不动产时，都不可避免地会与相邻不动产的财产权利发生依赖或限制关系。业主居住在建筑物中，为了共同的需要而妥协，这就是业主容忍义务产

[①] 详情可参见上海市第二中级人民法院（2020）沪02民终43号民事判决书。

[②] 参见刘保玉著：《物权法学》（第二版），中国法制出版社2022年版，第253页。

生的基础，并且这种容忍义务对全体业主产生约束力。特别是随着城市化进程的推进，现代城市住房基本上均为高层建筑物区分所有权，相邻不动产的使用上需要所有权人承担更广泛的容忍义务。

一般来说，业主的容忍义务主要体现在以下两方面：第一，合理使用义务。业主对于自己的专有部分加以改造或增建等，不得违反全体区分所有权人的共同利益；业主对自己专有部分的使用，不得违反建筑物使用用途与目的。第二，同意义务。业主必须同意其他业主为维修专有部分、约定的专有部分或铺设管线而进入其专有部分；也必须同意物业管理人为维护、修缮共有部分或设置管线而进入其专有部分。

各相邻业主均应本着使用自己的不动产时不得侵害或妨害他人正常使用的原则，处理相邻关系，并在合理的范围内尽一定容忍义务。尽管评判容忍义务合理限度存在多种标准，但综合来看，容忍义务的内容首先需要为社会一般观念所接受，其次，对于可能负担容忍义务的一方而言，负担容忍义务必须有利于增进其对自己不动产的利用，如可以给自己带来必要的便利等，同时不会对其不动产权利构成重大妨害。本案中，刘某在行使装修装饰权利时，将入户门变更为外开，即使在入户门的背面安装了限位链条，但防盗门向外开启至最大时，余留下的走道宽度仍违反《住宅设计规范 GB50096—2011》的规定，存在妨碍通行、影响紧急疏散的风险。并且刘某将防盗门改装为向外开启后，在实质上缩小了公共过道的净宽度，占用了业主共有部分。由于张某出行必然会从刘某门前经过，刘某将防盗门改为向外开启的行为已经对张某的日常出行构成重大妨害，而且这种妨害在紧急情况下尤为明显，因此，张某无须容忍刘某将其防盗门改装为外开启的行为。

但需要注意的是，可能存在需要负担容忍义务的例外情形。例如，有些房屋在设计之初，入户门即为外开形式，相邻购房人在购买房屋时，对此情况是知晓且认可的，在此情况下应视为相邻购房人接受相应的权利负担。此外，如果防盗门的原始状态为向内开，后前任业主与相邻一方达成一致，将防盗门改装为向外开，或相邻方事后认可该行为；更换业主后，相邻一方又以此为由提起诉讼，则此前的约定或认可产生的约束力仍然有效，防盗门可保持向外开的状态。

三、专家建议

法律之所以确立相邻关系制度，并以此作为对相邻不动产使用和限制使用的依据，正是希望通过对权利义务的充分明确，协调相邻各方的日常生活及经济生活的和谐，进而构建彼此互帮互让的和谐社会。追求美好生活应以不给他人造成麻烦为限，肆意超越权利边界，最终将会给自己带来麻烦。同时，从维护相邻关系各方共同发展的角度考量，对于轻微的，或者按地方习惯认为不构成侵害的侵入，相邻方应予以容忍。因此，相邻关系各方应从互谅互让、多为他方考虑的角度出发，妥善处理邻里纠纷。

四、关联法条

《民法典》第二百七十二条、第二百七十三条第一款、第二百八十八条，《住宅室内装饰装修管理办法》第五条第一款、第十二条，《住宅设计规范 GB50096—2011》第 5.7.1 条、第 5.8.5 条。

加装电梯产生的纠纷如何解决？

老旧小区既有建筑加装电梯是一项正视并化解历史问题的惠民工程，是基于民生问题的理性举措，有助于改善老旧楼房整体居住条件，提升社区居民生活幸福感。不过，任何事情均有利弊，加装电梯也不例外。高层住户要求加装电梯的呼声很大，但加装电梯的行为不可避免地会对低楼层业主的行进空间和居住状况产生影响，此时容易因高低层住户诉求不同而产生矛盾纠纷。实践中，因低楼层业主的反对而诉诸法院的案件时有发生。

一、案例简介

（一）基本案情

佛山市某区某小区涉案楼房共有 15 户单元房，其中，曾某等 12 户业主同意对涉案楼房加装电梯，202 房业主郑某 1、郑某 2 等不同意加装电梯。曾某等 12 户业主除对电梯加装费用筹集达成一致意见外，还约定如遇到不同意加装电梯的业主提起诉讼，由此产生的赔偿费用由同意加装电梯的 12 户业主平均分摊。涉案加装的电梯于 2019 年 11 月取得《建设工程规划许可证》，电梯位于 4 座住宅楼前（与步梯井相对，在郑某 1、郑某 2 住宅阳台西南侧），电梯井采用钢结构，以钢化夹胶玻璃封闭，之后电梯开展施工并投入使用。郑某 1、郑某 2 认为曾某等 12 户业主未经其同意在原有步梯旁边加装电梯，该行为已侵害其相邻权，妨碍其居住房屋的采光和通风，降低其居住环境的舒适度，遂向佛山某区法院提起诉讼，请求曾某等 12 户业主共同向其补偿 4 万元。被告曾某等 12 户业主不同意原告郑某 1、郑某 2 的诉讼请求，请求法院予以驳回。[①]

（二）法院裁决

1. 一审判决

一审法院认为曾某等 12 户业主通过自筹费用方式加建电梯，既方便出行，也对其房屋产生增值作用；考虑到电梯距离郑某一等的住宅阳台有一定距离，电梯井体积不大并采用钢化玻璃封闭，对住宅的通风、采光不会产生太大影响，但从景观角度来看确会产生一定影响。根据公平合理原则，并结合曾某等 12 户业主的约定，判决曾某等 12 户业主按照每户 2000 元的标准对郑某 1、郑某 2 作出适当补偿，驳回郑某 1、郑某 2 的其他诉讼请求。

2. 二审判决

二审法院认为，案涉楼房在加装电梯后，电梯柱体及部分连廊客观上阻挡郑某 1 等人所在房屋外伸阳台西侧的日照和采光，一定程度上损害其日照、采光方面的权利，同意加装并正在使用电梯的住户依法应当向郑某一等人给予适当的赔偿。一审法院以郑某一等人在房屋内居住的景观感受受到影响为由判令曾某等 12 户业主予以补偿，属于适用法律错误，但处理结果正确，遂判决驳回上诉，维持原判。

二、以案说法

本案的争议焦点主要在于曾某等 12 户业主为案涉楼房加装电梯是否对郑某一等人的权益造成侵害以及应否承担责任。

[①] 详情可参见广东省佛山市中级人民法院（2021）粤 06 民终 263 号民事判决书。

在既有住宅增建电梯事宜中，各业主之间因在同一栋大楼中各自对独立的单元享有所有权而形成建筑物区分所有权的关系。依据相邻关系的内容，区分所有权人为保全或改良专有部分或共有部分，在一定的限度内可请求使用相邻业主的专有部分或非为自己占有使用的其他共有部分。

由于电梯是建筑物垂直交通系统的一部分，是不可能脱离建筑而独立存在的，是建筑主体的附属建（构）筑物，属于建筑物的共有部分。因此，依据法律规定，加建电梯应当经专有部分占建筑物总面积三分之二以上的业主且占总人数三分之二以上的业主参与表决，同时经参与表决专有部分面积四分之三以上的业主且参与表决人数四分之三以上的业主同意。若支持增建电梯的业主达到法定要求，则要求增建电梯的力量占了上风，成了多数人的要求，而与此相对的低楼层业主通风、采光、安静等利益则属于个体的要求；对于年老的高楼层业主来说，是否增建电梯影响着他们的基本生活需要——出行，这时，增建电梯对于高楼层业主来说涉及生存利益；而对于生活出行不受影响的低楼层业主来说，增建电梯对低楼层业主房屋价值减损的影响则属于财产利益。即使冲突的二者利益权利位阶相同，也因支持增建电梯的业主更多，而在"量"上更胜一筹。经过平衡，业主行使建筑物共有权增建电梯的利益是"优势利益"，可对低楼层业主通风、采光、安静等利益进行必要限制，低楼层业主对此负有提供便利、必要容忍的义务。基于公平原则，所有权得以扩张的权利人须对那些因承担容忍义务而受到损害的权利人进行补偿，以实现双方利益的均衡。

本案中，郑某1、郑某2作为不同意加装电梯的住户，应充分尊重楼房多数住户对加装电梯便利出行的实际需求，对加装电梯造成的不利影响应有必要的忍让。但涉案楼房在加装电梯后客观上对郑某1等人居住房屋的日照、采光造成不利影响，一定程度上损害其日照、采光方面的权利。因此，同意加装电梯的住户应对不同意加装且权益受损的住户给以适当补偿。

三、专家建议

老旧小区既有建筑加装电梯采取的是业主自治的方式进行，履行一定的程序后可以实施。但加装电梯很容易导致局部利益与整体利益发生冲突，虽然履行法定程序可以实施电梯加装行为，但从相邻关系的基本原则出发，同意加装的业主也需要尽最大限度减小加装行为对低楼层业主的影响。受到影响的利害关系人若认为其他业主加装电梯的行为给自己造成了损失且未获得赔偿或补偿，可与相邻业主协商解决增设电梯过程中的利益平衡、权益受损等事宜，也可以向法院提起诉讼处理。

四、关联法条

《民法典》第六条、第二百七十八条、第二百八十八条。

遭受噪声等不可量物侵害如何救济？

随着工业技术的发展，越来越多的新型污染开始出现在人们的生活之中，其中之一便是不可量物侵害。所谓不可量物侵害，是指烟雾、煤烟、灰屑、尘埃、热气、蒸汽、气味、煤气、噪声、震动波、光、放射性物质、电磁波辐射等没有一定具体相态、难以用传统计量单位进行衡量的物质，侵入邻地造成干扰性妨害或对他人人身、财产造成损害。不可量物侵害本身的定义，产生的特点，以及造成的影响都有别于传统的侵害，遭受该类型侵害时，如何救济自身权益成了新的问题。

一、案例简介

（一）基本案情

周某与某餐饮店系上下楼关系。2022年9月至10月期间，某餐饮店进行店内装修。2022年10月13日，周某认为楼下某餐饮店施工扰民，致其无法专心投入对股票的研究和思考，心烦意乱，因此遭受巨额股票损失，并且某餐饮店的施工行为致其房屋墙壁遭受损坏，遂向天津公安某分局某派出所报警。周某提出要求某餐饮店修复房屋并赔偿经济损失，双方未能协商一致。周某遂向天津某区法院提起诉讼，请求某餐饮店赔偿其股票市值损失人民币20000元。某餐饮店不同意原告周某的诉讼请求，请求法院予以驳回。①

（二）法院裁决

法院认为，某餐饮店产生的声响未明显超出相关噪声排放标准；而周某至今没有抛售其主张存在市值损失的股票，甚至基于自身经验判断进行了追加买入的操作，后又自认股票市值已经回升，其遭受的股票市值损失是否客观存在无法确认。即便周某主张的股票市值损失存在，该损失亦属于周某自身的市场投资风险，该损失与某餐饮店在楼下进行施工产生噪音不存在因果关系。故判决驳回周某的全部诉讼请求。

---

① 详情可参见天津市南开区人民法院（2023）津0104民初1495号民事判决书。

二、以案说法

本案的重点在于：对于不可量物侵入邻地，相邻关系中的他方在何种情形下可以请求救济以及可以得到救济的权益范围。

相邻不可量物侵害所指的相邻，不应局限于传统意义上的直接毗邻，而应基于环境保护的目的扩展至更为广泛的空间，但也应限定在地理上较为接近、社会生活中具有较密切联系的不动产之间。相邻污染侵害中一方相邻人须有弃置固体废物、排放大气污染物、水污染物、土壤污染物、噪声、光辐射、电磁辐射等有害物质的行为。该行为主要表现为将不可量物排放或者传播到环境中，使另一方相邻不动产权利人的生活环境受到一定程度的危害。排放不可量物是否造成重大损害或较大损害，是判断不动产权利人排放或施放行为的合法性以及是否侵害他人相邻权益的重要依据。其中，重大损害指不可量物侵入造成了实质损害或违反相应排污许可、排污标准。在侵入者排放的不可量物符合法定标准的情况下，为受侵入人赋予补偿请求权是平衡相邻关系中各方利益的有效手段。即使侵入人未对受侵入人人身财产造成实质上的损害，而仅仅是对受侵入人的生活或精神造成了相当程度的不利影响，即可视为不可量物造成了较大损害。此时，受侵入人可以寻求补偿救济。

但在诸如光污染等相邻关系纠纷中，由于此类不可量物本身并不是对人体绝对有害的物质，且带来的危害相对隐蔽，损害事实的具体表现需要结合个体的污染感知度判断。限于现有的技术水平，他人有时候可能难以感同身受，因此还需要结合其他证据与常识常情常理，综合分析侵入邻地的不可量物是否已经超出了一般公众普遍可容忍的范围。

本案中，某餐饮店产生的声响未明显超出相关噪声排放标准，因而周某未遭受重大损害；并且周某亦未能有效举证证明其遭受了生活上的损失，不符合较大损害的情形，故无权请求救济。

发生重大损害时，受侵入人首先可以请求侵入人停止侵害。当受侵入人遭受利益损失时，可获得赔偿的范围包括不动产和其他财产遭受的实际损失、妨害造成的生活安宁和身体上的损害、修理破坏的不动产或者设置防治措施的费用支出、因不动产使用和享受受影响而产生的租赁或销售的间接损失，以及因上述财产或人身受损导致的精神损害等。发生较大损害时，受侵入人同样可以请求侵入人对其遭受的不动产用益损害以及生活安宁、人身健康等人格权的侵害予以补偿。受侵入人应当对前述受损事实以及具体数额承担举证责任。此外，需要注意的是，无论是在重大损害还是较大损害的情形下，受侵入人可以请求侵入人填补的损失需与侵入人的行为具有因果关系，超出这一限度的损失则无法获得赔偿或补偿。本案中，假设周某存在股票市值损失，但这一损失属于市场投资风险，某餐饮店的施工行为不会直接造成这类损失，二者之间不存在因果关系，因此某餐饮店无须补偿该损失。

三、专家建议

居民在遭受噪声等不可量物侵害时，首先需要保留证据。如果是自行录制或拍摄的，应找有资质的单位进行监测。在协商过程中需记录双方对话，还可要求物业出具相关证明。如有报警处理的，需要保留对应的报警记录。若受侵入人自身受到损害，医院诊断的详细医疗报告也可作为证据之一。同时，积极采取措施维护自身权益，向法院提起诉讼，但不可肆意夸大损害后果，而应实事求是地向法院提出合理的诉讼请求，并提供可以证明相应损害事实的证据，必要时可通过申请司法鉴定的方式，确定不可量物侵害是否存在。

四、关联法条

《民法典》第二百八十八条、第二百九十四条,《中华人民共和国噪声污染防治法》第二条、第九条。

●劳动合同纠纷

劳动关系有什么用？

互联网平台提供了许多新的职业机会，平台骑手、网络主播等，注册后按网络平台标准提供的劳动，因方便灵活受到很多人欢迎。这种劳动形式，是否需要在劳动者和平台之间建立劳动合同关系？劳动关系的意义又是什么呢？

一、案例简介

（一）基本案情[①]

2017 年重庆某文化公司招募"网红主播"，承诺每月 3000 元到 1 万元保底并有提成，公司定期组织才艺培训和推广包装，优秀主播月薪可达 9 万元以上，不封顶。李某应聘并和该公司签订《艺人独家合作协议》，双方约定期限 3 年，只在公司指定的场所从事协议所述的才艺演艺及类似合作，个人实名认证注册主播账户，收入为提成加保底，按月结算；每月直播有效天数不低于 25 天且总有效时长不低于 150 小时，每天直播时长 6 小时为一个有效天，每次直播 1 个小时为有效时长，满足有效天和有效时长的付 2000 元保底工资，不满足有效时长取消保底只有提成。签约后李某通过公司在第三方直播平台上注册并直播，直播的地点、内容、时长、时间段都不固定，以粉丝购买虚拟礼物获得收益，公

[①] 详情可参见重庆市第一中级人民法院（2019）渝 01 民终 1910 号民事判决书。

司将收益扣除部分后转账给李某，时间和数额不固定，四个月后李某辞职，并申请劳动仲裁，要求确认与公司之间存在劳动关系，公司支付其未签订书面合同双倍工资、工资差额等 3 万余元。

（二）法院裁决

1. 一审判决

一审法院认为，原劳动和社会保障部《关于确立劳动关系有关事项的通知》规定，未订立书面劳动合同，但同时具备下列情形的，劳动关系成立：（一）双方符合法律、法规规定的主体资格；（二）用人单位的各项劳动规章制度适用于劳动者，劳动者受用人单位的管理，从事安排的有报酬劳动；（三）劳动者提供的劳动是用人单位业务的组成部分。鉴于李某的直播行为体现不了公司职务性，经济收入公司未参与也无法掌控，仅是根据约定比例进行收益分配，保底收入不是收入主要来源，仅具有保障和激励作用，不能体现双方存在具有劳动关系性质的经济、人身依附性，故不支持双方之间是劳动关系的请求。李某不服提出上诉。

2. 终审判决

二审法院认为，从管理方式上看，李某无须遵守公司劳动纪律，而对直播时间、直播间卫生、休息时间、就餐地点、工牌遗失损毁等管理属于合作关系的管理；从收入分配看，公司没有定期支付劳动报酬，收入来自自己的直播收入；从工作内容看，网络直播不是公司业务的组成部分，平台由第三方所有和提供，双方之间不符合劳动关系特征，维持原判。

二、以案说法

工作是现代人立命之本，个人和用人单位之间建立劳动合同关系是绝大多数人最为直接的法律体验。2008 年《中华人民共和国劳动合同法（以下简称《劳动合同法》）实施后，企业不签订书面合同、不缴纳社保、违法裁员，都将承担明确的法律责任，而且程序不复杂，费用也很低①，极大方便劳动者维权。但是，公务员编、行政编、事业编是依据行政体制的工作，不以劳动合同为基础，发生争议不适用劳动法。

（一）劳动合同和劳务合同的区别

劳动合同是"劳务合同"升级版，就劳动换工资而言二者并无区别，但权利保障程度完全不同。

第一，劳动合同必须签订书面合同，用人单位不签订书面合同最长要承担 11 个月未签订合同的双倍工资，11 个月后视同建立无固定期劳动关系，劳务关系可以不签书面合同。第二，劳动合同的工作时间必须遵守相关规定，不能随意延长，加班费标准，是平日加班 1.5 倍工资，周末 2 倍、法定节假日 3 倍，劳动者还享有带薪年休假，未休假的支付 3 倍工资。而劳务合同不存在加班费。第三，构成劳动关系的，用人单位必须办理社保手续，缴纳五险一金，劳动者受伤、患病、生育，能报销以及领取补助。劳务合同无此待遇，发生伤害的依照《民法典》侵权责任规定处理。第四，解除劳动关系，用人单位必须遵守法定条件和程序，违法解除的要支付双倍补偿金标准的赔偿金。而劳务合同可以随时解除。

（二）新形态就业形式下的劳动

互联网平台的新兴就业，产生了雇主是谁、平台是不是用人单位的疑问，尤其是劳动中发生人身伤害，包括劳动者自己受伤，以及劳动者致伤他人的情况：平台是用人单位，就意味着要

———————————

① 申请劳动仲裁不收费，向法院提出诉讼的，诉讼费 10 元，简易程序减半收取 5 元。

出面承担损失；不是用人单位，则受害者自己承担损失。

法院对此问题的回答，很难说有统一答案。在骑手致害或者自身受伤的案件中，有的判决互联网平台是用人单位，还有的只针对伤害责任分担做认定，回避劳动关系的认定。有的平台为避免承担用人单位责任，让劳动者注册成为个体工商户，但具体案件中法院未受此限制仍然认定构成劳动关系。

关于网络主播是否构成劳动关系，本案虽未认定，但这是根据案情所作的具体认定，并非此类情形的唯一结论。

三、专家建议

即使没有劳动合同，只是诸如合作协议、承包协议，如果证据显示，双方存在高度的管理服从关系，比如打卡考勤、固定场所工作、严格的劳动纪律、固定发放工资，成果由单位享有等，则可能构成劳动关系。

新形态就业下，为降低自己和他人的风险，劳动者应当尽可能购买适宜的保险产品。

四、关联法条

《劳动合同法》第十条、第十四条、第三十一条、第三十八条、第四十条。

成立劳动关系的互联网平台用工

互联网平台用工是否成立劳动关系根据个案具体情况具体分析。有的劳动者选择不受控制、从属性弱的方式，可能和平台不成立劳动关系，但如果劳动的提供和管理方法，在双方之间具有强烈的从属性，则可能成立劳动关系。

一、案例简介 ①

（一）基本案情

唐某 2015 年 7 月入职某健康科技公司，担任中医调理师，有固定的办公场所和工作时间，前 3 个月每月发 8000 元，10 月后被派往深圳工作 2 个月，2015 年 12 月后又返回北京，不再有固定工资，而是通过平台接单上门服务，按接单金额 60%—70% 提成，不打卡无考勤，此外还培训过新员工、市场宣传。某健康科技公司经营某健康养生 APP 平台，用户通过网络下单预约服务，平台根据居住距离推荐上门技师，唐某另和公司签订《到家技师入驻协议》。2018 年 5 月 13 日唐某下班途中受伤，后其未再工作，2019 年 3 月公司将其移出微信工作群。

2019 年 4 月，唐某向区劳动人事争议仲裁委员会申请劳动仲裁，要求确认与该健康科技公司存在劳动关系，并要求公司支付未休年休假工资、违法解除劳动关系赔偿金。仲裁委员会驳回唐某的全部请求。

（二）法院裁决

1. 一审判决

一审法院认为，唐某与公司签订入驻协议，明确约定合作方式、工资结算等内容，双方是合作关系，唐某工作方式灵活、工资不固定，没有考勤管理，即使有一定的管理，也是平台对于技师的培训和服务质量管理，不属于劳动管理范围，因此双方不属

---

① 详情可参见北京市第二中级人民法院（2020）京 02 民终 8125 号民事判决书。

于劳动关系，驳回了唐某的全部诉讼请求。唐某不服，提出上诉。

2. 终审判决

二审法院查明，根据 APP 操作过程，技师通过技师端登录，设置坐标和可接单时间段，顾客在用户端下单匹配收据成功后，技师需在指定时间到达指定地点提供服务，顾客用平台进行支付并评价，如支付现金需由技师向公司登记并全额交还，服务价格由公司决定，技师无法接单的要通过申诉界面向公司反馈，公司向顾客说明并推荐其他技师，双方每月结算，按唐某 7 公司 3 的比例分配。

二审法院认为，唐某和公司之间的关系，呈现出明显的从属性特征，唐某虽然不需要考勤，但工作机会获取完全来自 APP 平台，时间被以订单方式切割，公司通过对订单的流程控制，实现信息技术手段控制劳动者，管理未弱化；平台提供的服务是让顾客体验公司的统一形象和服务，而非信息中介；唐某签订的入驻协议排除了唐某提供其他同类服务的可能性，在平台收入是唐某获取生活来源的唯一渠道，平台已居于强势支配地位，双方没有可能通过平等协商确立实质公平的权利义务关系，唐某应当被纳入劳动法保护范围。

法院判决，唐某和公司在 2015 年 7 月 14 日至 2019 年 3 月 19 日期间具有劳动关系，但移除微信工作群为只是不再提供劳动条件，并非解除劳动合同关系，因此公司应当支付唐某从 2015 年 7 月 14 日至 2019 年 3 月 19 日期间的未休年休假工资 5725 元，驳回唐某其他诉讼请求。

二、以案说法

信息技术时代的劳动极具灵活性，不同服务或者平台，甚至相同平台和服务，不同劳动者的受支配强度都可能不同，是否成立劳动关系需个案分析。2021年7月，人社部及最高法院等八部门联合发布《关于维护新就业形态劳动者劳动保障权益的指导意见》，体现国家保障新就业形态劳动者的决心。在当前缺乏明确规定的前提下，根据该意见精神，可从三个方面判断是否成立劳动关系。

（一）平台的管理控制强度

平台企业可能处在不同发展阶段，有的是初创企业，有的已形成垄断，有些服务的社会需求不同，并没有太多消费者用户。由此平台对劳动者的控制强度就很不同，控制能力强，劳动者无法协商议价的，和平台成立劳动关系的可能性就高。鉴于平台企业的控制方法体现为数据和信息产品管理，和传统企业有物理空间、明确劳动时间不同，故其管理控制的强度分析，就要结合数据使用场景，不能只是根据书面协议，认为不打卡不上班就一定不是劳动关系。由于数据都在平台企业控制下，劳动者一旦退出系统就再也无法获取数据和证据，平台企业应当对数据和管理没有形成强制用工的事实承担举证责任。

（二）劳动者的取得收入灵活度

如果劳动者在平台之外，有特别宽裕的时间，其提供专属平台的劳动并不会减少其能够通过其他劳动而获取收入的机会，则属于收入灵活度大，平台没有成为劳动者获取收入的主要来源，成立劳动关系的可能性低。比如同为网约车，使用自己的车辆，上下班时间顺便拉点活，或者每日运营两三个小时，其他时间进行其他工作，就可能不成立劳动关系。

（三）消费者对服务方的认知

平台企业在向消费者提供服务时，可能表现为中介角色，也可能表现为服务方角色，平台的角色外观是判断是否成立劳动关系的依据之一。有的平台在提供服务时，会非常明确地说明是自营，还是第三方平台，作用就是让消费者对服务方有明确的认识。如果某个互联网平台的服务，不展现劳动者独立人格而是平台自己，则劳动者的身份完全被平台吸收，成立劳动关系的可能性大。

三、专家建议

平台用工很灵活，即使成立劳动关系，但是否存在加班费、劳动关系如何解除等问题，也会有不同于传统劳动争议的法律适用。如本案认定成立劳动关系，但不认定用人单位是违法解除劳动关系。考虑平台企业和劳动者之间的关系相对松散，为避免日后无法取证，劳动者可在争议发生第一时间对系统登入和信息状态进行录屏保存。

四、关联法条

劳社部发〔2005〕12号《劳动和社会保障部关于确立劳动关系有关事项的通知》。

"三期"期间，女职工依法享有哪些福利待遇？

女职工在孕期、产期、哺乳期，俗称"三期"，其劳动者权利受法律特别保护。2012年国务院颁布实施《女职工劳动保护特别规定》，进一步明确了用人单位职责。工作中，保护女性劳动者会落实到具体调岗调薪、生育津贴、合同终止时间等具体细节上。

一、案例简介 ①

（一）基本案情

2020 年 1 月 2 日小乐（女）入职某医疗公司，担任销售，工资为底薪 4000 元加提成，双方未签订书面劳动合同，但公司缴纳了社会保险。2020 年 1 月 29 日至 2 月 10 日小乐去泰国旅游，回国后被公司要求隔离 14 天（2020 年 1 月 23 日武汉因新冠疫情封城），期满后上班。2020 年 7 月小乐怀孕，2020 年 12 月 21 日停止工作回家待产，2021 年 4 月 9 日产下一子。2021 年 6 月生育保险基金支付的 16487 元生育津贴到公司账户，公司认为产假期间社保费用属于为小乐垫付，因此扣除费用后将剩余 11400 元支付小乐，2021 年 7 月 25 日公司通知小乐返岗。小乐则表示，7 月 1 日公司已通告自己被辞退，是违法解除劳动合同，将依法主张权利。小乐申请劳动仲裁，被不予受理后提出诉讼，要求公司支付生育津贴差额、未休年休假工资等金额。

（二）法院裁决

1. 一审判决

一审法院认为，根据当地《城镇职工生育保险办法》，女职工产假时间内由发放工资变更为发放生育津贴，产假时间国家规定的 98 天产假外，当地增加 60 天，难产的再增加 15 天，小乐可享受 98+60+15 总计 173 天产假，根据 4000 元月薪计算，生育津贴为 23066.67（4000/30×173）元；公司扣除费用没有依据；关于未休年休假，根据《职工带薪年休假条例》第三条规定，劳动者连续工作一年以上的享受带薪年休假，小乐自入职后一年即 2021

---

① 详情可参见长沙市中级人民法院（2022）湘 01 民终 9253 号民事判决书。

年 1 月 2 日开始享有带薪年休假，至其离职应享受 2 天，应得年假工资 735.63 元（4000/21.75×2×200%）。故判决公司支付小乐生育津贴差额 11664.19 元、休假工资 735.63 元以及其他月份的工资查额 4000 余元。公司不服，提出上诉。

2. 二审判决

二审法院认为，根据《女职工劳动保护特别规定》第八条第一款，女职工产假期间的生育津贴，已经参加生育保险的按照用人单位上年度职工月平均工资标准由生育保险基金支付；未参加生育保险的按照女职工产假前工资的标准由用人单位支付，公司扣除费用没有依据；关于年休假，公司没有提供证据证明，曾通知小乐用隔离措施补休假，所以现在主张 14 天隔离期冲抵年休假没有依据，故维持原判。

二、以案说法

女职工"三期"期间，因身体条件所限，可能无法正常劳动，为了减轻用人单位的经济负担，五险一金中的"生育险"通过医保基金承担女职工产假工资，并报销相关费用。根据各地政策灵活就业人员参加职工医保并同步参加生育保险的也可以申领生育津贴。

（一）"三期"期间的工资、劳动条件和劳动合同期限

在女职工"三期"期间，用人单位不得进行无过错性辞退，即因劳动者无法胜任工作，或者合同订立时的客观情况发生变化致使无法履行的情况，也不得进行经济性裁员，即企业破产重整或者经营发生严重困难等原因需要大规模裁员的情况。

用人单位不能降低工资。《女职工劳动保护特别规定》明确规定，用人单位不得因女职工怀孕、生育、哺乳降低其工资，同

173

时，劳动时间内进行产前检查，所需时间计入劳动时间，如果现工作岗位对女职工身体有害，用人单位还应与其协商调到适合其身体状况的岗位。对哺乳未满 1 周岁婴儿的女职工，用人单位不得延长劳动时间或者安排夜班劳动。另外，产假也不计入带薪年休假假期，休产假后仍可享受当年带薪年休假。

"三期"期间劳动合同期限届满的应顺延。只要女职工"三期"内没有《劳动合同法》第三十九条规定的严重违反劳动纪律的情形，劳动合同应当续延至"三期"届满。如果用人单位期前就解除合同，而女职工也不想再回到原单位工作，可以要求支付到"三期"届满止的工资差额并承担违法解除劳动合同赔偿金。

（二）女职工享受生育津贴

生育津贴相当于医保机构承担的女职工产假工资。单位缴纳生育保险并连续缴费满 9 个月（分娩前缴费不足 9 个月、分娩后继续缴费满 12 个月）的，医保经办机构根据申报承担，数额是产假天数乘以日工资。关于产假天数，国家规定 98 天，难产的增加 15 天，生育多胞胎每多生育 1 个也增加 15 天，另各省、自治区、直辖市出台本地延长天数，有的 60 天，有的 30 天，通常都能达到 158 天。

准确地说，生育津贴和产假工资有所区别，但实践中往往合二为一，很多公司不再发工资，只发生育津贴。但如果生育津贴低于员工实际工资水平，公司需要补足差额；如果生育津贴高于员工的平均工资水平，那么公司就不需要向员工支付额外的产假工资了。此外，生育津贴不需要缴纳个人所得税。

三、专家建议

保护女职工权利，并不意味着女职工"三期"期间完全不能解除劳动合同，如果女职工严重违反劳动纪律的、双方协商一致解除合同，或者劳动者提出辞职，用人单位仍然可以解除合同。

实践中发生过劳动合同到期时女职工使用虚假的怀孕证明延续劳动合同，或者双方解除劳动合同后女职工才发现已怀孕，因此主张解除劳动合同的行为无效的情况。前者是虚构事实延续劳动合同，双方延续期间的劳动合同无效，劳动者应当返还用人单位承担的相应费用。而后者如果解除合同是双方真实意思表示，法院一般也不会认为解除合同的意思表示无效。

四、关联法条

《劳动合同法》第四十二条、第四十八条，《女职工劳动保护特别规定》第五条、第六条、第七条、第八条、第九条。

用人单位单方解除劳动合同必须合法

员工在工作时和领导、管理制度发生龃龉是非常正常的情况，此时可能表明工作关系需要调整，并非违反劳动纪律。只有在有证据证明劳动者严重违反劳动纪律，达到劳动合同法规定的条件时，用人单位才能解除劳动合同。

一、案例简介[①]

（一）基本案情

2016年7月1日孙某与某人力资源公司签订劳动合同，期限

---

① 详情见江苏省连云港市中级人民法院（2019）苏07民终658号民事判决书。

3 年，至 2019 年 6 月 30 日，岗位是顺丰快递的邮件收派员及司机，平均月工资 6400 元。2017 年 10 月 17 日，公司以孙某未及时上交履职期间营业款为由对孙某停工，次日孙某上班刷卡时无法录入。10 月 25 日公司出具离职证明，称孙某自 2017 年 10 月 21 日办理完毕离职手续，即日起双方无任何劳动关系。2017 年 10 月 30 日公司又出具解除劳动合同通知书，称孙某未履行请假手续未经领导审批自 2017 年 10 月 20 日起无故旷工 3 天以上，公司研究决定自 2017 年 10 月 20 日起与其解除劳动关系。孙某不服，向当地劳动仲裁部门申请仲裁。裁决后又提出诉讼。

法院审理期间，公司提出孙某 2017 年 9 月、10 月期间存在未穿工作服、代他人刷考勤卡、谩骂公司主管、未及时上交营业款，严重违反单位规章制度。

（二）法院裁决

1. 一审判决

一审法院认为，双方签订劳动合同是真实意思表示，合同附件的《奖励与处罚管理规定》不违反法律、法规的规定依法有效。公司依据孙某无故旷工 3 天以上解除劳动合同，在庭审中又提出孙某未穿工服、代人刷卡、辱骂主管等违纪行为是解除劳动合同的理由，但根据在案证据，公司知悉孙某上述行为后并未解除劳动合同，而是安排他从事其他工作，即使在公司正式出具的解除劳动合同通知中也没有以此为理由解除劳动合同，因此孙某的相应行为不构成解除劳动合同的合法理由；关于孙某旷工 3 天以上的理由，孙某提供的视频显示系刷卡失败，而公司没有就是否通知到岗、如何通知、通知情况提供任何证据，应当承担举证不能的不利后果，因此以旷工为理由解除劳动合同缺少事实依据，属于违法解除。因此判决公司支付孙某经济补偿金 18989 元。

公司不服，提出上诉。

2. 二审判决

二审法院认为，判断用人单位单方解除劳动合同行为的合法性时，应当以当时用人单位向劳动者发出的解除通知的内容为认定依据，在案件审理中用人单位提出的新的事由，人民法院不予支持。故驳回上诉，维持原判。

二、以案说法

劳动者权利受法律保护，轻微冲突不构成解除合同的理由，只有法定情形且履行法定程序，用人单位才能单方解除劳动合同。

（一）因劳动者过错的辞退

1. 试用期间被证明不符合录用条件；2. 严重违反单位规章制度；3. 严重失职，营私舞弊，给用人单位造成重大损害；4. 与其他用人单位建立劳动关系，对完成本单位的工作任务造成严重影响，或者经用人单位提出，拒不改正；5. 劳动者欺诈或胁迫致劳动合同无效的；6. 被依法追究刑事责任，指被人民检察院免予起诉的、被人民法院判处刑罚的（管制、拘役、有期徒刑、无期徒刑、死刑；附加刑——罚金、剥夺政治权利、没收财产）、被人民法院依据刑法第三十七条免予刑事处分的。

（二）非劳动者过错，提前 30 天书面通知或者支付 1 个月工资后可以解除

1. 医疗期满不能从事原工作也不能从事另行安排的工作；2. 经过调岗仍不能胜任工作；3. 客观情况重大变化导致劳动合同无法履行且协商未能达成一致。

（三）用人单位必须履行法定的程序

1. 解除事由角度，用人单位必须用证据证明劳动者行为表现及本单位规章标准。如劳动者"不符合录用条件"是指哪些行为，符合条件指什么，"严重违纪"表现是什么，"重大损害"标准是什么，企业的规章制度是否公布，什么方式公布，是否足以被劳动者知晓。上述情况均由公司承担举证责任。

2.应当依法对劳动者送达，听取劳动者意见。争议进入仲裁和诉讼环节，上述实体上的合法理由，程序上符合规定由用人单位承担举证责任，不足以证明将被认定是违法解除。

本案表明，法院是对解除劳动合同当时用人单位行为是否有依据进行判断，如果用人单位作出过解除劳动合同通知书，则是对通知中所载明的内容和范围进行合法性审查，诉讼中用人单位提出新的内容不构成合法抗辩。

三、专家建议

解除劳动合同通知不同于离职证明，前者是解除劳动合同的原因，后者则仅涉及双方劳动关系已结束的客观记载。无论解除劳动合同的原因是什么，是否办理完毕工作交接，用人单位均有义务开具离职证明，证明中写明劳动合同期限、岗位，终止的具体时间。如果劳动者未在离职时获得离职证明的，可以向劳动监察部门进行投诉或直接提起劳动仲裁，因此造成劳动者损失的，用人单位有责任进行赔偿。

四、关联法条

《劳动合同法》第二十四条、第三十九条、第四十条、第八十九条。

遇企业经济状况不好裁员时怎么办？

许多工作机会都与外部环境关系密切，科技发展既能产生新的职业，也会让很多岗位消失。身处变动不居的经济浪潮，企业沉浮司空见惯，劳动者面对工作调整，有必要了解什么是合法地解除合同，依法应得的补偿有哪些。

一、案例简介[①]

（一）基本案情

从事国际旅游业务的美国某公司北京代表处招聘中国员工，由某人力公司作为派遣单位招聘了董某。2012年8月，董某入职，签订多份劳动合同后，2016年8月，董某签订了无固定期劳动合同，职务为中国区销售经理，工资自2020年1月起调整为每月1.7万元，另加提成。

2020年2月之后，受疫情影响北京地区该公司员工多次居家办公，2020年8月，美国公司通知全员待岗。此后国际旅游业务继续停滞，2021年4月29日，美国公司向董某提出，客观情况发生重大变化，岗位取消，无法继续履行用工关系。因无法达成变更协议，将员工退回派遣单位，解除劳动关系。2021年5月6日，人力公司向董某发出《解除劳动合同通知书》。三方对解除事宜没有异议，但对补偿金额存在分歧。董某提出劳动仲裁。劳动仲裁裁决书作出后三方均向法院提出诉讼。

[①] 详情可参见北京市第二中级人民法院（2022）京02民终4310号民事判决书。

案件争议焦点：1. 2020 年 2 月至 2021 年 5 月期间董某应得工资的标准；2. 董某应得 2017 年至 2019 年未支付的绩效奖金，即提成工资数额；3. 是否存在未休年休假的补偿；4. 是否违法解除劳动合同。

董某工资发放实际情况：2019 年 11 月 19690.19 元、2019 年 12 月 17809.13 元、2020 年 1 月 28356.62 元、2020 年 2 月 4180.5 元、2020 年 3 月和 4 月实发均为 2200 元、2020 年 5 月 7671.41 元、2020 年 6 月 4035.04 元、2020 年 7 月至 2021 年 2 月实发均为 2200 元。

（二）法院裁决

1. 一审判决

法院认为，待岗指非因劳动者本人原因，公司为经营考虑单方作出的工作安排，美国公司因国际旅游业务停滞的安排符合待岗情形，但公司待岗不代表所有员工待岗，要看员工具体的工作状态：董某从事的是销售工作，证据显示其线上线下仍在工作，也被要求通信畅通保持待命，属于居家办公，考虑居家工作的劳动强度有所降低，时间安排更为自由，故疫情期间工资酌定为工资标准 70%。

关于未休年休假。董某和美国公司均认可从 2019 年至 2021 年 5 月未休年假时间为 14 天，美国公司关于当年未休满的年假将于次年取消、不能延续或累计的规定违反法律规定，应为无效。因此，公司应当支付董某 14 天未休年假补偿。

关于违法解除劳动合同。美国公司身处疫情直接影响行业，其北京代表处停止北京业务，董某岗位事实上已不存在，用工单位可以将劳动者退回派遣单位，但是企业做出决定时也应遵守告知义务和集体讨论程序，保证劳动者知情权，争取劳动者的理解和包容，不能只是就赔偿问题进行协商，协商不成就退回派遣单位。同时，派遣单位根据《劳务派遣暂行规定》，也应当首先协商重新派遣，不能径行解除合同，所以用工单位和派遣单位的做法属于违法解除合同，应当按董某的入职年限和离职前12个月的平均工资进行双倍赔偿。

关于绩效工资。法院根据公司的绩效制度文件、工作邮件记载，认为公司已经同意和董某已对公司提议表示认可的数额，应当支持。

法院判决，人力公司赔偿董某2019年至2021年5月6日期间的工资差额13万余元、绩效提成工资1.1万余元、违法解除劳动合同赔偿金22万余元、未休年假工资17371.4元；美国公司北京代表处承担连带责任。判决后三方均提出上诉。

2.二审判决

二审期间各方加强前期陈述，又提供新的证据，二审最终仍维持一审判决，驳回各方上诉。

二、以案说法

劳动争议案件审理，法院相对更重视劳动者诉求，对用人单位要求比较高。面对企业裁员，劳动者要从谁是用人单位、解除劳动合同的标准程序、经济补偿金三个方面进行考虑。

（一）明确用人单位和起诉地点

外企劳动关系基本都以劳动派遣形式进行，外企是用工单位，另有一个人力公司作为派遣单位（也是用人单位），用工单位和用人单位通常对劳动者承担连带责任。当下很多大中型企业和事业单位，也在使用劳动派遣，或者劳务外包方式用人，企业不亲自担任用人单位责任。此外，很多公司以集团形式管理，出现关联公司，实际工作地点和用人单位地点不一致，社保缴纳地点和工作地点不一致的情况。劳动者首先要确定谁是用人单位，如果是劳动派遣，则用工单位和用人单位都是被诉方。

劳动仲裁的地点，用人单位所在地（包括登记地点、主要办事机构所在地）或者劳动合同履行地（包括实际工作地点、社保关系所在地）都可以，如果两地同时受理了仲裁案件的，劳动合同履行地优先；如果劳动合同履行地不明确，则由用人单位所在地管辖。

劳动仲裁是劳动争议诉讼的前置程序，但其管辖地点不约束诉讼管辖，用人单位所在地和劳动合同履行地基层法院都有管辖权。通常做法，是根据期待诉讼地点选择仲裁地点。

（二）裁员不能企业单方决定

用人单位即使出现经济困难必须解除劳动合同，也必须遵循法定程序，包括经济性裁员要求经过企业工会，向当地劳动行政部门报备。

（三）计算应得补偿金

需要确定月工资，通常是离职前 12 个月到手金额总和的平均值，其中包括基本工资、奖金、各类津贴、加班费等，但是用人单位实际发放时可能存在社保、住房公积金等的扣除，应得工资数额可能高于实得工资，出于诉讼策略劳动者可以主张更高的金额，庭审中由法官按照证据情况和双方争议进行裁决。第二，计算月工资倍数，通常称为"N"，每工作满 1 年支付一个月，不足 6 个月支付半个月工资，超过 6 个月的按一年计算。如本案中的董某，工作时间为 2016 年 8 月到 2021 年 5 月，总计 4 年 9 个月，应支付 5 个月平均工资。第三，举证证明构成违法解除劳动合同的，赔偿金为平均工资 ×2N。

三、专家建议

面对裁员员工往往要同时解决之前的提成奖金、绩效奖金、递延奖金、未休年假工资等问题。鉴于离职后公司邮箱关闭，公司资料也无法再取得的不利情况，劳动者在发现企业开始裁员就应当收集证据，将之前的关于上述信息的工作文件、红头文件、电子邮件、公司的规章制度，先做好下载、截屏工作，未来都可能作为有效证据。

四、关联法条

《劳动合同法》第四十一条、第四十三条、第四十六条、第四十七条、第五十八条、第六十五条，《劳务派遣暂行规定》第十二条、第十五条。

企业要求的竞业限制条款应当如何执行？

劳动者离职时被要求承担保密义务、禁止到有竞争关系的其他单位工作的现象非常普通，尤其是高科技领域、知识价值密集的企业，还会专门签订合同，这被称为"竞业限制条款"。但这类条款在保护企业不因人员流动和不正当竞争受到损害同时，也会影响劳动者再就业，甚至损害劳动者权利。

一、案例简介 [①]

（一）基本案情

高某和某科技公司于 2015 年 11 月 1 日签订劳动合同，担任 IOS 研发工程师，执行标准工时制，月工资标准为 18000 元。2018 年 8 月 8 日，高某离职，并签订《保密与不竞争协议》，约

---

① 详情可参见北京市第一中级人民法（2021）京 01 民终 1751 号民事判决书。

定高某竞业限制期限限 1 年，公司的母公司于高某离职时发放股票期权若干作为履行保密和不竞争的对价。2019 年 8 月 8 日，限制期 1 年届满，高某要求公司兑现用于补偿的股票期权，公司不予认可，并主张高某离职时取得过期权，已得到补偿，并认为高某离职后入职与该存在竞争关系的其他公司，无权再要求补偿。高某提出劳动仲裁，要求按照其离职前月平均收入的 30% 给付补偿金。仲裁院驳回了高某请求，高某提起诉讼。

（二）法院裁判

1. 一审判决

法院认为，高某与公司签订的《保密与不竞争协议》明确约定以母公司向高某发放股票期权若干作为履行保密和不竞争的对价，而高某也实际取得了期权，说明双方已就补偿的实现方式进行约定并执行，因此驳回高某关于支付竞业限制补偿金的诉讼请求。高某不服，提出上诉。

2. 二审判决

二审中高某关于已行权期权和竞业限制的关系，陈述过程：双方第一份劳动合同即给以母公司 3 万股期权，归属条件是工作满两年之后可以归属 1.5 万股，之后每工作一个月可以归属 3 万股的 1/24，履行期满双方续订第二份劳动合同，公司再给以母公司 1 万股期权，归属条件是工作满两年之后可以归属 0.5 万股，之后每工作一个月可以归属 1 万股的 1/24；离职时其中 21250 股期权具备行权资格，高某于 2018 年 8 月 10 日支付 12344.64 元预付行权价；但该行权与《保密与不竞争协议》约定离职履行保密和不竞争义务对价的期权，并非同一笔期权。法院向公司问询关于期权取得来源和行权经过，公司表示不清楚，并在承诺事后补充证据后也未提交证据。法院认定公司对期权发放和行权情况，不可能没有财务资料或者不知情，鉴于公司未完成举证责任，应承担不利后果，高某的主张是两笔期权的事实成立。

关于高某是否在禁止领域就业。法院认为，《劳动合同法》第二十四条规定，"与本单位生产或者经营同类产品、从事同类业务的有竞争关系的用人单位，或者自己开业生产或者经营同类产品、从事同类业务"，防止通过格式条款随意扩大竞业限制的范围，平衡保护劳动者的合法权益；案涉《保密与不竞争协议》提出的竞争关系公司，包括 K12 在线教育、K12 线下教育、教育咨询、教育培训、辅导等相关领域的经营组织及其分公司、子公司、关联公司，已扩大到有竞争关系的用人单位子公司、关联公司，是对强制性规定的突破和违反；公司并未充分举证证明高某新入职公司与其存在怎样的竞争关系；虽同为线上培训机构，但高某后入职公司主要针对的是大学生考试、考研、托福考试、雅思考试、公务员考试，和原公司针对学龄前儿童和中小学生提供的学习辅导产品，不属于竞争关系。

鉴于母公司未上市，期权方式补偿具有不确定性，故高某要求离职前月平均收入的 30% 补偿金合法，法院予以支持。

二、以案说法

竞业限制条款是许多企业劳动合同中都有的内容，尤其针对高科技领域或者高级管理岗位的劳动者。但竞业限制是对劳动者就业自由的约束，必须在合法范围内，否则极容易损害劳动者权利。

关于受限劳动者范围。应当限于高级管理人员、高级技术人员或者其他有保密义务的人员，不能随意扩大。如果劳动合同中，将普通行政人员，没有保密义务的普通岗位人员，也约定竞业限制义务，则约定无效，劳动者可以告知用人单位不予遵守。

关于未约定给以经济补偿的竞业限制条款的效力，存在无效说和有效说两种不同的裁判思路。《劳动合同法》第二十三条规定："对负有保密义务的劳动者，用人单位可以在劳动合同或者保密协议中与劳动者约定竞业限制条款，并约定在解除或者终止劳动合同后，在竞业限制期限内按月给予劳动者经济补偿。""无效说"认为"并约定"的方式，说明补偿是竞业限制的必备条款，不得缺失，缺失则构成无效。"有效说"认为《劳动争议司法解释（四）》第六条第一款规定，未约定给予经济补偿，但劳动者履行了竞业限制义务，可以要求用人单位按照劳动者在劳动合同解除或者终止前 12 个月平均工资的 30% 按月支付经济补偿。说明法院可以按照有效处理，只是给以劳动者 30% 补偿。

竞业限制的范围是否存在扩大，具体案件中可结合时间、地域、企业范围、应保密信息的有效期，保密信息的经济价值辐射触达范围综合判断。

三、专家建议

劳动者在签订合同时，应注意是否存在保密义务和竞业限制义务，员工离职后就业选择是否受此保密义务和限制的影响。如果存在可能的影响，应当尽早协商，进行修改，避免跳槽时出现不必要的高额索赔。在离职被要求签订竞业限制合同时，应当仔细查看，限制时间、经济补偿的金额和支付方式，是否存在不适当限制，不支付补偿金的后果，如果认为受限制的业务领域、地域范围过宽，可以要求修改。

四、关联法条

《劳动合同法》第二十三条、第二十四条，《最高人民法院关于审理劳动争议案件适用法律问题的解释（一）》第三十六条、第三十七条、第三十八条、第三十九条、第四十条。

劳动者在患病后享有哪些权利？

所有已缴纳社保的劳动者，工作中患病时通过社保基金支付医疗费，可以减轻很多经济负担，但是诸如频繁请病假无法正常上班者，其工作是否受到影响？如果用人单位想要以此单方解除合同，劳动者的权利有哪些保障？

一、案例简介[①]

（一）基本案情

童某 2014 年 10 月与南京某公司签订劳动合同，岗位是厨师，期限 2 年，至 2016 年 10 月 21 日。2016 年 2 月 13 日，童某因腰疼就诊，诊断为腰椎间盘突出、休息一个月。2016 年 3 月 21 日复诊医嘱继续休息一个月。2016 年 4 月 9 日，医院诊断童某食管高度上皮内病变、休息一个月。2016 年 5 月 3 日童某住院，5 月 11 日行食管癌根治术、医嘱休一年、肿瘤科定期复查，2016 年 5 月 23 日出院。2017 年 5 月 12 日医院复诊，避免体力劳动、休息一年。2017 年 6 月至 2018 年 2 月期间，童某继续休病假未上班。

2018 年 3 月 2 日，公司向童某邮寄《关于医疗期已满的通知函》，告知医疗期已满 2 年，尽快办理相关手续。童某前往协商未达成一致。2018 年 3 月 23 日，公司再次发出《关于医疗期已满

---

① 详情可参见江苏省南京市中级人民法院（2019）苏 01 民终 3931 号民事判决书。

的通知函》，双方仍协商未果。2018 年 5 月 9 日公司以医疗期满，不能从事工作为由出具解除劳动合同通知，随后通知本地工会。2018 年 6 月，童某提出劳动仲裁申请，要求违法解除劳动合同赔偿金 22.4 万元。裁决后双方均不服，都提出了诉讼。

（二）法院裁决

1. 一审判决

一审法院查明，2018 年 8 月，南京市劳动能力鉴定委员会鉴定，童某大部分丧失劳动能力；2016 年 3 月，其公司系不足额支付病假工资，童某在 2016 年 11 月向法院起诉，法院判决公司支付童某 2016 年 3 月至 2017 年 5 月的病假工资 21240 元。2018 年 6 月，童某再次起诉，法院判决公司应支付 2017 年 6 月至 2018 年 2 月病假工资 16890 元；童某自 2003 年 5 月起社保即由现公司的股东之一缴纳，2009 年 11 月起改为现公司缴纳。病休前童某平均月工资 7000 元。

一审法院认为，童某从 2016 年 2 月 13 日病休，医疗期满为 2018 年 3 月，公司对医疗期满的计算没有错误，但是用人单位应当首先另行安排工作，童某的劳动能力鉴定显示并未完全丧失劳动能力，不能直接解除劳动合同，因此公司构成违法解除劳动关系；童某社保记录显示其自 2003 年 5 月在同为参与服务行业的现公司的股东处工作，符合用人单位及其关联企业轮流订立劳动合同的情况，工作年限应当累计计算，目前已超过 15 年，违法解除合同赔偿金应为 217000 元（7000 元 / 月 ×15.5 个月 ×2 倍）。公司不服，提出上诉。

2. 二审判决

二审法院认为，《劳动合同法》第四十条第一款规定的立法本意，是希望用人单位给以劳动者调岗机会，保障患病劳动者工作稳定性，只有用人单位能够证明劳动者不能从事原岗位也不能从事新岗位情况下，可以单方解除合同，公司没有提供证据给童某提供了新的工作岗位，违反了法律规定，构成违法解除，驳回上诉，维持原判。

二、以案说法

休假权和健康权是劳动者的基本权利，劳动者患病或受伤时，出具医院诊断和建议休息的证明，用人单位审查齐全后应当批准。医疗期是病假概念的下属概念，是需较长期患病治疗劳动者的特定福利待遇，单位必须给予休假，最短 3 个月，最长 24 个月，特殊疾病如癌症、精神疾病、瘫痪等，24 个月内不能痊愈的，经企业和劳动主管部门批准可以适当延长。医疗期内用人单位应当支付病假工资，最低不能低于当地最低工资的80%。

医疗期包括连续计算和阶段累计计算两种情况，如工作时间不满 5 年，应享受 3 个月医疗期，按 6 个月内累计病休时间计算，从 2022 年 1 月 1 日起第一次病休，在 1 月 1 日至 7 月 1 日之间确定，累计病休 3 个月视为医疗期满。

工作年限	本单位工作年限	医疗期
10 年以下	5 年以下	3 个月
	5 年以上	6 个月
10 年以上	5 年以下	6 个月
	5—10 年	9 个月
	10—15 年	12 个月
	15—20 年	18 个月
	20 年以上	24 个月

具体病假工资标准，很多地区有自己的专门规定，以本人工资作为标准，但不能低于最低工资的 80%。如上海市规定病假超过 6 个月，连续工龄满 3 年以上的按本人工资的 60% 计发。再如山东省规定，停工医疗累计不超过 180 天的，发放本人工资 70% 的病假工资；累计超过 180 天，发放本人工资 60% 的疾病救济费。

医疗期内用人单位不能解除劳动合同。如果劳动合同期限在医疗期内届满，应当延续至医疗期满时。医疗期内用人单位单方解除劳动合同，劳动者可以仲裁和诉讼要求继续履行，法院会判决撤销用人单位的决定。

医疗期满后用人单位解除劳动合同要遵循前述程序。鉴于《社会保险法》实施后，全国多数地区将社保缴费（或视同缴费）15 年作为办理病退或退职的条件，故劳动者如因长期病假无法继续工作，工作超过 15 年的可以申请办理病退。没有达到年限的由当地劳动鉴定委员会参照工伤与职业病致残程度鉴定标准进行劳动能力鉴定，1—4 级的（总 10 级，最轻为 10 级），也可以和单位办理退休、退职手续。

三、专家建议

劳动者在医疗期内享有保留工作、本市最低工资 80% 的物质保障。但医疗期满且不能办理病退的，身体状况也无法胜任用人单位另行岗位工作的，需要考虑解除劳动合同。劳动者参照本市医疗补助费支付办法，如果存在支付可能，可以进行劳动能力鉴定，在 5—10 级由用人单位支付医疗补助费的情况下解除劳动合同。

四、关联法条

《劳动合同法》第四十条、第四十二条、第四十五条、第四十七条，《企业职工患病或非因工负伤医疗期规定》第三条、第六条、第七条。

工伤认定的程序和工伤待遇

工伤待遇是劳动过程中得到法律保护的特征之一，劳动者可以得到来自社保基金的支付，非法定条件和程序用人单位不得解除合同，但工作时患病，且不构成职业病的，是否也能被认定为工伤？被认定为工伤要经过哪些程序？能享受哪些待遇？

一、案例简介①

（一）基本案情

陈某是某木器厂经理，2017年11月7日7点半，陈某上班后突然感到胸闷不舒服，遂返回家中。8点30分回到家，拿杯子喝了水，仍然感到呼吸不畅憋气。9时拨打120，但120到达时已停止心跳，经抢救无效死亡。木器厂向当地人社局申请工伤认定，当地人社局认为，根据《北京市工伤认定办法》第十一条规定，从工作岗位上直接送往医院抢救并在48小时内死亡的，才属于《工伤保险条例》第十四条、第十五条关于认定工伤或者视同工伤的情况，陈某系在家中因病死亡，不符合视同工伤的情形，故不予认定。木器厂不服，向人社局所在地法院提起行政诉讼，要求撤销人社局所做决定，重新作出认定。

---

① 详情可参见北京市第三中级人民法院（2018）京03行终572号行政判决书。

（二）法院裁决

1. 一审判决

法院认为，《工伤保险条例》第十五条规定，视同工伤包含三种情形：（1）在工作时间和工作岗位，突发疾病死亡或者在48小时之内经抢救无效死亡的；（2）在抢险救灾等维护国家利益、公共利益活动中受到伤害的；（3）职工原在军队服役，因战、因公负伤致残，已取得革命伤残军人证，到用人单位后旧伤复发的。陈某虽然在家中死亡，但属于在工作时间和工作岗位突发疾病，只是返家后病情加重导致死亡，符合第十五条第一款规定。关于《工伤保险条例》的法律适用，应当结合立法本意，全面准确，不能机械理解，故撤销人社局作出的被诉决定，责令重新作出行政行为。人社局不服，提出上诉。

2. 二审判决

人社局在二审中提出，《工伤保险条例》关于工伤认定的立法宗旨，是"伤"不是"病"，对工作时间和工作岗位理解不能过于宽泛，且最高法院（2017）最高法行申3687号裁定书曾明确：请假回家后再到医院救治或突发疾病死亡的不能视同工伤。

法院认为，工伤认定主管机关在处理工伤认定案件中，应在充分理解《工伤保险条例》第十五条视同工伤条款的立法本意基础上，结合案件的具体情况具体分析，不应增设或限缩违反上位法规定的适用条件；该条规定并没有限定突发疾病死亡的地点必须在工作岗位或者医院内，也没有要求职工发病必须由单位直接送往医院抢救才能属于视同工伤。陈某虽然在家中死亡，但确系在工作时间和工作岗位发病，因对病情严重性无法判断，选择回家休息并预备家人陪同就医，符合正常人的生活情理，其虽然不是直接从工作岗位就医，但从发病到死亡不足2小时，符合48小时内抢救无效死亡的情况，故驳回人社局上诉，维持一审判决。

二、以案说法

有权申请工伤认定的主体是劳动者或其近亲属、用人单位或者工会组织，向当地人力社会保障局提出书面申请，受理机构在60日作出结论。对结论不服的，任意一方可于15日内申请行政复议，对复议结论仍然不服，15日内向社保机构所在地基层法院提出行政诉讼。

关于患病并在48小时内死亡"视同工伤"的情况，须以"工作时间和工作岗位"为前提。但如何理解"工作时间""工作岗位"经常发生争议，比如回家后加班工作时患病送医48小时死亡；工作期间送医，因误诊离开医疗机构后48小时死亡；还有本案涉及的情况。最高人民法院行政法庭的一些司法文件强调，"工作场所"的含义，并非物理场所和位置，而应是"工作岗位""工作职责"，而"工作时间"也不是僵硬地对应上下班时间内，而是为工作目标或者用人单位利益所占用的时间。

职业病作为工伤，依据《职业病分类和目录》有10类132种，需依据《职业病防治法》诊断。劳动者若怀疑自己得了职业病，可以在单位所在地、本人户籍地或者经常居住地的依法承担职业病诊断的医疗卫生机构进行诊断，诊断证明书应由参与诊断的取得职业病诊断资格的执业医师签署，并由承担职业病诊断的医疗卫生机构盖章。对诊断结论有异议的，在接到职业病诊断证明书之日起30日内，向职业病诊断机构所在地设区的市级卫生行政部门申请鉴定，鉴定实行两级，省级职业病鉴定结论为最终鉴定结论。

工伤待遇。1.停工留薪，即暂停工作接受医疗且工资福利待遇不变。停工留薪期一般不超过12个月。伤情严重或者情况特殊，经设区的市级劳动能力鉴定委员会确认，可以适当延长，但延长不得超过 12 个月。2. 伤残评定。评定伤残分 1—10 级，1 级最重，伤残等级确定后停发原待遇，享受伤残待遇。1—4 级，退出工作岗位保留劳动关系；5—6 级，保留劳动关系，安排从事适当工作或退出工作岗位，除非职工本人提出，不得解除或者终止劳动关系；7—10 级，合同到期或者劳动者本人提出解除合同的，可以解除合同，并支付一次性工伤医疗补助金和一次性伤残就业补助金。3. 支付生活护理费，按完全不能自理、大部分不能自理、部分不能自理 3 个不同等级，以上按年度职工月平均工资的 50%、40%、30% 支付。

三、专家建议

工伤、医疗和养老是社会保险中最为重要部分。自由职业或者新形态就业，劳动者要自行关注平台能够提供的保险产品。工伤认定依据行政程序在社保机构进行，随后进入法院的行政庭审理，这和劳动争议在法院适用民事程序审理不同。由于行政案件审理举证责任在行政机关，能够更好地保护劳动者权益。工伤认定之后，只要用人单位为职工缴纳了工伤保险，资金将由工伤保险基金支付，可以很快到账。如用人单位未给职工缴纳工伤保险，用人单位需自行支付，因用人单位未足额缴纳导致待遇降低的，用人单位有义务补足降低部分。这个环节用人单位拒绝承担的可以通过劳动仲裁和劳动争议程序解决

四、关联法条

《劳动合同法》第四十五条，《工伤保险条例》第一条、第十四条、第十五条、第十六条、第十七条。

●物业管理服务纠纷

房屋中央空调漏水淹了其他房屋怎么办？

物业管理服务公司仅负责公共区域的安保、卫生以及设备设施的安全维护，一般不负责业主所有权范围内的事务，这已经成为共识。但仍有疑问的是，与公共区域一体连接的业主房屋内的设备设施是由物业服务公司还是业主负责保障安全？尤其当涉及业主自用或出租房屋进行装修时，对原有的设备、设施进行更新改造、迁移变动后，该部分设备设施发生事故后的责任由谁承担更是难以分清。当事故涉及第三人或者公共设备设施的损失时，物业服务公司与业主要想免除责任都需要举证证明自己没有过错或过错与损害之间没有因果关系。

一、案例简介

（一）基本案情

2007年5月31日，刘某某从开发商取得北京市朝阳区东三环北路38号3号（以下简称安联大厦）10层某房屋（以下简称案涉房屋），交付时开发商即已完成对涉案房屋内上下水、中央空调系统等公用设备的设计、安装和施工。

2008年10月21日，刘某某取得案涉房屋的所有权证书，2019年6月13日凌晨，刘某某已经出租给他人使用的涉案房屋内中央空调风机盘管供水管道过滤器软管丝扣接头断裂，出现跑水情况，致使相邻及楼下部分房屋出现渗漏水情况，安联大厦内公共区域的 12 部电梯因过水出现损坏。

事故发生后，安联大厦及涉案房屋的物业管理方北京某物业管理服务有限公司（以下简称某物业公司）关闭了涉案房屋内及所在楼层的空调供水阀门，并对积水进行了清理。当日中午，刘某某来到涉案房屋处与某物业公司共同对事故进行了处理，但双方对事故责任及赔偿事宜并未达成一致，因而争议成讼。

某物业公司遂起诉要求判令刘某某赔偿电梯维修费、监控设备维修费以及加班费等各项经济损失 147981.47 元；刘某某提出反诉要求判令某物业公司赔偿因怠于履行物业管理和维护义务造成的清扫保洁费、空调维修费、装修恢复费等各项经济损失 62200 元，并举出另案开庭传票证明某物业公司曾在安联大厦中央空调系统漏水事故中怠于履行物业服务的义务。[①]

（二）法院裁决

1. 一审判决

一审法院认为，根据《物业管理服务合同》的相关约定，某物业公司提供物业服务的范围包括中央空调系统在内的公用设备的维护、保养、运行和管理，某物业公司有义务对空调故障、跑水事故在内的应急事故予以处理，某物业公司收取物业费的范围亦包含物业共用部位、共用设施设备的日常运行、维护费用、年检检测费等，刘某某已依约足额缴纳物业费的前提下，本次事故的责任不应由刘某某承担。虽然刘某某出租房屋期间承租人对中央空调进行过改动，但是已向某物业公司报备并通过某物业公司验收，前述改动与本次事故时间相隔 5 年且并无证据证明有直接关联。而刘某某出示的证据也并不足以证明其主张的损失实际发

[①] 详情可参见北京市第三中级人民法院（2021）京 03 民终 1922 号。

生。因此一审法院判决驳回了原告的诉讼请求和被告的反诉请求。

2.终审判决

某物业公司不服一审判决提起上诉，二审法院维持了一审判决。

二、以案说法

本案是常见的业主房屋内中央空调漏水导致损害的案件，虽然故障发生在业主房屋内，但是由于中央空调是大厦系统的一部分，因此仍然属于某物业服务公司管理的范围内。除此之外，还可以从业主缴纳的物业费是否包含房屋内以及公共空间部分判断物业服务公司的责任范围。

（一）物业服务公司的责任范围

《物业管理条例》规定，物业管理是指业主通过选聘物业服务企业，由业主和物业服务企业按照物业服务合同约定，对房屋及配套的设施设备和相关场地进行维修、养护、管理，维护物业管理区域内的环境卫生和相关秩序的活动。《民法典》也规定了物业服务企业或者其他管理人根据业主的委托，依照有关物业服务合同的规定管理建筑区划内的建筑物及其附属设施。因此，业主和物业服务公司有关物业管理服务的依据首先就是物业服务合同，对此《民法典》专章规定了相关条款以供合同双方参考选择，且各省市也都发布了物业服务合同示范文本，因此业主以及物业服务公司应当对物业服务范围进行约定，该约定构成物业服务公司承担责任的范围依据。而物业服务公司收取物业费的项目范围，也能够作为物业服务合同的重要补充，业主也可以以此确定物业服务公司的责任范围。

如果涉及的开发商已经和物业服务公司签署了前期物业合

同，业主尚未和物业服务公司签署新的物业服务合同或者没有进行列举式约定物业服务公司负责的范围，也可以根据法律兜底规定要求其承担责任。比如中央空调虽未在《民用建筑通用规范》以及《住宅专项维修资金管理办法》中明确列举为属于共用设施设备，但本案中依据其性质以及法规的概括性、兜底性规定应当属于共有的建筑物的设施，因此根据《民法典》规定，物业服务公司应当承担维修维护的责任。

（二）业主装修时的改动是否免除物业服务公司的保障责任

根据《物业管理条例》和《住宅室内装饰装修管理办法》等规定，业主对房屋专有部分进行装修应当向物业管理单位申报登记，尤其像本案中涉及对共用设施的装修，不仅在事前需要报备，还应当在隐蔽工程竣工前由物业管理单位进行查看和验收。而物业服务公司应当对维修情况做好记录，并重点检查以及审核评估事故隐患，而不能够以业主曾对设备设施装修过作为不履行共用设施安全保障义务的抗辩事由。物业服务公司也应当留存各项服务的工作记录，以便在意外事故以及相关损害发生后，能够证明及时、完全地履行了物业管理服务相关义务以免除赔偿责任。

三、专家建议

物业维修责任具体可根据法律以及合同约定分为建筑施工单位、业主、物业服务公司、供水供电公司等专营业务单位四方主体责任，因此需要明晰各方负责的范围以防责任不清。具体到物业服务公司负责的范围内，物业服务公司履行了维修职责的应当留存服务证据；对于需要由物业服务公司对建筑物整体或附属设备设施进行改造升级的，应当依法申请使用住宅专项维修资金；并且为了防范各种意外事故造成的损失，物业服务公司还可以投保物业公众责任险、物业管理责任险等分散风险。

四、关联法条

《民法典》第二百八十五条、第一千一百六十五条，《物业管理条例（2018 年修正）》第二条、第五十二条，《住宅室内装饰装修管理办法（2011 年修正）》第十三条、第十七条，《民事诉讼法（2021 年修正）》第六十七条。

房屋中央空调漏水谁之过、怎么赔？

随着房屋使用年限的增加，供水、供暖、空调管道的老化、锈蚀问题很容易产生破裂漏水事故，导致管道所在房屋甚至相邻房屋的财产损失。而事故发生的起因、损失的多少因涉及专业事项且当事人之间难以形成共识，因此常常需要鉴定、公证等机构出具专业意见，以便法院确定各方当事人之间有无过错以及责任的大小。但并非所有损失都可以得到赔偿，赔偿的范围仅包括财产的交易价值贬损或通过鉴定等其他合理方式确定的损失。

一、案例简介

（一）基本案情

北京某物业管理服务有限公司（以下简称某物业公司）依照《安联大厦物业管理服务合同》约定为安联大厦提供物业管理服务。2019 年 1 月 23 日凌晨，张某某名下的安联大厦 1608 房屋空调风机盘管供水管锈蚀造成漏水，致使张某某名下的 1607 房屋和楼下中国某国际经济技术合作有限公司（以下简称某国际公司）

名下的 1501—1515 单元共 484.31 平方米面积的房屋过水，经鉴定造成了某国际公司屋内财物损失 2039 元、房屋装修维修损失 261182 元、应急物品损失 176.67 元。为此某国际公司将张某某、某物业公司起诉到法院，要求二被告连带赔偿前述鉴定机构确认的损失和由此产生的律师费、公证费损失。

被告张某某认为漏水部位属于中央空调，进而属于整个大厦区域的附属设施，应当根据物业服务合同由某物业公司负责维修和日常维护，张某某已经缴纳物业费和供暖费且不存在使用不当的行为，因此应由某物业公司承担全部赔偿责任。而某国际公司将房屋隔断人为打通，导致了损失的扩大，也应承担一定的责任。

被告某物业公司认为漏水部位不属于中央空调机组，而是张某某自行安装挪动的空调，不属于某物业公司维护的范围。且原告某国际公司向物业公司提交的 5 份报修记录显示，某国际公司在案涉事故发生后又发生的三起漏水事故与本案鉴定时间有重叠，难以证明某国际公司的损失是否全部由案涉事故导致。[①]

（二）法院裁决

1. 一审判决

一审法院认为，虽然空调风机盘管供水管锈蚀造成的漏水事故发生在张某某名下的房屋，但是张某某已缴纳物业费的情况下，维护空调设备安全、处理意外事故的责任属于某物业公司；且张某某对漏水事故不存在使用不当，并在事故发生后积极采取措施，张某某装修的空调所在房屋为 1607 单元而非漏水的 1608 单元，且二次装修竣工检验报告中均载明空调未改动，因此张某

---

① 详情可参见北京市第三中级人民法院（2022）京 03 民终 3099 号判决书。

某没有过错；此外，某国际公司的财产损失已经由鉴定机构采用适当的评估方法和基准日进行认定。因此，一审法院判决由某物业公司向某国际公司承担赔偿责任，张某某不承担责任，但认为律师费不是侵权行为必然导致的结果，因此没有支持。

2.终审判决

某物业公司不服一审判决提起上诉，二审法院维持了一审判决。

二、以案说法

本案的争议焦点主要有两个：一个是因漏水事故导致的直接损失和间接损失是否都应当赔偿；另一个是业主房屋内空调管道漏水产生损失之后赔偿责任人是业主还是物业服务公司。

（一）直接损失和间接损失都是侵权损失赔偿的范围吗

1.损失赔偿的分类

本案中不涉及人身损害而仅涉及财产损失，而财产损失又分为直接损失和间接损失。直接损失指因财产毁损或灭失而直接减少的价值；间接损失指因财产受侵害增加支出的费用。[①] 因此直接损失相对直观容易确定，而间接损失法院一般会考察该额外支出的相关性和必要性，比如本案中漏水事故造成损害的房屋面积较大，为了及时保存证据以及尽快恢复原有办公状况，公证保全现场属于必要的保全措施，因此法院认可了公证费支出必要性以及与过错之间的因果关系。而对于律师代费损失，除专利、商标、著作权等法律司法解释专门规定律师费属于合理开支外，一般民事案件中当事人无法充分证明该费用的产生与损害

---

① 程啸：《侵权责任法》，法律出版社 2021 年版，第 845、847 页。

行为之间的因果关系时，该律师费就不属于应当赔偿的间接损失范围。

2. 损失赔偿范围的计算

不管是直接损失还是间接损失，都涉及损失赔偿范围的计算，对此，原《侵权责任法》第十九条确定的标准是损失发生时的市场价格或其他方式。此时的市场价格是指被侵害财产一般交易上的客观价格，但被侵害的财产常常不属于流通物或难以确定交易价格，因此司法机关常用到"其他合理方式"，如采取鉴定的方法来确定损失赔偿范围，如本案中法院认可了鉴定机构使用成本法评估确定的物品价值。

（二）业主房屋内空调管道漏水产生损失之后的赔偿责任人

1. 物业公司是否负责业主房屋内的空调管道

根据《物业管理条例》以及《民法典》的规定，物业服务公司应当按照物业管理服务合同约定履行义务，本案中某物业公司依据物业管理服务合同约定，应当对中央空调系统进行维护、保养、运行和管理，并对空调故障、跑水等事故进行应急处理。因此本案中某物业公司应对屋空调风机盘管供水管锈蚀没有及时发现、维护具有过错，应当承担赔偿责任

2. 业主装修时的改动是否免除物业服务公司的保障责任

本案中某国际公司主张两被告共同的侵权行为导致了损失，因此应当承担连带赔偿责任。那么，何种情形下业主会对漏水事故具有过错呢？比如本案中漏水的管道与业主装修改动的管道不在同一间房屋，业主的装修行为不成为漏水事故的原因。又比如业主无不正当使用方式，且在装修时履行报告、验收程序，就能够证明对漏水事故没有过错。因此，如无其他证据证明业主的过错，则业主不承担赔偿责任。

三、专家建议

物业安全不仅影响到房屋内人身和财产的安全，更会影响到公共空间以及其他房屋的安全。因此，物业服务公司在平时检查和维护物业及其设备设施的过程中要格外注意，尤其是涉及使用年限较长的管道更要定期检查安全、做好维护，否则一旦发生故障、事故造成人身或财产损失，将会产生比平时检修更大的成本。业主在平时使用、维护设备设施时，以及涉及装修、挪动空调等管道时，要注意履行报备手续并通知有资质的企业以及物业服务公司验收。只有业主和物业公司共同努力，才能守护物业安全并避免安全事故。

四、关联法条

《中华人民共和国侵权责任法》第六条、第八条、第十九条，《最高人民法院关于人民法院民事诉讼中委托鉴定审查工作若干问题的规定》第九条，《最高人民法院关于民事诉讼证据的若干规定（2019 修正）》第三十一条、第三十七条，《物业管理条例（2018 修正）》第二条、第五十二条。

业主委员会有权禁止共享单车进入小区吗？

共享单车解决了公共交通"最后一公里"的难题，同时也给城市以及社区治理带来了新的问题。共享单车的理念是服务一定区域的全体使用者，共享单车停放在小区内不仅可能扰乱小区道路的停车秩序，也影响了其他人享有的使用共享单车的权利，不能使共享资源最大化。对此，很多社区以及单位都限制共享单车进入，共享单车运营公司也针对规范停车问题对用户进行开锁语音提示和 APP 提示。那么，作为小区物业的管理者，物业服务公司有权依据物业服务合同和业主委员会决定限制共享单车进小区吗？这种限制构成对共享单车使用权利的侵害吗？

一、案例简介

（一）基本案情

原告常某某儿子常某是南京市秦淮区某住宅小区的业主，房屋实际由常某某居住、使用，2017 年 8 月 28 日，某小区业主委员会在政府备案登记；2018 年 9 月 30 日，为确保国有企业职工家属区"三供一业"分离移交工作有效、平稳衔接，街道办事处、某小区居委会、南京某物业管理有限责任公司（以下简称某物业公司）等签订包括某小区在内的"物业管理扶助协议"，约定委托某物业公司进行物业托管；其中"物业管理托管合同"约定，某物业公司负责管理、维护公共秩序，包括对车辆停放进行管理以及对违反"业主规约"的业主、物业使用人采取劝阻、制止等措施；2018 年 11 月 16 日，某小区业主委员会成员、街道办、居委会以及某物业公司等代表作出关于物业管理的"会议纪要"，明确某物业公司不要让共享单车进入小区；2019 年 4 月 1 日，南京某物业公司依据前述"物业管理扶助协议""物业管理托管合同"，正式进入某小区开展物业管理服务。

法院另查明，2017 年 7 月 19 日，南京市交通运输局等三部门印发的《关于引导和规范互联网租赁自行车发展的意见（试行）》规定，企业与注册用户签订的服务协议中应当明确注册用户负有规范停放等义务，2019 年期间，在南京市运营的共享单车均在手机 APP 中进行了规范停放的提示，常某某所骑行的共享单车 APP 提示为"请将单车停放在路边公共停车处"。[①]

（二）法院裁决

一审法院认为，某物业公司工作人员履行物业管理职能，阻拦常某某骑共享单车进小区，常某某以此为由主张自己合法权益被侵犯，双方主体适格。但是常某某将共享单车骑入小区违背了小区的管理规约，突破了本市共享单车有序运营的规范，影响了小区环境秩序，损害了小区其他业主和某物业管理公司的合法权益，因此常某某将共享单车骑入小区并非其合法权益。而某物业公司依据合同履行职责的行为符合小区自治管理规定和政府关于规范共享单车的指导性意见精神，因此某物业公司不构成侵权。一审法院认为常某某的诉讼请求没有法律依据，就此驳回了常某某的诉讼请求。

二、以案说法

本案的争议焦点主要有两个，一是物业使用人和物业服务公司是否为适格诉讼主体；二是物业服务公司限制业主骑共享单车进入小区是否侵害合法权益。

（一）物业使用人和物业服务公司是否为适格诉讼主体

1. 物业使用人可否主张权利被侵害

根据《民法典》第二百七十四条规定，建筑区划内的绿地和道路都属于业主共有，因此共享单车在小区骑行、停放必然占用业主共有的道路、场地等。而限制或允许共享单车进入小区涉及业主行使自治权，应由业主大会或业主委员会自主决定，也体现

[①] 详情可参见江苏省南京市秦淮区人民法院（2019）苏 0104 民初 7856 号判决书。

了对业主的权益的保护。又根据《物业管理条例（2018 年修正）》第四十七条，物业使用人应当享有业主的权利。因此本案中常某某虽然仅为常某名下房屋的物业使用人，但是其可以在业主的权利基础上主张权利被侵害的救济，属于适格原告。

2. 物业服务公司是否为适格被告

某物业公司依据"物业管理扶助协议""物业管理托管合同"，进入某小区开展物业管理服务，进而依据业主委员会"会议纪要"等有关决定的要求，履行工作职责。根据《民法典》第一千一百九十一条规定，用人单位的工作人员或者被派遣的工作人员执行职务造成他人损害的，由用人单位或接受劳务派遣的用工单位承担责任，因此本案中物业公司是适格的被告。

（二）物业服务公司限制共享单车进入小区构成侵权吗

根据《民法典》第一千一百六十五条，侵权行为是一种有过错的侵犯他人权力和利益、违反公共行为规范、为社会不容许的不正当行为。

1. 限制共享单车进小区的行为是否具有违法性

交通运输部等十部门印发的《关于鼓励和规范互联网租赁自行车发展的指导意见》已经对规范停车作出了规定，本案中南京市交通局等部门也已经对共享单车按区域和点位规范停放作出指导性意见，共享单车经营企业也积极响应，并在手机 APP 中作出明确提示。因此使用者常某某应按照政府规定以及共享单车经营企业的运营规范要求骑行、停放。同时根据《民法典》第二百八十条，某小区依照正当程序选举备案的业主委员会作出的决议应当被全体业主和物业使用人遵守，因此限制共享单车进入某小区也是物业公约中规定的行为。而违反法规、行业规范以及社区自治规范的行为不属于被保护的合法利益。

2.限制行为是否侵害常某某权益构成损害

常某某违反公共政策规定、违反共享单车使用规范并且违背小区自治管理规定，因此将共享单车骑入小区并非法定的权利；相反，工作人员阻拦常某某将共享单车骑入小区是维护公共行为规范的行为，不构成损害他人利益。常某某不规范停放共享单车的行为如果被允许，将导致小区环境秩序的混乱，进而损害广大业主的合法利益。

三、专家建议

业主属于业主大会的成员之一，既享受了业主团体管理物业等服务的便利，也要服从业主团体制定的规约。业主大会以及依据正当程序选举备案的业主委员会作出的决定，不违反法律法规的，应当被业主和物业使用人遵守。业主认为业主大会或者业主委员会的决定侵害合法权益的，可以请求人民法院对该决定予以撤销。同时，物业服务公司与业主、物业使用人各方主体之间应相互理解，共建和谐美好的社区生活环境。

四、关联法条

《民事诉讼法》第一百二十二条，《民法典》第一百三十一条、第一百三十二条、第一千一百九十一条，原《中华人民共和国物权法》第七十三条、第七十八条，原《中华人民共和国侵权责任法》第六条第一款，《物业管理条例（2018年修正）》第十二条第四款和第五款、第十七条、第四十七条。

业主可否以未实际居住等理由拒交物业费?

广泛的物业服务合同纠纷类型中,因业主不支付物业费被物业服务公司起诉到法院的案件占比较大,而业主不支付物业费提出的普遍的抗辩理由包括:不满意物业公司的部分服务质量;房屋并没有居住,也没有享受到物业服务;没有签订物业服务合同等。那么业主这些"合理"理由会得到法院支持吗?此外,从物业服务公司的角度,业主欠缴物业费后,物业服务公司可以起诉一并要求支付高额滞纳金吗?更有甚者,物业服务公司有权采取断水断电的方式催交物业费吗?

一、案例简介

(一)基本案情

原告天津市某物业管理有限公司(以下简称某物业公司)为二级物业服务公司,其 2009 年 8 月 20 日与天津某置业有限公司签订了《天津市住宅前期物业服务合同》,约定由某物业公司为某置业公司开发建设的某小区提供物业服务。物业服务合同约定自 2009 年 8 月 20 日始至业主大会与物业服务公司签订的物业服务合同生效之日终止,物业服务费采取包干制,按照住宅房屋建筑面积每月每平方米 0.8 元交纳,业主逾期交纳的,从逾期之日起按应交物业管理服务费的万分之八交纳滞纳金。

被告李某某为某小区业主,其办理房屋交付手续时已签订《物业管理服务合同确认书》,确认已阅读前期物业服务合同的条款,并理解、认同该条款内容,同意严格遵守。李某某向某物业公司交纳入住后第一年的物业费后再未交纳物业费。某物业公司曾通过电话、书面催告以及快递的形式通知李某某交纳物业费，但李某某始终未予交纳。2015 年 8 月，某物业公司诉至法院请求李某某给付拖欠的物业服务费。[①]

（二）法院裁决

1. 一审判决

一审法院认为在业主、业主大会选聘物业服务企业之前，原、被告之间的物业管理服务合同关系已为《天津市前期物业管理服务合同》以及业主确认书所证实，合法有效，受法律保护。双方均应按照合同约定和相关法律法规的规定履行各自义务，某物业公司按约向李某某提供了物业服务，李某某应按约向某物业公司履行付款义务。另外，某物业公司作为服务企业应充分考虑业主的各项需求且某物业公司不能保证其物业服务尽到 100% 水准，因此酌定李某某支付拖欠物业费的 90% 给某物业公司。

二、以案说法

本案的争议焦点主要有两个，一是业主能否以物业服务不符合标准、未实际居住为由主张不交物业费的抗辩权；二是物业服务公司能否主张未交物业费的滞纳金以及采取断水断电措施催交物业费。

（一）业主是否享有不交物业费的抗辩权

1. 能否以未签物业服务合同抗辩

根据《民法典》第九百三十九条，前期物业服务合同是房地产公司在小区尚未召开业主大会、未能通过业主大会选举产生业

主委员会聘请物业公司对小区进行管理的情况下代表全体业主签订的，该合同对小区的业主具有约束力。且本案中物业服务公司事实上履行了前期物业管理服务合同的义务，对小区进行了管理，业主也接受了服务，双方之间成立物业服务合同关系，因此业主应履行交纳物业费义务。

2. 能否以未实际居住、未享受物业服务抗辩

原《最高人民法院关于审理物业服务纠纷案件具体应用法律若干问题的解释》第六条以及《民法典》第九百四十四条都规定，如果物业服务企业已经按照前期物业服务合同或者新物业服务合同的约定和相关规定提供服务，业主仅以未享受或者无须接受相关物业服务为抗辩理由的，法院将不予支持。

3. 能否以物业服务未达标准为由抗辩

对此，需要证明物业服务公司不履行物业服务合同，或者履行合同存在重大瑕疵，比如，因为房屋质量问题还未交房，物业费应由开发商缴纳；物业公司提供的服务质量未达物业合同约定的标准；物业公司擅自增加收费项目、扩大收费范围、提高收费标准，等等。对此，全体业主可以通过选举、登记备案的业主委员会行使救济权利或者解除物业服务合同，聘任新的物业服务公司。

（二）物业服务公司能否对业主不交物业费采取反制措施

1. 物业服务公司能否采取断水断电措施

根据《民法典》第九百四十四条，水电暖是业主基本的生活必需品，如果采取切断供应将构成对业主生存权、健康权等基本人格权利的限制，因此物业服务公司禁止以断水、断电等方式催交物业费。

2. 物业服务公司能否主张欠交租金的滞纳金。《民法典》第

四百六十七条和第六百四十六条均规定了参照适用的规则，因此，即使物业服务合同没有约定逾期缴纳物业费的滞纳金，物业服务公司也可以一年期贷款市场报价利率主张逾期交纳物业费的违约金；同时，如果物业服务合同约定的滞纳金过高，业主也可主张过高并请求法院参照前述报价利率酌减违约金。

三、专家建议

针对物业服务公司服务存在瑕疵的情况，业主应当选择正常的维权途径，不应采取拖欠或者拒交物业费的方式，不仅可能产生违约金还可能影响小区其他物业公共服务的正常开展。如涉及小区整体物业服务存在问题，业主可通过业主委员会或代表与物业公司进行沟通，督促其改善并完善物业服务质量，或可通过法定程序行使合同解除权并选聘新的物业公司。如因物业公司违约给个别业主造成损失的，业主应注意保存证据，通过协商或者诉讼的方式要求物业公司承担责任。物业服务企业应依据合同约定全面履行自己的义务，增强服务意识，提高服务质量，与业主加强沟通，多听取和及时采纳业主提出的合理建议，为小区提供优质的服务。

四、关联法条

《民法典》第六百四十六条、第九百四十条、第九百四十四条、第九百九十条，《最高人民法院关于审理买卖合同纠纷案件适用法律问题的解释（2020 年修正）》第十八条第四款，《物业管理条例（2018 年修正）》第七条第 5 项、第十一条第 4 项、第十二条、第六十四条。

小区公用空间和房屋属于全体业主吗？

我国商品房销售的面积计算单位都是建筑面积，而建筑面积不仅包括套内建筑面积，还包括分摊的公用建筑面积。按照规定，分摊的共有建筑面积内容不仅包括电梯井、楼梯间、设备间、公共门厅、过道等附属于业主专有的建筑面积而不可分割的部分，还包括独立于业主专有的建筑面积并可以产生收益的停车位、公共场所和物业服务用房等部分。随着这部分全体业主共有或共同管理的公共空间和房屋产生愈来愈大的商业价值，围绕这部分房屋和空间的占有、使用、收益、处分等权利的归属产生的争议也不断涌入法院。

一、案例简介

（一）基本案情

南天某小区是某城建公司于 20 世纪 80 年代末开发的商品房住宅小区，小区内有三栋住宅楼（以下简称大厦），所有大厦底层均规划为公共开放空间（以下简称架空层）。某小区内还规划配套有两栋小楼。某城建公司擅自改变架空层的设计功能，将架空层违章改建成商业铺位，委托某物业公司对外出租以牟利。

2002 年 11 月 10 日，南天某小区业主大会通过决议授权业主委员会通过诉讼维护权利，业主委员会起诉要求拆除违章建筑、恢复底层为公共开放空间，确认公用配套的两栋小楼所有权属于全体业主并返还，并按照政府指导租金标准赔偿损失。

再审法院另查明，2003 年 9 月 23 日深圳房管局依某城建公司申请对两栋小楼进行了初始登记和分户登记并颁发了房地产证书，后该登记因业主提起的行政诉讼被撤销，但行政诉讼二审法院同时指出，撤销不等同于案涉房屋土地使用权归属于业委会或全体业主。①

（二）法院裁决

1.一审判决

一审法院认为架空层已由政府主管部门确认为违法建筑并已强制恢复原状，相关出租收益亦属于违法所得，由政府部门一并处理。而大厦配套的两栋小楼不属于全体业主建筑面积分摊的范围，不属于全体业主共有，因此驳回了原告的全部诉讼请求。

2.终审判决

二审法院认为架空层是大厦的附属设施，属于全体业主共同使用，因此判决某城建公司与某物业公司共同赔偿全体业主经济损失 145 万元；两栋小楼不属于大厦的附属设施，由某城建公司出资建设而全体业主未支付两栋小楼的对价，且未纳入公共建筑面积分摊的范围，因此不属于全体业主共有。

二审法院判决生效后，业主委员会就两栋小楼的所有权归属以及由此产生的损失赔偿向最高院申请再审。再审法院认为，两栋小楼已经由某城建公司补交地价款，虽然初始登记因程序问题被撤销，但不影响某城建公司依法再次申请取得合法权利；且不属于建筑物区分所有的范围，亦不能按照《法定图则》和规划设计用途推断权利归属，因此驳回了再审申请。

---

① 详情可参见广东省高级人民法院（2010）粤高法民一终字第 114 号判决书。

二、以案说法

本案是常见的业主起诉开发商要求返还小区公共用地的所有权和使用收益的侵权纠纷，其中不仅涉及业主委员会能否作为诉讼主体的程序法问题，还涉及对小区公共空间、配套房屋权属确认的实体法问题。

（一）业主委员会代表业主大会参加诉讼，主体是否适格

本案一审过程中被告答辩首先就对南天某小区业主委员会提起诉讼的主体资格提出了质疑，对此一审法院认可了业主委员会的诉讼主体，主要的依据是：《民事诉讼法》及其解释规定了合法成立、有一定的组织机构和财产的其他组织，虽不具备法人资格但是也可以作为民事诉讼的当事人，原《物权法》和现《民法典》规定了业主委员会面对诸种侵权行为有权依照法律法规等要求行为人停止侵害。虽然法律法规并未明示业主委员会的诉讼主体资格，但既然法规赋予业主委员会一定范围内的权利义务，就应当赋予诉讼主体地位以保障权利的行使。

司法文件中，最高院给安徽省高院的两个复函〔2002〕民立他字第46号、〔2005〕民立他字第8号从个案层面分别确认了业主委员会的原被告诉讼主体资格；2007年上海市高院《业主委员会行政诉讼主体资格解答》规定业主委员会在规划许可等行政案件中的主体资格；2009年最高院先后发布《建筑物区分所有权纠纷解释》第十二条和《物业服务纠纷案件解释》第二条也确定了诉讼主体资格。

（二）大厦架空层的使用权归属、配套两栋小楼的所有权归属及其依据

1. 大厦架空层的使用权归属

原《物权法》第七十条规定了业主对专有部分享有所有权，

对专有部分以外的共有部分享有共有和共同管理权，由此形成了建筑物区分所有权的三分立场。本案中原被告双方即是对共有部分的范围以及确定的标准和依据产生了争议，被告方认为架空层虽然登记在了三栋大厦的建筑面积中，但是销售给全体业主的建筑面积并未包括架空层的面积，国土局的复函也确认架空层未参加公用面积分摊。但是否参加公用面积分摊仅是确定共有部分的标准和依据，因为共有部分具有从属性以及不可分割性，因此参加面积分摊，而业主共同管理部分的范围则是通过原《物权法》第七十三条通过列举加概括兜底的方式进行规定的，本案中大厦架空层不属于全体业主的共有分摊部分，也不属于被告公司所有，就应当作为全体业主共同管理的范围。

2. 大厦配套服务用房的所有权归属

大厦配套服务用房的所有权确定的依据主要是建筑物区分所有权的法律、司法解释，以及规划设计文件乃至政府主管部门的复函。首先是"房地一致"原则及其例外，根据原《物权法》第一百四十二条规定，建设用地使用权人建造的建筑物等设施的权属应当归属于建设用地使用权人，但是如果有相反证据的除外。即如果配套用房所占用地面积已经分摊了宗地面积，并由开发商与政府主管部门签订协议、补交了地价款，全体业主就拥有了取得配套用房的合法权利，否则房屋权属就应当属于建设用地使用权人。其次是配套用房的规划设计如果属于独立的商业服务楼，就不属于原《物权法》第七十三条规定的属于业主共有的物业服务用房。

三、专家建议

随着社会的发展，商品房公摊部分从业主买房时的负担正逐渐成为增加业主收入的一大来源，产生纠纷后开发商因为掌握更多与建设相关的文件资料往往具有优势地位，对此业主也应当通过合法程序选举业主委员会维护权利。对于不参与公摊的空间、不属于物业用房的房屋以及其他公共场所等权属界定模糊的事项，开发商、物业公司以及全体业主往往各执一词、互不相让，此类纠纷的产生既存在建设领域相关规范不完备的历史背景，也有法律、司法解释尚未有细致化的规定的现实阻力，因此需要业主、业主委员会、开发商和物业公司等主体事前周全的安排以及事后友好的协商共同解决。

四、关联法条

《民事诉讼法（2021年修正）》第五十一条，《物业管理条例（2018年修正）》第十五条，原《中华人民共和国物权法》第七十条、第七十三条、第八十三条、第一百四十二条，《最高人民法院关于审理建筑物区分所有权纠纷案件适用法律若干问题的解释（2020年修正）》第二条、第三条、第十二条。

孕妇因电梯事故早产能否向物业管理者索赔？

电梯是高层小区、商场中经常见到和用到的升降工具，乘坐者在享受其便利的同时也可能因电梯出现故障受到损害。如果孕期妇女乘坐电梯时因电梯出现故障受到惊吓，导致腹中胎儿早产，毫无疑问出生后的婴儿具有向侵权人主张赔偿胎儿时期遭受损害的权利，因为《民法典》专编规定了生命权、健康权等人格权的保护，并规定胎儿视为具有民事权利能力，因此父母可以代理婴儿索要赔偿。而小区物业管理服务公司负有对电梯的检查、维护、保养和确保电梯安全运行的职责，其不能证明对电梯的意外故障没有过错时就应当承担赔偿责任。

一、案例简介

（一）基本案情

某开发公司为某小区 10 号楼的开发商，某物业公司为 10 号楼的物业管理服务公司，于某为 10 号楼 2702 号住户。2013 年 8 月 22 日晚 21 时许，怀孕 35 周左右的于某乘坐西边电梯回家，该电梯连续两次出现运行至 3 层左右时即下坠、后缓缓降至 1 层的现象，于某后来乘坐东边电梯回到家后就感到腹部不适。

2013 年 8 月 24 日，于某在黄河医院被诊断为胎膜早破、先兆早产，当天办理住院两日后顺产生育一子王某某。王某某出生当天即因新生儿肺炎、早产儿脑损害等 8 项疾病住院 22 天，共花费 1 万余元，王某某在出院后 6 个月内接连因主要诊断脑损伤、脑损伤（缺氧性），其他诊断急性咽喉炎等办理 7—23 天不等的 4 次住院。

后王某某父母以某开发公司负有提供安全可靠的房屋及附属设施的义务、某物业公司负有保障电梯安全使用的义务为由，起诉二被告为王某某的共同侵权人，要求二被告连带赔偿王某某历次医疗费等共计 6 万余元。二被告不同意原告的全部诉讼请求，其中某开发公司认为自己不是电梯的所有权人，也不负担电梯的管理、使用职责，全体业主对电梯享有所有权；某物业公司认为于某在电梯出现故障后再次乘坐、事发后第三天才去医院就诊，应承担相应的责任，并认为王某某第一次住院治疗出院后就已经病愈。①

---

① 详情可参见河南省三门峡市中级人民法院（2015）三民终字第 00324 号。

（二）法院裁决

1. 一审判决

一审法院认为电梯的管理者、维护者为某物业公司，某开发公司无其他过错不应当承担责任，某物业公司应当承担王某某第一次住院的医疗费、住院伙食补助费、营养费等，并赔偿王某某精神抚慰金 5000 元。但王某某第一次住院外的治疗以脑损伤（缺氧性）为主，现有证据不能证明该损伤是由某物业公司管理的电梯下坠所导致，因此没有支持王某某该部分请求。

2. 终审判决

二审法院认为，尽管某物业公司辩称公司严格按照相关规定对电梯进行了年检、维护和保养，但电梯发生意外坠落且某物业公司不能证明自身没有过错，即说明某物业公司未确保电梯安全运行，应当承担赔偿责任，遂对一审判决予以维持。

二、以案说法

本案是一起普通的民事侵权案件，却涉及《民法典》颁布之前通过法律解释以实现对胎儿未出生前人格权的延伸保护问题，此外还涉及物业公司对电梯故障有无过错的证明责任承担问题。

（一）《民法典》及之前的法律对胎儿利益保护的规定

《民法典》颁布之前并无对侵害胎儿利益保护的实证法规定。如原《民法通则》第九条规定："公民从出生时起到死亡时止，具有民事权利能力，依法享有民事权利，承担民事义务。"并无关于胎儿利益的延伸保护。审判实践中通行的观点也都认为，自然人取得民事权利的前提条件是"出生"，即胎儿脱离母体且为活体时，才享有法律上自然人的民事权利，胎儿在损害发生时尚未出生就不能作为法律上的自然人享有民事权利。即，虽然胎儿的损害确由他人侵权行为引起的，但针对胎儿的侵权行为同其他侵权行为相比具有如下特点而存在特殊性：一是侵权行为通过母体间接影响胎儿；二是损害事实须等到出生才能确定；三是侵权行为发生于受孕后出生前的时间；四是以胎儿娩出时为活体为前提。

原《民事侵权精神损害赔偿解释》第三条就规定了死者人格利益的保护，原《继承法》第二十八条规定了胎儿继承份额的保留，可以通过对法律的体系解释认为包括保护胎儿的人格利益，且《民法典》已经补充了胎儿利益保护规定的不足。《民法典》起草者认为，胎儿尚未与母体分离，不是独立的自然人，不能依据民事权利能力的一般规定进行保护，因此法律有必要对胎儿利益作出特别规定。[①]

（二）小区电梯故障过错责任的证明问题

根据原《侵权责任法》第八十五条规定："建筑物、构筑物或者其他设施及其搁置物、悬挂物发生脱落、坠落造成他人损害，所有人、管理人或者使用人不能证明自己没有过错的，应当承担侵权责任。所有人、管理人或者使用人赔偿后，有其他责任人的，有权向其他责任人追偿。"因此，建筑物附属、配套的设施发生脱落、坠落致人损害的，推定义务人有过错，义务人不能证明对事故发生没有过错的应首先承担赔偿责任，但可以向其他责任人追偿。

根据原《物权法》第七十九条规定，电梯属于建筑物的附属设施；且根据《物业管理条例》第二条规定，物业服务公司负有

---

① 黄薇主编：《中华人民共和国民法典总则编释义》，法律出版社2020年版，第46—50页。

对建筑物附属设施维修、养护、管理的义务；因此本案中物业管理公司辩称已经按照规定年检、定期维修，但是并不能证明其对本案中引起胎儿损害的电梯故障没有过错，因此仍应当承担责任。

三、专家建议

乘客乘坐电梯时，如发现电梯有异常反应，应当立即远离并及时报告，以免因电梯意外事故造成自身损害；乘客遇到事故后如有身体不适应当立即就医，并保存相关证据。电梯管理者应当首先严格按照国家标准、产品特点以及服务合同的要求做好安全检修以及定期维护工作，并做好维修记录；其次可要求厂家对产品保修以及承担产品最终责任，以便实现赔偿责任后的追偿；最后还可以通过购买保险的形式，实现发生意外事故后的损失分担。

四、关联法条

《民法典》第十六条，《中华人民共和国侵权责任法》第八十五条，《中华人民共和国物权法》第七十九条，《中华人民共和国民法通则（2009年修正）》第九条，《物业管理条例（2018年修正）》第二条，《最高人民法院关于审理人身损害赔偿案件适用法律若干问题的解释》第十七条。

●建设工程合同纠纷

挂靠关系对分包合同效力的影响

该案系典型的建设工程分包合同纠纷，争议发生后，总包方向人民法院起诉要求分包方支付因分包方非法转包与工程延期而应承担的违约金及损失。该案由最高人民法院二审，总包方与分包方之间存在哪些争议，针对这些争议，法院是如何处置的，下文将予以解析。

一、案件简介

（一）基本案情

1. 当事人情况

（1）总包方：某建投集团股份有限公司（以下简称 A 公司）；

（2）分包方：某股份有限公司（以下简称 B 公司）；

（3）分包方的子公司：某有限公司（以下简称 b 公司）；

（4）挂靠方（实际施工人）：某轨道有限公司（以下简称 D 公司）。

2. 基本案件事实

A 公司牵头组织联合体竞标某高速公路工程，中标后，与业主签订总承包合同，并将部分标段分包给 B 公司。签订分包合同后，B 公司交由其子公司 b 公司负责施工，b 公司又交由其挂靠单位 D 公司实际施工。案涉工程于 2011 年 4 月 30 日开工，计划完工日期为 2013 年 8 月 15 日，实际交工验收时间为 2015 年 11月 27 日，历时 1673 天，合同工期为 840 天，逾期 833 天。因工程逾期致 A 公司受到经济损失，A 公司向法院起诉要求 B 公司承担因工程延期致其所受经济损失，包括违约金与其他损失。一审过程中，法官向 A 公司释明，因工程延期涉及多个标段，而 B 公司仅承担部分标段施工任务，故该部分逾期损失应当通过鉴定确定，A 公司明确表示不同意进行司法鉴定。一审法官以证据不足为由驳回其诉讼请求，二审维持。

二审过程中，B 公司提交《中间交工证书》，显示其完工交付验收的最后时间为 2015 年 5 月 30 日，并进一步证明该工程整体逾期周期少于 A 公司主张的逾期时间，二审予以审减。

（二）法院裁决

1. 一审判决：（1）B 公司向 A 公司支付逾期交工违约金 734 万元；（2）驳回 A 公司的其他诉讼请求。

2. 二审判决：撤销一审判决第（2）项；变更一审判决第（1）项为：B 公司向 A 公司支付逾期交工违约金 372 万元；驳回 A 公司的其他诉讼请求；驳回 B 公司的其他上诉请求。

二、以案说法

（一）争议焦点一：关于《工程施工承包合同》是否合法有效

A 公司：《工程施工承包合同》合法有效；

B 公司：《工程施工承包合同》因实际施工人非法分包、挂靠等事实应当归于无效。

法官：依据原《中华人民共和国民法总则》（2017 年施行）第一百四十六条的规定，"没有资质的实际施工人"作为行为人借用他人资质与相对人的签约行为，只有双方具有共同的虚假意思表示，所签协议才属无效，即相对人须明知或者应当知道实际施工人没有资质而借用他人资质与己签约。就此而言，实际施工人与被借用资质的建筑施工企业之间就借用资质施工事宜签订的挂靠或类似性质的协议，即所谓的对内法律关系，依法应属无效；而实际施工人借用被挂靠人资质与发包人就建设工程施工事宜签订的协议，即对外法律关系是否无效，则需要根据发包人对于实际施工人借用资质承包工程事宜是否知道或者应当知道进行审查判断；若发包人知道或者应当知道，则所签协议无效，反之则协议有效。

也就是说，总承包方明知或者应当知道分包方存在挂靠、非法转包情况仍然与之签订合同的，分包合同无效。此时，根据谁主张谁举证的原则，举证责任在主张合同无效的一方。

（二）争议焦点二：关于违约金及损失

A公司：按照工程整体延期时长计算分包工程延期时长，进而主张违约金与损失。

B公司：工程整体延期牵涉多个分包项目，应当按照B公司实际分包的工程专门计算延期时长，进而计算违约金与损失。

法官：关于逾期损失，经释明总包方仍然不申请司法鉴定，以证据不足驳回总包方诉讼请求；关于违约金，由于分包方举证证明其实际延期时长低于总包方主张的时长，对总包方请求的违约金予以酌减。

也就是说，分包合同与总包合同之间的独立性是客观存在的，不因合同约定而改变。当工程陷入延期时，具体分包工程之间对总体项目延期时长的影响力也有所不同。因此，不宜以总体项目延期时长直接计算分包工程延期造成的损失。

三、专家建议

（一）施工企业应当加强工程管理，保留相关文件资料

工程管理过程中形成的书面证明材料是建设工程合同纠纷争

议解决的重要依据，也是法官用以确认并分配损失的关键证据，应当受到总包方与分包方的重视。在本案中，B公司提交《中间交工证书》，证明其延期时长与工程整体延期时长的独立性，从而在二审中促成违约金的审减。从本案的提举材料来看，A公司没有对分包项目进行单独的项目工期管理，故而在履行证明责任过程中陷入被动地位。

（二）施工企业应当重视司法鉴定的作用

A公司经法院释明仍然未申请司法鉴定。由此，其工程整体延期造成的实际损失无法被具体分配到每个分包项目，这是其损失赔偿请求没有能够获得法院支持的重要原因之一。在诉讼过程中，施工企业应当结合实际情况，重视司法鉴定对案件事实的确认作用，进而降低因证据不足导致请求被驳回的诉讼风险。

四、关联法条

《合同法》第一百零七条、第一百一十四条、《中华人民共和国建筑法》第二十九条，《最高人民法院关于审理建设工程施工合同纠纷案件适用法律问题的解释（一）》第一条。

合同无效情形下建设工程价款
优先受偿权行使的案例分析

近20年来，我国经济日新月异、蓬勃发展，基础设施建设、房地产开发等项目在全国范围内如火如荼地展开。一座座高楼拔地而起，城市化进程不断加快，人民生活质量持续提高。但在高楼的背后，建设工程纠纷案件数量骤增，其中工程款纠纷因其往往涉及施工单位和广大农民工群体切实利益，在司法实践中深受重视。本书中，笔者通过分析最高人民法院（2020）最高法民终774号判决，对涉及工程款的一项重要权利——建设工程价款优先受偿权展开论述。关于建设工程价款优先受偿权的讨论观点众多，其中建设工程合同效力是否影响建设工程价款优先受偿权行使问题，在理论界尚有争议，本书基于此，与读者分享、讨论相关观点。

一、案件简介

（一）基本案情

本案建设单位：某房地产开发有限公司（以下简称H公司）；施工单位：某建设有限公司（以下简称W公司）；

H公司与W公司于2016年底签订《施工总承包框架协议》，约定甲方H公司将S项目工程委托给乙方W公司施工，双方同时约定，在项目施工图纸设计完成并经审查合格后签订施工总承包合同。由于涉案建设项目涉及商品住宅且包含拆迁安置房，合同标的金额较大，按照当时招投标规定必须进行招投标。2017年7月，W公司向H公司递交投标函，同月，H公司向W公司发出中标通知书，双方签订《建设工程施工合同》。S项目一期工程开始施工。

2018年5月，H公司对S项目二期施工进行招标，W公司提出异议，认为H公司应履行《施工总承包框架协议》约定，由W公司继续负责S项目二期施工。H公司未停止招标活动，并于同月底，向第三方发出中标通知书。2018年6月，W公司对S项目一期工程全面停工，双方协商未果后，H公司通知W公司解除S项目项目一期工程的全部施工合同及施工协议。

W公司向河南省高级人民法院起诉，请求H公司支付工程款、返还履约保证金并支付利息；W公司对H公司S项目一期工程折价或拍卖价款享有优先权等。一审过程中W公司申请鉴定。一审法院认定双方签订的《施工总承包框架协议》《建设工程施工合同》违反《中华人民共和国招标投标法》（以下简称《招投标法》），为无效合同；W公司在××元工程价款范围内对H公司S项目一期××部分折价或拍卖价款享有优先权等。

双方均上诉，二审法院撤销原判决，对工程款等金额重新认定，未改变关于无效合同和W公司行使工程价款优先受偿权的认定。

（二）法院裁决

1.一审判决（部分省略）：（1）W公司在××万元工程价款范围内对H公司S项目一期××部分折价或拍卖价款享有优先权；（2）驳回W公司其他诉讼请求。

2.二审判决（部分省略）：（1）撤销一审判决。（2）W公司在××万元工程价款范围内对H公司S项目一期××部分折价或拍卖价款享有优先权；（3）驳回W公司其他诉讼请求；（4）驳回H公司上诉请求。

二、以案说法

本案争议焦点有三：一是双方签订的《施工总承包框架协议》效力问题；二是欠付工程款及利息数额的认定；三是W公司诉请工程款优先受偿权是否应予支持。其中，争议焦点二主要涉及案件事实及鉴定结果等问题，本书不做详细描述，着重分析合同效力问题及工程款优先受偿权问题。

（一）关于《施工总承包框架协议》是否合法有效

法院认为：本案中，案涉S项目系商业、住宅及配套建筑，依据《招标投标法》第三条以及当时生效的《工程建设项目招标范围和规模标准规定》第三条的规定，涉案项目属于必须进行招投标的项目。双方未经招投标程序，2016年12月签订《施工总承包框架协议》，W公司进场施工，双方又于2017年履行招投标手续并签订了《建设工程施工合同》。该《施工总承包框架协议》违反《招投标法》规定，根据《合同法》《最高人民法院关于审理建设工程施工合同纠纷案件适用法律问题的解释》第一条规定，应为无效合同。

应该说，建设工程必须进行招标而未招标或中标无效的，施工合同无效。《招标投标法》《必须招标的工程项目规定》等法律法规均对必须进行招标的工程类型及范围作出规定。其中，中标无效情况主要包括：（1）投标人相互串通投标或者与招标人串通投标的，投标人以向招标人或者评标委员会成员行贿的手段谋取中标的；（2）投标人以他人名义投标或者以其他方式弄虚作假，骗取中标的；（3）依法必须进行招标的项目，招标人违反本法规定，与投标人就投标价格、投标方案等实质性内容进行谈判且影响中标结果的，等等。

本案中，案涉项目属于必须进行招标的工程，H公司与W公司未经招投标程序签订《施工总承包框架协议》，又于《施工总承包框架协议》签订后履行招标手续，属于与投标人就投标价格、投标方案等实质性内容进行谈判且影响中标结果的情况，中标结果无效，故《施工总承包框架协议》无效。

（二）W公司诉请工程款优先受偿权是否应予支持的问题

法院认为：一审法院认为虽然双方签订的协议无效，W公司也未对工程施工完毕，但W公司是与发包人H公司订立建设工程施工协议的承包人，有权根据原《合同法》第二百八十六条规定请求其承建工程的价款就工程折价或拍卖的价款优先受偿。但部分物业用房不属可折价或拍卖的范围，依照《最高人民法院关于建设工程价款优先受偿权问题的批复》第二条规定，W 公司享有的工程价款优先受偿权也不得对抗已全部或者大部分支付了购房款的房屋买受人。

二审法院认为，建设工程价款由成本（直接成本、间接成本）、利润（酬金）、税金构成。根据原《合同法》第二百八十六条规定，承包人就发包人欠付的工程价款对该工程折价或者拍卖的价款享有优先受偿权。本案中，发包人 H 公司尚欠付承包人 W 公司 500 万元工程款，W 公司在欠付的 500 万元工程价款范围内对 S 项目部分建筑折价或拍卖价款享有优先受偿权符合法律规定。此外，建设工程施工合同无效并不意味着债权消灭，建设工程施工合同的效力亦不影响承包人行使优先受偿权。

原《合同法》第二百八十六条、《民法典》第八百零七条均对承包人就该工程折价或者拍卖的价款享有优先受偿权作出规定。《民法典》第七百九十三条规定：建设工程施工合同无效，但是建设工程经验收合格的，可以参照合同关于工程价款的约定折价补偿承包人。由此可见，建设工程合同类似特殊的承揽合同，承包人交付工程验收合格，则发包人应当支付相应报酬，合同无效不影响双方债权债务关系。故交付验收合格的已完工之承包人享有合法工程款债权，根据相关法律法规规定，其应当享有建设工程款优先受偿权，与合同效力无关。

同时应注意，《最高人民法院关于审理建设工程施工合同纠纷案件适用法律问题的解释（二）》第二十二条规定：承包人行使建设工程价款优先受偿权的期限为 6 个月，自发包人应当给付建设工程价款之日起算。故实践中应关注行使建设工程款优先受偿权的除斥期间。

三、专家建议

（一）发包人和承包人均应关注施工合同效力问题

建设工程因其成本高、影响大往往涉及招标。发包人、承包人应充分了解相关法律法规、行业规范，做好合同审查工作。审慎研判各项目是否存在依法必须招标的事由，如存在，应严格《招投标法》《政府采购法》等法律法规要求，确保招、投标程序合法合规，尽可能避免无效情形，以免后续引发争议或对各方权益造成损害。

（二）加强承包人工程质量管理和施工文件管理

尽管理论和实践中普遍认为合同效力不影响承包人行使建设工程款优先受偿权，但如施工合同确认无效，根据相关法律法规，承包人交付工程需验收合格才能参照有效合同折价补充，故工程质量直接影响可得工程款数额。此外，双方发生争议时，可能存在尚未进行工程结算的情况，往往需要通过鉴定等手段确定工程款数额，此时，如承包人施工过程中相关文件保存得当，可以在一定程度上为工程款的认定提供依据，维护自身合法权益。

四、相关法条

原《合同法》第二百八十六条，《中华人民共和国招标投标法》第三条、第五十五条，《工程建设项目招标范围和规模标准规定》第三条，原《最高人民法院关于审理建设工程施工合同纠纷案件适用法律问题的解释》第一条，《民法典》第七百九十三条。

农村建房施工合同效力的司法认定

近年来，随着我国社会经济的不断发展，乡村振兴战略的持续推进，农村地区住房改善需求日益增长，新建翻建房屋也逐年增多，农村建房施工过程中法律纠纷频发。正确判断农村建房施工合同的效力，是妥善解决农民建房施工合同争议的基础和关键。本书以（2022）京 03 民终 4780 号民事判决为例，总结、提炼司法裁判中对于农民建房施工合同效力的认定规则，与读者交流学习。

一、案例简介

（一）基本案情

颜某负责郭某位于北京市通州区某村房屋（以下简称"涉案房屋"）的旧房拆除与翻建工程，后颜某将涉案房屋的旧房拆除与翻建工程转包给案外人谭某。2021 年 6 月 5 日，颜某（甲方）与谭某（乙方）就涉案房屋签订《建房协议》。2021 年 6 月 7 日，郭某（甲方）与颜某（乙方）补签一份《建房协议》，约定涉案房屋旧房拆除、翻建新房，总造价为 1180 元每平方米。付款方式为进场先付工程总款的 30%，主体一层上板付 50%。二层上板付总工程款的 70%；三层上板付 80%；主体完工，刮腻子付 90%，余款完工后十日内全部结清……同时，双方还对建房标准、建房工期、双方的权利和义务等内容作出约定。施工期间，郭某和其委托的案外人共向颜某支付建房款 26 万元。

因工期延误，郭某（甲方）与颜某（乙方）于 2021 年 10 月 1 日又签订《建房合同补充协议》，对双方 2021 年 6 月 7 日所签订的建房协议作出补充约定：1. 乙方承诺：将在 2021 年 10 月 25 日前将甲方所建房屋全部完工；2. 甲方现已向乙方支付工程款 26 万元，剩余尾款经甲方验收合格后将付给乙方；3. 如乙方未在预期时间内完工，乙方将退工程款给甲方 12 万元……

2021 年 10 月 18 日，颜某又出具一份欠条，再次对退还 12 万元工程款的约定作出确认，同时对还款期限、逾期利息以及违约责任作出约定。后因颜某未按约如期退还建房工程款，郭某以农村建房施工合同纠纷为由将颜某诉至法院。

（二）法院裁决

一审法院认为，依据《最高人民法院关于审理建设工程施工合同纠纷案件适用法律问题的解释》第一条、《建设部关于加强村镇建设工程质量安全管理的若干意见》第三条第 1 项规定，颜某系不具备建筑施工资质自然人个人身份，本案所涉工程系三层农民住宅等案件事实，同时结合案涉工程的结算情况，判决郭某与颜某签订的《建房协议》及相应的《建房合同补充协议》应属无效，同时对于颜某应当返还的工程款、应当支付的利息及律师费用数额作出了综合认定。颜某不服，提起上诉。终审判决认定一审判决认定事实清楚，适用法律正确，判决驳回颜某上诉，维持原判。

二、以案说法

本案的核心争议焦点即关于郭某与颜某所签订《建房协议》《建房合同补充协议》的效力认定问题。

《中华人民共和国建筑法》第八十三条第三款规定："抢险救灾及其他临时性房屋建筑和农民自建低层住宅的建筑活动，不适用本法。"《建设部关于加强村镇建设工程质量安全管理的若干意见》第三条第 1 项规定："对于建制镇、集镇规划区内的所有公共建筑工程、居民自建两层（不含两层）以上以及其他建设工程投资额在 30 万元以上或者建筑面积在 300 平方米以上的所有村镇建设工程、村庄建设规划范围内的学校、幼儿园、卫生院等公共建筑，应严格按照国家有关法律、法规和工程建设强制性标准实施监督管理。建制镇、集镇规划区内所有加层的扩建工程必须委托有资质的设计单位进行设计，并由有资质的施工单位承建。"

《建设部关于加强农民住房建设技术服务和管理的通知》第六条规定："三层（含三层）以上的农民住房建设管理要严格执行《建筑法》《建筑工程质量管理条例》等法律法规的有关规定。"

涉案房屋建设应当遵守《中华人民共和国建筑法》的强制性规定，其建设应符合《中华人民共和国建筑法》第二十六条的规定，即"承包建筑工程的单位应当持有依法取得的资质证书，并在其资质等级许可的业务范围内承揽工程"。《最高人民法院关于审理建设工程施工合同纠纷案件适用法律问题的解释》第一条第一款规定："建设工程施工合同具有下列情形之一的，应当依据民法典第一百五十三条第一款的规定，认定无效。"本案中，颜某作为自然人，不具备建筑施工资质，且颜某所承接的工程为三层农民住宅，故郭某与颜某签订的《建房协议》及《建房合同补充协议》应属无效。

三、专家建议

（一）正确判断农村建房施工合同效力

农村建房施工活动中，对于两层（不含两层）以上的农民住房，如施工方不具备法律规定的施工资质，则双方签订的农村建房施工合同应认定为无效。对于两层（含两层）以下的农民住房，则不应当仅以施工方缺乏相应资质为由，认定农村建房施工合同无效。

（二）做好书面合同的约定事项

无论是建设方还是施工方，在农村建房活动中都要加强书面合同签订工作，及时对施工期限、价款结算、款项支付、质量标准、保修期限以及违约责任等核心事项上作出明确、具体、详尽的约定，避免合同约定不清导致争议发生。

（三）加强农村建房施工过程中的签约、履约管理

建设方在合同签订前应当选择具有专业资质、口碑好、经验丰富的施工队伍，施工过程中做好必要的监督工作。施工方应当做好施工过程中的洽商变更记录，及时与建设方做好工程款结算与支付工作。此外，无论是建设方还是施工方，在履行建房施工合同过程中都应严格按照合同约定履行自己的义务，并做好履约过程中的证据材料保存，维护好自身合法利益。

四、关联法条

《中华人民共和国建筑法》第八十三条，《最高人民法院关于审理建设工程施工合同纠纷案件适用法律问题的解释》第一条，《建设部关于加强村镇建设工程质量安全管理的若干意见》第三条，《建设部关于加强农民住房建设技术服务和管理的通知》第六条。

同一建设项目多份施工合同均被认定无效后的工程款结算规则

近年来，随着经济的不断发展，社会大众对于生活要求的提升，我国各城市基础设施建设日益增多。在此过程中，存在较多的建设单位因违反法律法规规定选择承包人，导致建筑工程施工

合同无效。最终，各方在结算时没有结算的参照依据。故本书通过案例的方式，对建筑工程施工合同效力、合同无效后的结算规则进行梳理。

一、案例简介

（一）基本案情

2007 年 3 月 1 日，汕头某公司下属工程公司、北京某公司、某投资公司签订《工程保证金使用约定》，约定汕头某公司提供工程保证金，仅用于北京某公司投资的某停车场综合服务设施项目施工认证银行验资。验资后，仅限于上述项目中使用，经汕头某公司、某投资公司认可后使用。

2007 年 4 月 19 日，北京某公司与汕头某公司签订《建设工程施工合同》约定，北京某公司将某停车场综合服务设施的土建、装饰等工程发包给汕头某公司施工，合同价款为 7900 余万元；开工日期为 2007 年 4 月 20 日，竣工日期为 2008 年 6 月 20 日；上述合同经过招标、投标并在北京市某区建委登记备案。

2007 年 6 月 6 日，双方签订《工程总承包补充协议》进一步约定总承包方式、明确承包范围；工程总承包造价为 1.85 亿元；合同工期双方另行协商确定。

2007 年 7 月 30 日，双方签订《建设工程补充施工合同》，约定某停车场综合服务设施的土建、装饰等工程新增加的工程量及新增设备工程、弱电系统工程等工程的合同价款为 1.06 亿元。其他事项按 2007 年 4 月 19 日签订的《建设工程施工合同》条款执行。2007 年 10 月 8 日，北京某公司将与汕头某公司于 2007 年 7 月 30 日签订的《建设工程补充施工合同》在北京市延庆县建设委员会进行了备案。

2007 年 9 月 14 日，双方签订《工程总承包补充协议（二）》进一步约定，工程进度款支付节点、违约责任、提前竣工的奖励制度等内容。

2008 年 3 月 28 日，双方签订《工程总承包补充协议（三）》约定，工程总承包价为 1.85 亿元；若汕头公司按《工程总承包补充协议（二）》约定，按时完成工程施工，通过工程竣工验收并交付的，北京某公司将给予奖励。

2008 年 6 月 27 日，双方签署工期确认单，确认工程已于 2008 年 6 月 27 日全部竣工，并通过了质量监督站、监理公司、设计单位、勘察单位各方预验收。2008 年 7 月 3 日，双方就某停车场综合服务设施工程移交签订说明书，确认该项目的竣工验收合格日期，汕头某公司将项目整体交付北京某公司接收管理。

双方对工程款未进行最终结算，汕头某公司认为应当以合同约定的 1.85 亿元作为结算标准，北京某公司则认为应当按照第一份合同约定的 7900 余万元进行结算。

（二）法院裁决

1. 一审判决

一审法院认为，双方经过招标投标程序签订的《建设工程施工合同》（2007 年 4 月 19 日）合法有效；双方签订的《建设工程补充施工合同》（2007 年 7 月 30 日）在住建部门同意的情况下签订。故，上述合同有效；《工程总承包补充协议（二）》（2007 年 9 月 14 日）、《工程总承包补充协议（三）》（2008 年 3 月 28 日）没有对备案合同的实质性条款改变，故依法有效。《工程总承包补充协议》（2007 年 6 月 6 日）因未办理招标投标手续，不符合法律规定，为无效合同。在此基础上，考虑备案合同的法律地位优于其他合同，依据行业惯例，据实结算对施工方不公平，故结合各方过错，以备案合同约定为基础，参照据实结算造价，酌定结算额约 1.71 亿元。

2. 二审判决

二审法院认为，汕头某公司下属工程公司、北京某公司、某投资公司签订《工程保证金使用约定》系各方招标前即达成由汕头某公司承建，且《建设工程施工合同》（2007 年 4 月 19 日）约定的价款明显低于涉案工程的合理成本，非双方真实意思表示。故基于此形成了一系列合同均认定无效。在此基础上，《建设工程施工合同》（2007 年 4 月 19 日）约定非双方真实意思表示，且与工程实际造价差距过大，不能参照该合同标准；《工程总承包补充协议》（2007 年 6 月 6 日）系双方实际履行合同，体现了双方对造价的意思表示，可作为结算工程款的参照标准。更为符合实际情况和诚实信用原则。故二审法院改判按 1.85 亿元结算。

二、以案说法

本案的核心争议焦点在于：1. 双方当事人就同一建设项目标前达成的合意是否导致合同无效？ 2. 双方当事人就同一建设工程分别签订多份无效施工合同，参照何标准结算？

（一）建筑工程施工合同效力认定

1. 招标投标法的立法目的

在我国建筑工程项目依法实行招标发包制度（除不适于招标发包的项目外）的情况下，《招标投标法》及其实施条例对招标投标程序进行了详细规定。其目的在于通过法定的招标投标程序选择具备相应能力的承包商，以保护国家利益、社会公共利益以及招标投标活动当事人的合法权益，提高经济效益，保证项目质量。

2. 标前达成合意可导致合同无效

如前所述，《招标投标法》第三条规定了必须招标的范围。其中，包括大型基础设施、公用事业等关系社会公共利益、公众安全的工程建设项目。究其原因，涉及社会公共利益、公众安全的大型基础设施项目涉及了不特定第三人的利益，若建设质量不合格的，将导致危及社会公共安全。以本案为例，某停车场综合服务设施项目系涉及社会公共利益、公共安全的基础设施项目。北京某公司作为发包人，其在案涉项目招标投标前即与汕头某公司就案涉项目达成一致意见。该行为将法定招标投标程序流于形式，其可能产生危害社会公共安全的可能性。并且，也已经损害了参与案涉项目招标投标活动其他参与人的利益。

同时，还需注意的是，特殊情形下，标前达成合意还可能会被认定为招标人与投标人串标等情形，进而导致合同无效。

（二）施工合同无效后工程款的结算规则

通常讲，严格控制建筑工程施工合同的签订程序，系为了选择具备相应资质的优质承包商开展工程建设，其目的在于保证建设工程质量符合国家标准。故在当事人就同一建设工程订立的数份建设工程施工合同均无效，但建设工程质量合格的情况下，以能够体现各方真实意思表示的实际履行合同作为结算工程价款的参照标准较为合理。若实际履行合同难以确认的，也可以各方最后签订的合同中关于工程价款约定主张工程款。但若工程质量不合格的，承包人不仅不能依据上述约定主张工程款，还应承担相应的维修责任。

三、专家建议

《招标投标法》及其实施条例等相关法律法规规定了我国依法必须招标建设工程项目的范围。在此基础上，应严格根据相关规定参与相关招标投标活动。此行为不仅是对发包人的保护，也是给承包人提供了公平竞争机会。参与工程建设项目的各方均应以国家利益、社会公共利益为主导开展相关工作。建筑工程施工合同履行过程中，各方也应当秉承诚实守信的原则，可基于客观事实的变化，在行政机关监督的情况下，对原招标合同的非实质性条款进行修订，避免造成合同无效。

四、关联法条

《中华人民共和国建筑法》第十九条，《招标投标法》第一条、第三条、第四十三条、第五十五条，《最高人民法院关于审理建设工程施工合同纠纷案件适用法律问题的解释》（法释〔2004〕14号）第一条。

装修装饰工程资质对案件的影响

建设工程，主要包括土木工程、建筑工程、线路管道和设备安装工程及装修工程，装修工程市场份额虽然在建设工程行业占比不高，但涉及的范围以及引发的问题却不少，比如承包方是否必须有建筑装修装饰工程资质，该资质对合同效力有何影响，合同如被认定无效后如何有效索赔等。为了最大程度地保护自身权益，不管是发包方还是承包方，在签订建筑装饰装修合同时一定要重视承包方的资质问题。

一、案例简介

（一）基本案情

2014年8月27日，某装饰工程（香港）公司与某房地产公司签订《室内装饰工程施工合同》，约定由某装饰工程（香港）

公司承包某房地产公司某广场项目的室内装饰装修工程。合同签订后，某装饰工程（香港）公司进场施工，后因双方原因﹝既有某装饰工程（香港）公司的原因，也有某房地产公司增加工程量、未按约定支付工程款等因素﹞案涉工程未能按期交工，某装饰工程（香港）公司撤场，某房地产公司对现场情况进行了证据保全，并委托案外人施工了后续装修及收尾工程。之后，某装饰工程（香港）公司诉至法院，要求支付拖欠的工程款及赔偿拖欠工程款的违约金，某房地产公司提起反诉，要求给付逾期交工造成的损失、鉴定中遗漏的未按期交工的损失、赔偿已完工部分不合格修复费用以及未按期交工的违约金。①

（二）法院裁决

1．一审判决

一审法院认定《室内装饰工程施工合同》无效，支持了某装饰工程（香港）公司部分工程款和某房地产公司质量修复费及停业损失，对于双方的其他诉讼（反诉）请求均没有支持，其中包括双方主张的违约金以及某装饰工程（香港）公司主张的逾期工程款利息。后双方均不服，提起上诉。

2．终审判决

二审法院进行了部分改判，改判内容主要是支持了某装饰工程（香港）公司逾期工程款利息的请求，对于一审法院的其他判项予以维持。

二、以案说法

本案的两个争议焦点问题为：一是合同效力问题；二是应否

---

① 详情可参见最高人民法院（2019）最高法民终1604号民事判决书。

计取相关违约金及损害赔偿费用。

（一）关于合同效力的问题

本案中，一、二审法院均以某装饰工程（香港）公司未提供证据证明其已取得承揽案涉工程的相应资质为由认定《室内装饰工程施工合同》无效，法律依据为《建设工程质量管理条例》第七条第一款规定，"建设单位应当将工程发包给具有相应资质等级的单位"；第二十五条第一款规定，"施工单位应当依法取得相应等级的资质证书，并在其资质等级许可的范围内承揽工程"；《建设工程施工合同纠纷司法解释》第一条规定，承包人未取得建筑业企业资质或者超越资质等级的，建设工程施工合同认定无效。

（二）合同无效后，应否计取相关违约金及损害赔偿费用

合同认定无效后，合同约定的违约金条款亦无效，因此一、二审法院对于双方的违约金请求均未支持。

合同无效不影响当事人请求赔偿损失的权利，建设工程施工合同纠纷司法解释第六条规定，建设工程施工合同无效，一方当事人请求对方赔偿损失的，应当就对方过错、损失大小、过错与损失之间的因果关系承担举证责任。损失大小无法确定，一方当事人请求参照合同约定的质量标准、建设工期、工程价款支付时间等内容确定损失大小的，人民法院可以结合双方过错程度、过错与损失之间的因果关系等因素作出裁判。

一、二审法院根据上述规定，对于某房地产公司主张的未能按期交工期间的停业损失费用，认为双方当事人对逾期竣工均有过错，结合双方过错程度、过错与损失之间的因果关系等，酌定由双方当事人平均分担；对于某装饰工程（香港）公司主张欠付工程款利息的请求，根据《建设工程施工合同纠纷司法解释》第二十六条规定，当事人对欠付工程价款利息计付标准有约定的，

按照约定处理；没有约定的，按照同期同类贷款利率或者同期贷款市场报价利率计息。一审法院认为，合同无效系某装饰工程（香港）公司未取得相应施工资质所致，故其作为导致合同无效的过错人，请求参照合同赔偿损失于法无据，对于某装饰工程（香港）公司主张的各种违约金、损害赔偿金等均没有支持。二审法院认为合同无效不影响该公司主张欠付工程款利息的权利，改判支持了该公司逾期工程款利息的主张。

三、专家建议

（一）承包方资质问题应给予高度重视

作为发包方，应积极审查承包方是否具备相应资质，作为承包方，更应重视自己的资质问题，如因此导致合同无效，将对此承担较高的过错责任。

（二）施工过程中应及时就工程量问题进行签字确认

针对工程量发生的争议很多是合同外无签字部分，本案中便有此情形，建议在施工过程中对已完工程及时进行确认。

（三）如遇提前撤场，发包方应做好证据保全

本案中出现的承包方提前撤场、发包方委托他方进行后续施工的情形时有发生，对此建议发包方做好证据保全，避免前后工程量难以区分，影响工程款的认定。

四、关联法条

《最高人民法院关于审理建设工程施工合同纠纷案件适用法律问题的解释（一）》第一条、第六条、第二十六条、第二十七条，《建设工程质量管理条例》第二条、第七条、第二十五条。

● 与公司有关的纠纷

遇到证券虚假陈述怎么维权？

随着近年来证券市场的火热，无数普通投资者纷纷入场。但多年以来，中国证券市场上，上市公司虚假陈述事件屡见不鲜，往往给普通投资者造成巨大损失。既往的证券虚假陈述民事案件，由于案情复杂、行政与民事程序交叉、投资者举证能力不足等多种原因，普通投资者维权艰难。近年来为了保护广大投资者，我国证券法建立起了新的特别代表人诉讼制度，大大畅通了投资者维权之路。同时对上市公司虚假陈述的连带责任也在无数上市公司董监高以及律师、会计师等专业人员头上悬了一把利剑。无论是普通投资者，还是上市公司董监高、专业人员都要学会在新的制度环境下保护好自己，掌握维护自身合法权益的法律武器。

一、案例简介

（一）基本案情

K 公司是一家 A 股上市公司，2018 年起开始陷入"财务造假风波"。2018 年 10 月，中文互联网上陆续出现多篇文章，质疑 K 公司货币资金真实性，指出其可能存在财务造假。随后事件不断发酵，K 公司股价大跌。

2018 年 12 月，证监会介入调查 K 公司财务造假事件。经过两年调查后，证监会在 2020 年 5 月和 2021 年 2 月作出两份行政处罚决定书，查实 K 公司 2016 年、2017 年、2018 年年报、半年报存在虚增营业收入、利息收入、营业利润，虚增货币资金、固定资产、在建工程、投资性房地产等财务造假行为，K 公司 2016 年、2017 年、2018 年审计报告财务造假，会计师审计存在重大缺陷，于是对 K 公司、实际控制人、董监高、会计师作出相应的行政处罚。

证监会查实 K 公司财务造假之后，少数普通投资者以 K 公司虚假陈述为由对 K 公司、实际控制人、董监高、会计师提起索赔。2021 年 4 月，广州中院将本案作为适用特别代表人诉讼程序的第一案进行审理，发布《特别代表人诉讼权利登记公告》，告知属于权利人范围内的普通投资者如不声明退出本案诉讼，默认其同意参加本案诉讼。

公告期间有 9 名投资者书面声明退出本案诉讼，广州中院随后按照确定的权利人范围为原告审理本案。[①]

（二）法院裁决

广州中院一审认为，证监会行政处罚决定书查明的 K 公司虚假陈述行为属实，造成投资者损失，应当予以赔偿。K 公司董事长马某等 5 名直接负责人组织策划财务造假，K 公司的会计师事务所及直接负责人违反执业准则，应对投资者损失承担全部连带赔偿责任。K 公司部分董监高虽未直接参与造假，但签字确认财务报告真实性，应根据过失大小分别在投资者损失的 20%、10% 及 5% 范围内承担连带赔偿责任。法院最终判决 K 公司赔偿投资者损失 24.59 亿元，K 公司董监高、会计师按照其过错在不同范围内承担连带赔偿责任。

广州中院 2021 年 11 月 12 日作出一审判决后，当事人均未上

[①] 详情可参见广州市中级人民法院（2020）粤 01 民初 2171 号民事判决书。

诉，一审判决遂即生效。

二、以案说法

作为证券虚假陈述纠纷适用特别代表人诉讼程序的第一案，本案可谓具有标志性的意义。在本案中，主要存在三个焦点问题：一是虚假陈述行为的认定；二是原告投资损失与虚假陈述行为之间的因果关系；三是各被告赔偿责任的认定。

（一）虚假陈述行为的认定

证券虚假陈述是我国《证券法》禁止的一种特定行为，主要是指上市公司等信息披露义务人在年报等信息披露文件中作出违背事实的陈述或记载。在通常意义上，证券虚假陈述就是常说的财务造假。法律上认为，上市公司财务造假欺骗投资者买入股票，而财务造假被揭露后，股价大跌，投资者遭受的损失就是二者之间的差额损失，上市公司因此应当予以赔偿。

在实践中，证实虚假陈述是十分困难的，往往需要耗费大量的时间以及人力物力。而本案中，之所以能够如此轻易地认定虚假陈述行为的存在，主要是证监会事先对 K 公司进行了调查和处罚，被告对于证监会行政处罚决定书查明的事实没有否认，也没有提交相反的证据，所以法院直接确认了证监会行政处罚决定书查明的虚假陈述行为。

（二）投资者投资损失与虚假陈述行为之间的因果关系

在因果关系认定上，证券虚假陈述纠纷案件的认定规则与普通侵权案件的认定规则有着明显的区别。投资者在上市公司进行虚假陈述之日至虚假陈述被揭露当日之间买入股票，在之后因卖出股票发生的亏损和持续持有股票发生的亏损，推定为与上市公司的虚假陈述有因果关系。

证券虚假陈述纠纷所涉及的投资者可能成千上万，真正困难的问题在于如何确定投资者的范围和如何对每一名投资者的损失进行精确测算。在本案中，法院在确定了 K 公司实施虚假陈述的日期和虚假陈述被揭露的日期后，确定了受损投资者的范围，然后调取受损投资者的交易数据，委托专业机构对投资者的损失金额进行了测算。

最终，经专业机构测算，K 公司虚假陈述行为所导致的 52037 名投资者损失为 24.59 亿元。

（三）各被告赔偿责任的认定

在证券虚假陈述纠纷中，除了作出虚假陈述的上市公司要承担赔偿责任之外，公司行为的背后是具体的个人，所以对于上市公司行为有责任的个人也要承担赔偿责任。我国《证券法》的立法精神就是对于证券虚假陈述行为要"追首恶""惩帮凶"。

确定有关人员所应该承担的责任可以说是证券虚假陈述纠纷案件中最复杂困难的一个问题。在本案中，除了 K 公司，投资者同时还起诉了 K 公司实际控制人、董监高、会计师一共 26 人作为共同被告，要求其承担连带责任。对于这 26 人应当承担何种责任，法院要一一根据其在 K 公司虚假陈述中的角色和作用来认定。

本案中，法院将涉及 K 公司财务造假的人员分为了三类。第一类是 K 公司董事长等直接组织、实施、参与 K 公司财务造假的人员和违反审计程序的会计师事务所及其直接负责人，这类人对于 K 公司财务造假负有主要责任，因此对 K 公司的赔偿责任承担全额的连带责任。第二类是没有直接参与 K 公司财务造假，但是在 K 公司年报、半年报上签字的董监高，这类人没有勤勉尽责、未及时发现和披露 K 公司财务造假，反而在 K 公司年报、半年报上签字，根据其过错程度，分别承担 20%、10%、5% 不等的连带赔偿责任。第三类则是没有签字确认 K 公司年报、半年报，也没有参与审计的人员，这类人不需要承担赔偿责任。

三、专家建议

我国《证券法》新建立的特别代表人诉讼制度，对于广大投资者权益保护来说是一大利好。在"默示加入，明示退出"制度下，投资者自动加入索赔行列，无须自行单独提起诉讼，极大节省了时间和金钱成本。普通投资者如果遭受损失，应当注意持续跟踪诉讼进展，在诉讼程序中行使自身的法定权利，确保自身的权益得到充分保护和赔偿。

对于上市公司董监高和会计师等专业人员而言，在履职过程中需要注意保护自己，勤勉尽责，发现异常情况时应当坚决抵制、主动报告，绝不同流合污，必要时咨询专业律师的建议，否则一旦公司"爆雷"，自己有可能面临巨额赔偿。

四、关联法条

《中华人民共和国证券法》第七十八条、第八十五条、第九十五条、第一百六十三条，《最高人民法院关于审理证券市场虚假陈述侵权民事赔偿案件的若干规定》第四条、第十一条、第十二条、第十三条、第十四条、第十五条、第十六条、第二十条。

投资失败，证券投资咨询机构要负责吗？

证券市场瞬息万变且专业性极强，普通投资者因受时间、精力、知识等方面的限制，往往无法及时全面地了解行情并做出合理的分析和决策，因此需要证券投资咨询机构提供的专业的市场分析和投资建议，以做出更明智的投资决策。然而，证券投资咨询机构在服务过程中可能存在违规情形，如果导致投资者未达到预期收益甚至遭受亏损，投资者有权要求证券投资咨询机构根据其过错程度承担相应赔偿责任。

一、案例简介

（一）基本案情

原告卫某是个人投资者，被告甲公司具有证券投资咨询资质。2020年7月，原告卫某通过"今日头条"广告推荐得知甲公司，向甲公司支付5800元购买荐股软件，其后又支付368000元咨询服务费升级为会员。8月17日，甲公司向卫某邮寄《服务协议》及《证券投资顾问业务风险揭示书》，卫某以协议内容并非双方原来商量的全部内容为由拒绝签字。2020年7月至10月期间，甲公司员工梁某、王某以"主力资金"内幕消息诱导卫某进行证券交易，明确建议卫某购买两只股票，并多次要求卫某按其指示操作，承诺卫某翻倍收益，却最终导致卫某亏损573397.57元。卫某向深圳证监局举报甲公司深圳分公司，甲公司退还卫某368000元、5800元。2021年3月11日，深圳证监局在向卫某的书面答复中认为，甲公司深圳分公司存在未完成风险揭示、投资者适当性管理程序且未签约即收费，提供投资顾问性质服务未签署投资顾问协议，服务留痕不全等问题。卫某以甲公司违规行为导致其损失为由诉至法院，请求判令甲公司赔偿其损失573397.57元及利息。

（二）法院裁决

江苏省南京市江北新区人民法院一审判决驳回卫某的全部诉

讼请求。卫某上诉至江苏省南京市中级人民法院。该院二审认为：甲公司未履行风险提示义务、投资者适当性管理程序，存在向客户承诺保证收益、虚假宣传、代客户作出交易决策等违反监管规定和行业自律规定的欺诈投资者行为，应赔偿卫某因其侵权行为所导致的损失。同时，卫某亦对自身损失的产生存在一定过错。结合双方过错程度，酌定甲公司对卫某的投资损失承担70%的赔偿责任，判决撤销一审判决，甲公司赔偿卫某投资损失401378.30元。

二、以案说法

投资者与证券投资咨询机构可以就证券、期货投资咨询服务签订服务合同。证券投资咨询业务机构应当勤勉尽责、恪尽职守，按照相关业务规则为证券的交易及相关活动提供服务。证券投资咨询机构违反法律规定，给投资者造成损失的，应当依法承担赔偿责任。本案的争议焦点主要围绕在证券投资咨询机构违规事实的认定以及投资损失承担的责任分配两个方面。

（一）证券投资咨询机构违规事实的认定

《证券法》第一百六十一条规定以列举的方式规定了证券投资咨询机构及其从业人员从事证券服务业务不得实施的行为，包括代理委托人从事证券投资、与委托人约定分享证券投资收益或者分担证券投资损失、买卖本证券投资咨询机构提供服务的证券等。此外，《证券、期货投资咨询管理暂行办法》也明确规定，证券投资咨询机构及其投资咨询人员，不得以虚假信息、市场传言或者内幕信息为依据向投资人或者客户提供投资分析、预测或建议；也不得向投资人承诺证券投资收益。

本案中，甲公司的员工梁某、王某以"主力资金"内幕消息诱导卫某进行证券交易，还向卫某承诺翻倍收益，明显违背"证券投资咨询机构及其投资咨询人员，不得以虚假信息、市场传言或者内幕信息为依据向投资人或者客户提供投资分析、预测或建议"以及"不得向投资人承诺证券投资收益"的规定，同时，上述投资咨询人员还多次要求卫某按照其指示操作账户，涉嫌构成直接代卫某从事证券的买卖，违反了《证券法》第一百六十一条的禁止性规定。在此情况下，根据《证券法》第一百六十一条之规定，甲公司违反法律法规给投资者造成损失的，应当依法承担赔偿责任。

（二）投资损失承担的责任分配

本案在认定甲公司存在侵权事实的同时，还认定卫某亦对自身损失的产生存在一定过错，并以此为考量因素最终判决甲公司对卫某全部投资损失承担的 70% 赔偿责任。法院认为，证券市场的交易公平以交易主体的理性判断为前提，对于盲目相信证券投资咨询机构虚假宣传，意图通过该方式获得远超理性投资的不当高额收益的消费者，司法的过度保护有违证券市场公平交易原则。本案中，卫某盲目听信所谓的"内幕消息"，主观也存在利用内幕消息获得不当收益的过错，因此司法裁判认定卫某应自行承担相应部分损失。

三、专家建议

普通投资者购买并接受证券投资咨询机构的咨询服务，本身与证券投资咨询机构成立服务合同关系，证券投资咨询纠纷项下的责任既可能是合同责任，也可能是侵权责任。但实践中大部分出现的，是证券投资咨询机构在书面合同约定之外，违反监管规定的行为给客户造成的损失如何追偿的问题。

普通投资者在接受证券投资咨询机构的服务过程中，应当了解、知悉基本的监管规定，知道自身作为投资者所享有的合法权益。一方面，在选择证券投资咨询机构的时候应适当了解咨询机构的背景及经验，并关注咨询机构及其人员的从业资质。另一方面，在接受投资建议的时候，应当注意风险提示以及投资建议的合理性，对于过于乐观或保守的投资建议，应当在对相关建议的依据深入了解分析后再决定是否采纳，自行进行投资决策；而对于明显违背证券市场公平交易原则的建议，投资者应当时刻警惕，树立风险意识，一旦意识到自身合法权益遭受损害，应当在第一时间向监管机关投诉和举报，遭受损失的可以通过民事诉讼途径向对方主张损害赔偿。

四、关联法条

《中华人民共和国证券法》第一百六十条、第一百六十一条，《证券、期货投资咨询管理暂行办法》第十九条、第二十条、第二十一条、第二十四条，《证券投资顾问业务暂行规定》第十五条、第十六条、第十九条。

股东查账怎么查？

在社会财富迅速扩展、积累的今天，股权投资也成为个人投资者的选择之一。无论是通过机构，还是将资金投入亲戚、朋友开办的企业，普通百姓成为公司股东的情况越来越多了。不过很多个人股东出于时间精力不够、专业不对口等种种原因，"出钱不出力"，不直接参与公司的经营管理。长期不参与公司经营管理的股东经常面临的难题是，怎么知道公司是盈利还是亏损，管理公司的其他股东或者经理人有没有偷偷转移公司资产。为了解决这个难题，法律赋予了股东知情权。换句话说，法律赋予了股东去公司查账的权利。了解法律上赋予了自己什么样的权利、去公司查账应该怎么查，对股东保护好自己的投资权益十分重要。

一、案例简介

（一）基本案情

上海某投资公司于 1998 年设立，营业期限 20 年。之后公司股东历经变迁，在 2011 年变更成张某标和张某静两人。张某标出资 6000 万元，占比 60%，担任公司的执行董事、总经理兼法定代表人，张某静出资 4000 万元，占比 40%。在 2012 年之前，张某静一直参与公司经营管理，2012 年怀孕后，对公司经营以及财务、会计均不再参与管理，此后公司一直由张某标经营管理。到 2018 年，张某静发现张某标在 2013 年没有经过自己同意擅自将把公司名下一家公司的 55% 股权低价转让给了另一家公司，而接受股权的这家公司实际上是由张某标控制的。张某静于是要求查阅公司的财务账簿，被张某标拒绝后，提起了本案诉讼。张某静诉讼请求查阅和复制公司 1998 年到 2020 年股东会会议记录、历年财务会计报告、所有会计账簿以及所有财务原始凭证、记账凭证。[①]

（二）法院裁决

1. 一审判决

一审法院认为，股东知情权是公司股东的固有权利，其有权

---

① 详情可参见上海市第二中级人民法院（2021）沪 02 民终 2926 号民事判决书。

了解公司经营状况、财务状况以及其他与股东利益存在密切关系的公司相关情况。根据我国《公司法》的规定，股东有权查阅并复制股东会会议记录、财务会计报告等，亦有权经书面申请查阅公司会计账簿等。法院判决，支持张某静查阅和复制公司1998年到2020年股东会会议记录、历年财务会计报告的诉讼请求，支持张某静查阅公司1998年到2020年所有会计账簿以及所有财务原始凭证、记账凭证的诉讼请求，但是因为法律没有赋予股东复制公司会计账簿和会计凭证的权利，所以不支持张某静复制公司会计账簿和会计凭证的诉讼请求。

2. 二审判决

二审法院基本上认同一审法院的观点，但是认为公司会计凭证不是法定可以当然查阅的材料，而且查阅公司会计凭证可能影响公司的经营和财务管理秩序，所以查阅公司会计凭证需要满足合理性、必要性的要求。张某静在2012年才退出公司经营管理，要求查阅公司2012年以前的会计凭证缺乏合理性和必要性，遂改判支持张某静查阅2012年至2020年的公司会计凭证，对于一审其他判决事项予以维持。

二、以案说法

股东知情权是股东固有的法定权利，因此股东要求查阅、复制公司资料是受到法律保护的。但是股东可以查阅、复制哪些公司资料，怎么查阅、复制公司资料在实践中经常发生争议，这些问题也同样是本案的争议焦点。

（一）股东可以查阅、复制哪些公司资料

根据《公司法》规定，公司章程，股东会、董事会、监事会会议记录和财务会计报告都明确属于股东可以随时查阅和复制的公司资料。所以，本案中对于张某静要求查阅和复制公司全部的股东会会议记录和财务会计报告的诉讼请求，一审和二审法院均全部予以支持。

至于公司的会计账簿，根据《公司法》规定，股东要求查阅必须先经过前置程序，即事先向公司提出书面请求，说明目的。并且，股东只能要求查阅，不能要求复制。本案中，张某静已经履行了前置程序，事先向公司发送了要求查阅资料的函，所以一审和二审法院对于张某静要求查阅公司全部会计账簿的诉讼请求予以支持，但没有支持其复制公司会计账簿的诉讼请求。

而公司的会计凭证，《公司法》实际上没有明确规定是否可以查阅和复制，而是完全取决于法院的自由裁量。一般来说，法院不会一概允许查阅会计凭证，也不会一概不允许查阅，而是会找到某个平衡点。因为如果一概不允许查阅会计凭证，就会大大削弱对股东知情权的保护力度；但是一概允许查阅，又可能影响公司的经营和财务管理秩序。因此，股东要求查阅会计凭证还是要证明查阅的必要性和合理性，比如从公司运营现状、财务报表数据等角度提出合理怀疑，或有初步证据显示会计账簿不真实、不完整。

在本案中，二审法院认可了张某静提出的张某标未经其同意低价转让公司名下股权的理由，基于该股权转让，张某静有理由怀疑该时间段内公司会计账簿的真实性、完整性。但是张某静提出怀疑的股权转让发生在2013年，其本身在2012年以前也参与公司的经营管理，所以其要求查阅公司2012年以前会计凭证缺乏必要性和合理性，法院也就难以支持。

（二）股东查阅公司资料受到什么限制

根据《公司法》的规定，股东查阅、复制公司章程，股东会、董事会、监事会会议记录和财务会计报告没有限制。但是股东要求查阅会计账簿，第一要经过前置程序，第二要证明没有不正当目的，否则公司就有权拒绝。

所谓的"不正当目的"，现在《公司法》规定了3种情形：（1）股东自营或者为他人经营与公司主营业务有实质性竞争关系的业务；（2）股东查阅公司会计账簿是为了向他人通报有关信息；（3）股东在三年内曾通过查阅公司会计账簿，向他人通报有关信息。除了以上三种情形之外，还有其他情形。

在本案中，公司作为被告提出张某静与公司、张某标发生了多次诉讼，并且在公司营业期限 2018 年届满后不配合办理延展手续，因此张某静要求查阅会计账簿及原始凭证有不正当目的。但是二审法院认为，公司提出的这些理由都无法证明张某静有不正当目的，对公司主张不予支持。

三、专家建议

股东投资公司之后，应该对公司经营管理保持必要的关注和参与，不能完全置之不理，否则可能给予其他股东、经理人转移公司财产、侵害公司利益的可乘之机。在发现其他股东、经理人"不轨行为"的蛛丝马迹之后，应该冷静应对，首先充分收集相关的证据，然后根据法律规定的程序行使股东知情权，必要时通过诉讼程序实现自己的权利，做到有理有节有据。在查阅和复制公司资料时，如有必要，可以聘请会计师、律师进行辅助。同时，需要知道查阅和复制公司资料只是一种手段，在取得公司资料后还要根据实际情况进一步采取法律行动维护自己在公司的投资利益，必要时应当听取专业律师的建议，方能最大程度保护自身合法权益。

四、关联法条

《公司法》第三十三条、第九十七条，最高人民法院关于适用《中华人民共和国公司法》若干问题的规定（四）第七条、第八条、第九条、第十条、第十一条、第十二条。

股东如何实现盈余分配请求权？

股东盈余分配，又称为"分红""利润分配"，是《公司法》明确规定的股东的合法权益。股东投资公司的根本目的是获取投资收益，通过分配获得利润是实现这一目的最重要的途径。但是如果并未形成有关盈余分配的股东会决议，或者股东会决议有关盈余分配的内容不够明确，股东将难以实现其利润收益。为顺利获取投资利润，股东需要对有关盈余分配的股东会决议慎重审视。

一、案例简介

（一）基本案情

丁公司系一家有限责任公司，原由甲、乙、丙三家法人股东持股，股权结构如下。

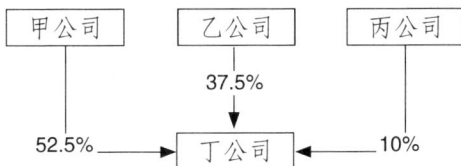

图 1 丁公司股权结构图

2014 年 3 月，丁公司的三方股东甲公司、乙公司、丙公司召开股东会议，决定于 2014 年 6 月之前将丁公司 2013 年剩余未分配利润 0.57 亿元分配。2014 年 6 月，甲公司、丙公司召开第二次临时股东大会并形成《临时股东会议纪要》，载明"会议同意对丁公司 2013 年未分配利润在 2014 年 7 月底之前进行分红，2014 年按季度分红"。

2015 年 6 月 18 日，甲公司与赵某签订《股权转让协议书》，约定将其全资子公司戊公司全部股权转让给赵某，并于 9 月将其持有的丁公司全部股权转移至戊公司。《股权转让协议书》还约定，自 2015 年 6 月 18 日起甲公司不再对丁公司进行分红。

2015 年 12 月，甲公司致函丁公司及其股东以及赵某，要求丁公司向甲公司支付 2015 年 6 月 18 日前的利润 0.35 亿元。①

（二）法院裁决

1. 一审判决

一审法院认为，对于 2013 年利润分配的诉讼请求，案涉股东会决议及纪要已明确 2013 年度未分配利润数额及分配时间，故甲公司已经取得了确定的债权性质的利润分配请求权，该权利不因甲公司股东身份转让而转移，遂判决支持该诉讼请求。对于 2014 年利润分配的诉讼请求，由于会议纪要未载明 2014 年度具体利润分配方案，遂驳回了该诉讼请求。

2. 二审判决

二审法院认为，一审法院对于 2013 年利润分配的诉讼请求的支持有误。因为案涉股东会决议仅对 2013 年度待分配的利润总数额进行了决议，对于每位股东应当分配的利润尚未确定具体明确

① 详情可参见最高人民法院（2021）最高法民再 23 号民事判决书。

的分配方案，所以甲公司尚未形成确定的利润分配请求权。遂二审法院撤销了一审判决，驳回了甲公司的诉讼请求。

3. 再审判决

再审法院认为，案涉股东会决议载明了 2013 年度利润分配总额、分配时间，结合公司章程中关于股东按照出资比例分取红利的分配政策之约定，能够确定甲公司根据方案应当得到的具体利润数额，因此甲公司已经取得了确定的利润分配债权，但该债权经过了诉讼时效，不能得到支持。

二、以案说法

本案的争议焦点主要有两个：一是甲公司是否有权要求丁公司支付 2013 年度未支付利润？二是丙公司是否有权要求丁公司分配 2014 年度利润？

（一）关于 2013 年度未支付利润的问题

首先，股东要求公司分配利润的必要条件是提交载明具体分配方案的股东会决议。具体的利润分配方案应当包括待分配利润数额、分配政策、分配范围以及分配时间等具体分配事项内容。判断利润分配方案是否具体，关键在于综合现有信息能否确定主张分配的权利人根据方案能够得到的具体利润数额。如果公司股东会决议确定了待分配利润总额、分配时间，同时结合公司章程中关于股东按照出资比例分取红利的分配政策的约定，能够确定股东根据方案应当得到的具体利润数额的，该股东会决议载明的利润分配方案就应当认为是具体的。在本案中，2014 年 2 号股东会决议载明了 2013 年度利润分配总额、分配时间，且公司章程约定了股东按照出资比例分取红利的分配政策，已经满足了股东要求公司分配利润的必要条件。因此一审法院认为，2014 年 2 号股东会决议是具体的，甲公司对于丁公司分配利润的请求权已经成为独立的债权，这一观点虽然被二审法院否认，但最终还是被再审法院所认可。

其次，经过载明具体分配方案的股东会决议作出后，股东对公司的利润分配请求权转换为独立的债权，不再与股东的身份所绑定，不必然随着股权的转让而转移。除非有明确约定，否则股东转让股权的，已经转化为普通债权的利润分配请求权并不随之转让。当分配利润时间届至而公司未分配时，权利人可以直接请求公司按照决议载明的具体分配方案给付利润。因此，本案中甲公司将所持丁公司股份转让给他人，但该股权转让协议并没有对2013年度利润分配请求权作出特别约定，故甲公司仍然对于丁公司2013年度未分配利润享有请求权。

（二）关于2014年度利润的问题

如果根据股东会决议无法确定前述具体的利润分配方案，则股东尚未取得分配具体数额利润的请求权。本案中，对于甲公司主张的2014年度丁公司未分配利润，《临时股东会议纪要》中仅载明"2014年利润按季度分红"，对应当分配的利润数额等事项并无记载。虽然甲公司主张审计报告中记载了当年利润数，但审计报告不能代替股东会决议，公司是否分配利润以及分配多少利润，应当作出相应的决议。故根据证据无法确定甲公司能够获得的利润数额，上述股东会决议中也未载明具体利润分配方案。因此，一、二审法院以及再审法院均认为甲公司关于丁公司应向其支付2014年度未分配利润的主张不能成立。

三、专家建议

股东要想取得对公司投资的分红，必须以公司作出载明具体利润分配方案的股东会决议为前提。其中，股东会决议所载的具体的利润分配方案应当包括待分配利润数额、分配政策、分配范围以及分配时间等具体分配事项内容。如果发现利润分配方案不够明确具体的情况，股东应及时在股东会前或会上提出，要求公司对利润分配方案进行明确。发生盈余分配纠纷后，股东可以凭借载有明确的利润分配方案的股东会决议，向公司提起分配利润的请求，若公司不配合则可以提起诉讼或申请仲裁，充分保护自己的合法投资收益。

四、关联法条

《公司法》第四条，最高人民法院关于适用《中华人民共和国公司法》若干问题的规定（四）第十三条、第十四条、第十五条。

想要当股东，出资是关键

随着我国经济的发展，越来越多的投资者以出资设立公司成为原始股东的方式，抑或采取公司增资扩股等途径，进入参与公司的经营管理。虽然众多道路都能通往成为股东这一终点，但这每一条路的起点都应是在认缴制的背景下，在合理的出资期限下完成自己的出资义务，在确保公司良好可持续发展的同时，获得良好的收益。

一、案例简介

（一）基本案情

2018 年 4 月，邹某与案外人合作某综合楼建设项目，共同出资建立了某投资公司，约定邹某持股 60%，案外人持股 40%，邹某任法定代表人。后案外人退出该 40% 股权，邹某已支付相应股权转让款，受让该部分股权。2019 年 6 月，某投资公司的企业信息变更登记显示，邹某持股 60%，杜某持股 40%。2019 年 12 月 8 日，邹某与杜某签订《债务及股权转让协议书》，约定邹某应支付杜某垫付资金及利息和股权转让款共计 220 万元，同时该协议书还约定邹某、杜某同意将某投资公司的所有股权转让给林某、黄某。次日，邹某、杜某分别将其"股权"转让给林某、黄某，股权转让款为 500 万元。邹某以其是该公司全额实际出资人为由，诉请确认其享有 100% 股权及取得 500 万元股权转让款。杜某则主张已经实际出资用于该公司的工程建设，所持有的 40% 股权系经协议确认，以垫付工程款置换取得，双方存在以股抵债的事实。[①]

（二）法院判决

1. 一审判决

一审法院经过审理认定，虽然杜某已被变更登记为公司股东，但从杜某提供的其与邹某之间的资金流转凭证等证据来看，杜某没有依法履行对享有该投资公司 40% 股权的出资义务；且现有事实和证据无法证明双方存在债转股的真实意思表示，由此确认应由邹某持有该公司 100% 的股权，500 万元的股权转让款归邹某所有。

2. 终审判决

二审法院审理认定，杜某虽非该公司的原始股东，但据其在为邹某公司的工程垫资及签订《债务及股权转让协议书》，可以

---

① 详情可参见百色市中级人民法院（2020）桂 10 民终 2197 号判决书。

反映双方当事人实际履行了以股抵债约定，杜某取得某投资公司40%的股权，故改判该公司 60% 股权及 300 万元股权转让款归邹某所有。

后邹某不服二审判决申请再审。再审法院认为，案涉协议书表明杜某只是垫付工程款及利息和股权转让款 220 万元，双方并无股权转让的意思表示。该协议书同时约定"乙方（即杜某）无条件配合办理转让手续"，亦反映杜某对 40% 股权未实际出资。工商登记杜某为股东的时间在前，双方签订协议时间在后，杜某在尚未享有债权的情况下已先行成为股东，明显不符合常理。因此，杜某主张按以股抵债方式取得相应股权的证据不足，邹某是某投资公司实际出资人，依法享有全部股权及转让公司股份所得的收益，最终维持了一审判决。

二、以案说法

通过梳理，该案的争议焦点主要为：首先，杜某是否履行真实出资义务？其次，邹某主张该公司是股权转让所得款项均归其所有是否成立？

（一）出资义务的履行

若想成为公司的股东，享有股权，就必须依法履行相应的出资义务，或支付取得股权的对价，此既是股权的取得方式，也是当事人之间出现争议时确认股东身份的重要事实和证据。通常，按照股权取得的时间和方式等区别，将其分为原始取得和继受取得，并结合相应的案件事实作出相应认定和判断当事人是否享有股权。

1. 原始取得

原始取得是指在公司成立前夕，人们可以作为公司的发起

261

人，通过参与设立公司等行为或认购该公司股份等方式，依法向公司出资或者认购出资，并按照公司章程的约定按时足额缴纳相应出资，即成为公司的股东。本案中，邹某与其他案外人成立投资公司在先，杜某并非公司创立时原始取得股权的股东，显然不成立原始取得。

2. 继受取得

与原始取得不同，继受取得股权的股东并非公司"诞生"时的创造者，而是在公司持续存在的过程中后期加入公司的"新鲜血液"。通常是为了经营或公司扩大生产等需要，投资人或继承人在不违反法律的前提下，通过股权受让、继承等方式继受该公司的股权，接替成为公司的股东。

本案中，杜某与邹某之间的争议股权看似存在股权转让的事实，但此种继受取得股权成立的前提是当事人已达成股权转让的合意且支付了相应对价。而案涉《债务及股权转让协议书》虽包含股权转让以实现债转股的表达，但其中并未约定邹某、杜某之间股权转让的具体内容，甚至本案中股东变更登记在前，所谓的债转股协议约定成立在后，并不符合正常的交易顺序。同时，杜某为邹某垫付的资金及利息和股权转让款的行为，能够明确的是此项确为邹某对杜某承担的债务，而无法确认邹某是否就该债务与杜某真正达成了债转股的合意，故不能将该垫付款是视为股权转让的对价；且杜某也没有能够证明其实际出资的证据，亦即同样不能得出仅因其垫付的事实而得出继受取得了股权的结论。

（二）股权转让收益的归属

通常通过有价约定实现股权变动时，转让人即原股权所有人将股权转移至对方名下，获得相应转让款，受让人支付合理对价的同时，成为公司新的股东。本案中，邹某本就是该投资公司的实际出资人，享有该公司 60% 的股权，在受让了该投资公司原股东 40% 的股权后，再将其全部转让给他人，加之通过上述分析能够确定杜某并非该公司股东，故该股权转让后的全部收益自然应当归邹某所有。

三、专家建议

在名义股东与实际出资人股东出现的股东出资纠纷中，此时为保护民营企业中真实出资的股东的合法权益，应当依照自身属于公司设立时认缴出资、有价受让、债转股等方式，对于股权转让的具体合意为何，约定的对价几何、支付方式为哪种，款项性质如何背书，均需依法详尽相关的合同条款内容；同时，如实、按时完成工商变更登记，发挥其应有的公示公信力，将其作为保护自身权益的有力保障，而非规避法律监管的"幌子"。

四、关联法条

《公司法》第二十六条、第二十七条、第二十八条，最高人民法院关于适用《中华人民共和国公司法》若干问题的规定（三）第二十条、第二十二条，《公司注册资本登记管理规定》第七条，《公司债权转股权登记管理办法》第七条、第八条、第九条、第十一条。

公司的债权人能否摇身一变成股东？

随着我国经济发展过程中营商环境的逐年优化，使得设立公司成为股东，享有公司相应的股权成为投资者为实现良好创收的重要选择。在公司而后的经营过程中，投资人为借贷获取更多资金而以股权实施的让与担保行为，会因多出的将股权过户至债权人或他人这一步骤而产生与股权转让混淆的幻象，一时间导致股权争夺大战，亦使股东资格的确认迟迟无法落下帷幕。有恒产者才能有恒心，只有依法确认谁是真正的股东、谁应当享有股东权利，才能在实现股权保护的同时，维护资本市场的秩序稳定。

一、案例简介

（一）基本案情

熊某和 A 公司共同从徐某处收购 B 公司全部股权，后因 B 公司的经营需要，二人于 2014 年 11 月向余某、徐某借款 800 万元进行项目建设。到期虽未能按时还款，但余某和徐某表示愿通过将 B 公司全部股权过户至其二人名下的方式（实际提供大部分款项的人为余某和徐某共同认识的李某），继续为其提供借款。遂 2014 年 12 月双方签订了《股权转让协议》，并办理了过户登记将股权变更至余某和徐某名下，但只变更了股权和法人，其余仍由熊某等对 B 公司进行经营管理。直至 2015 年 8 月，余某等三人陆续共向熊某和 A 公司汇款 7329.4 万元，熊某前后为其出具了共 33 份借条，但一直未清偿。现熊某和 A 公司主张签订转让协议并非真正转让股权，而是为保障清偿设立的让与担保，故应当确认其仍享有 B 公司的股东资格并进行变更登记；余某等主张双方实际即为股权转让行为，并非民间借贷，也不成立担保，且汇款已分别包含了转让款、补偿金和项目投资等共 7329.4 万元，其应为 B 公司的合法股东。[①]

---

① 详情可参见江西省最高人民法院（2020）赣民终 294 号判决书。

（二）法院判决

1.一审判决

一审经审理认为，双方签订的《股权转让协议》是真实意思表示，且已办理了变更登记，受让方余某和徐某也支付了相应的转让款1000万元，因此属于股权转让行为。且若认定双方是成立担保，也缺乏对担保主体及内容的明确约定，故不成立，B公司股权已转让至余某等名下，驳回原告诉讼请求。

2.二审判决

二审法院认为，双方确实存在借贷关系，且虽然签订的是转让协议，但通过协议的简短内容、双方的沟通内容及履行情况来看，余某等并未真实行使股东的全部权利，且已支付转让款等证据与事实不符，故双方只有转让股权以提供担保的意思表示，而非股权转让。因此，B公司股权仍归熊某和A公司所有，但需至欠款全部清偿后再行变更登记。

二、以案说法

本案的两个争议焦点：一是案涉《股权转让协议》性质为何？二是在此基础上，能否确认熊某和A公司的股东资格并进行变更登记？

（一）《股权转让协议》的性质认定

1.是否成立股权转让

股权转作为常见的有价的股权流转方式，双方当事人间为实现公平交易，通常以合同或协议等方式对让渡的股权数量、转让金额及时间、付款方式、转让人承担的配合变更登记义务及违约责任等进行详细约定，以确保一方交钱，另一方妥善交出股权。就一民事行为是否成立股权转让的事实，除却文件的标题名称之外，还需结合约定内容和履行事实的内里准确判断。本案中，双方看似在将股权转让，但不得忽视的是确有借贷的事实和证据，且双方从未约定转让价款，最终也未实现真正股权转让后的法律效果。即余某等主张的 1000 万元转让款，与熊某等前期已对 B 公司投入超过 2000 万元的事实严重不符；如若双方真为股权转让，受让人余某和徐某应当即刻取代熊某等人的位置，自行管理，而不应该后续仍旧以自己的名义继续为已经坐拥名下的公司向熊某等提供借款，以上证实确不构成股权转让行为。

2. 是否成立让与担保

股权让与担保就是为了让债权人放心，由债务人或者他人为这笔债务用股权提供担保，并把这个股权转移到债权人或别人名下。后续如果按时还钱，那么股权就可以转让回来；如果一直欠债不还，那债权人就可以就这份股权的价值优先填平欠账。即，其虽然具有股权发生转让变动的表象，但本质上是为迎合融资需求而发展出的一种"非典型担保物权"，仅是为债务提供担保，使债权人在债务无法清偿而救济时更为稳妥，防止质押人不当处理质押股权或股价异常波动等造成损失。[①] 本案中，熊某等为了向余某等借得足够款项，只能应对方要求，签订协议将该公司的股权作为担保物转至对方名下，但转让的只是担保目的以内的权利，并非让出行使管理和经营公司的权利。换言之，余某和徐某只享有股东的光鲜外表，而未当过一天真正的老板，符合股权让与担保行为的构成。

（二）股东资格的确认

股东资格作为股权包含的重要权能之一，是依法确认的真实

---

① 姚海放：《股权让与担保限制论》，载《政治与法律》2023 年第 3 期。

权利人应当受到法律保护的一种资格，是行使股东权利的基础。本案中，基于双方《股权转让协议》约定，案涉股权已转移至余某等名下，完成了公示。但工商登记作为一种公示手段，确实可用于证明权利归属，但除了此种形式上的判断，仍需考虑案件具体实质情形。如熊某等和余某等人之间的真实意思表示是否为股权转让？是否履行了确定股东资格最重要的出资义务？而根据上述分析，足以认定二者间仅仅成立的仅是股权让与担保，B 公司的股权并未真正流转，熊某和 A 公司始终是真正股东，但因双方之间的欠款仍未清偿，且双方原本以变更登记股权设定让与担保的方式并不违反法律，因此只待债务完成清偿后，即可将股权再次变更登记至熊某和 A 公司名下。

三、专家建议

公司为借取更多资金，以抵押、质押等方式提供担保已是非常常见，股权让与担保也成为一项新的选择。此时投资者们首先应保留好所有的借款凭证，并在协商如何实施和拟定条款时，要尽可能的详细全面，也可寻找专业的法律从业者咨询和把关，需留意与股权转让作出区分，须知自己始终都是相应的股东资格的享有者，此时仅是将股权过户至对方名下，将其作为既能证明诚信且获得更多借款的信用凭证，而不是把借款当作买股权的费用的转让行为，如此才能实现自身的合法利益的保护。

四、关联法条

《合同法》第六十条第（一）款，(《民法典》第五百零九条、第四百零一条、第四百二十八条，《全国法院民商事审判工作会议纪要》第六十六条、第七十一条，《关于适用〈中华人民共和国公司法〉若干问题的规定（三）》第二十一条、第二十二条，《关于适用〈中华人民共和国公司法〉若干问题的规定（四）》第七条，《最高人民法院关于适用〈中华人民共和国民法典〉有关担保制度的解释》第六十八条。

股权转让款支付方式选择需慎重

伴随商事主体之间的产权交易越发活跃，股权转让已成为众多企业募集资本、优化资源配置、进场和撤场的重要方式之一。而看似与日常生活中一手交钱一手交货的买卖行为无异的股权转让发生行为，由于转让的原因、情形、转让的股权类型，以及股权转让合意达成后续的需要双方共同协办的各项履行手续繁杂等复杂情况，往往会引起纠纷。因此，在从事民商事投资活动时，投资人擦亮眼睛，谨慎对待，就显得尤为重要。

一、案例简介

（一）基本案情

2010 年 12 月，彭甲和彭乙作为甲方与作为乙方的安某签订《股权转让协议》，约定彭甲、彭乙将所持的 9% 和 31% 的 A 公司部分股权分别转让给安某，总价 1 亿元，并约定分为四期履行。2010 年 12 月，双方又共同签订了《补充协议》，约定甲方同意乙方以该公司每年度的分红用以抵充后两期的甲方股权转让款 5000 万元，时间自 2011 年度分后起至剩余两期转让款全部冲抵完止。后经过安某同意，彭甲和彭乙将其二人对 A 公司全部股权转让给林某，并办理了相应的工商变更登记，但直至起诉前，安某仍未向彭甲和彭乙支付剩余两期价款。故彭甲、彭乙主张安某需支付 5000 万元转让价款以及自 2014 年 5 月以来的利息，或者返还相应的 20% 股权。安某一审中主张"以每年的分红进行折抵"是《补充协议》所附条件，由于条件未成就，故自己可免责；其又在二审中主张《补充协议》系对赌协议，公司没有分红自然也就无须支付剩余两期转让款。①

（二）法院裁决

1. 一审判决

一审法院认为，两份协议均是在双方协商一致的基础上签订，意思表示真实，均具有股权转让的法律效果。对于《补充协议》中约定的以每年的公司分红折抵后两期转让款的约定，理解为合同所附条件使安某免责，不符合有价转让股权的合同目的，故该约定应当视为付款履行期限不明的约定，债权人可随时要求履行，且因其二人已不再是 A 公司股东，返还股权不符合转让程序，由此判决安某需支付 5000 万元转让款。

2. 终审判决

二审法院面对安某提出的"以公司分红冲抵剩余股权转让款"具有对赌性质的主张，审理认为双方虽然对后两期转让款的支付方式协商变更，但在安某尚未完全支付的转让款事实来看，此约定完全没有无股东分红即可以不支付该转让款的意思表示。故基于诚实信用和有利于合同目的实现的原则进行解释，一审法院认定无误，维持原判。

后安某不服最高院二审判决，申请再审。法院认为，安某的免责主张无法成立，不符合股权转让双方之间的真实意思表示，

---

① 详情可参见最高人民法院（2015）民二终字第 416 号判决书。

也不符合转让关系中，转让人获取约定的转让价，受让人获取目标股权的合同目的，故驳回了安某的再审申请。

二、以案说法

本案结合当事人之间的辩诉情况，总结争议焦点为安某是否应当支付剩余股权转让款 5000 万元及利息？以及能否继续通过以股东分红冲抵该笔转让款？

（一）股权转让款支付与否的认定

1. 对股权转让达成的合意

在众多民事纠纷中，通常既是有书面协议或约定对双方的权利、义务作出约定，以期确保合同的履行，但由于当事人的语言文字能力、理解能力和措辞等参差不齐，会导致某些约定存在理解争议。此时，则需从最基础的条款出发，按照双方的条款内容、合同目的、交易习惯等方式，秉持诚实信用原则予以确定。本案中，《股权转让协议》和《补充协议》均为彭甲、彭乙和安某之间在协议上一致的基础上签订的协议，且约定内容较为详尽，尤其在支付的价款金额及支付方式方面，安某本就负有支付受让股权对价 1 亿元的义务。即使安某在二审中提出新的上诉意见，指出《股权转让协议》中约定彭甲等需要向其移交公司的经营权，但未履行，故其对尚未支付的转让款可以免责。然而，基于意思自治的理解，两个协议均未约定未移交经营权，安某即有拒绝支付剩余款项的权利，故此时的合意仍然是需要继续支付。

2. 《补充协议》中的条款解释

对赌协议是指投资方与目标公司、目标公司的股东后实际控制人签订协议，防止目标公司的未来发展出现不确定性、信息不对称等影响目标公司的股权估值，并由目标公司中的对赌一方进行股权回购、金钱补偿等进行估值调整的协议。此时，对赌协议对于投资方而言，是一个投资风险的保障，需要双方的明确约定，如当到期出现股权贬值时，与投资人对赌的另一方则需要按照约定以一定的价格将该"烫手山芋"再接回自己手中。本案中彭甲、彭乙与安某在《补充协议》中的表述，仅仅是支付方式和手段的变更，旨在减轻安某的支付压力，根本无法解释为彭甲等为己方设定了义务和条件，即必须保证安某有分红，否则可以免去支付剩余价款的约定，故不成立对赌协议，更非安某的免责事由。

（二）剩余价款支付方式的确定

民商事活动中，为了保持商事经济的持续发展，法律极大程度地保护了当事人之间的意思自治的范围和领域。在不胜枚举的股权转让行为中，股权转让款的支付方式通常在不违反法律的前提下，完全可以依照当事人之间的协商约定。但通过以分红抵充转让款的前提，通常是转让人仍然是该公司的股东，否则转让人既无法清楚掌握每一年度的分红情况，可能无法得到及时清偿；亦会在将全部股权转让出去后，基于合同只能约定双方当事人，故如若公司没有分红，则会一直丧失接受清偿权利。本案中，彭甲等在安某同意的情况下，将剩余股权已全部转让给林某，丧失该公司股东身份，自然基于对其合法权益的保护，安某不得以分红抵冲，而是直接履行剩余的支付义务。

三、专家建议

民商事领域展现的极高程度的缔约自由，在不断地激发了新型、便捷高效的投资、经营等模式的出现，但此时的高度自由，也如同一把"双刃剑"，一点小的疏漏或掉以轻心，则会引发合同上的违约、经济上的损失。尤其涉及公司股权转让行为中，看似处于较为强势地位的股权转让方，也会因"退一步，海阔天空"的想法，未能充分保护自身的权利，而陷入诉争的旋涡之中。因此，股权的转让方应当将法律对其的权益保障渗入合同条款之中，对已经出现不守规则的另一方当事人予以充分预备和防范，避免因获取信息不对称或者不完全而被对方有机可乘。

四、关联法条

《合同法》第六条、第六十条、第六十一条、第六十二条第（4）项、第一百二十五条第一款（分别对应《民法典》第七条、第五百零九条、第五百一十条、第五百一十一条第（4）项、第一百四十二条），《公司法》第七十一条、第七十二条。

第二部分

刑 事 篇

● 危害公共安全罪

"路怒"风险大　开车需谨慎

道路行车，安全第一。但难免有些司机开车会情绪失控，产生"路怒"。2020年9月21日，在北京市朝阳区安定路一辆黑色小客车疯狂地多次别停后车，并在后车超车时，向后车挡风玻璃泼洒咖啡。这种情况下，对于该司机的行为该如何处理？

一、案例简介

（一）基本案情

2020年9月21日8时许，被告人苏某驾驶黑色大众牌迈腾小型轿车由南向北行驶至北京市朝阳区安定路时，适逢王某驾驶白色沃尔沃牌小型轿车亦同向行驶至此处。因王某违规变更车道影响了苏某正常行驶，苏某遂超速驾驶追逐并超越王某车辆，先多次采取别车、急刹车影响王某行驶，后又向王某前风挡玻璃泼洒咖啡遮挡其视线。当日17时许，苏某主动拨打122报警电话，并前往公安机关接受询问。①

（二）法院裁决

北京市朝阳区人民法院经审理认为，苏某在道路上驾驶机动车行驶时无视交通法规，遇违章行为时不能正确处理，为斗气在城市道路上追逐竞驶，情节恶劣，其行为已触犯了刑法，构成危

---

① 详情可参见北京市朝阳区人民法院（2020）京0105刑初2130号刑事判决书。

险驾驶罪。鉴于苏某系自首，且自愿认罪认罚，故依法从轻处罚。法院依照《中华人民共和国刑法》（以下简称《刑法》）第一百三十三条之一第一款第（一）项之规定，以危险驾驶罪判处苏某拘役 3 个月，并处罚金人民币 6000 元。

此外，本案发生后，苏某因驾驶车辆超过规定时速 50% 以上，被交管部门处罚款 2000 元，并吊销其机动车驾驶证。本案中的对方车辆驾驶员王某也因变更车道时影响正常行驶的机动车、不按规定使用灯光的交通违法行为受到了相应的行政处罚。

二、以案说法

（一）根据我国《刑法》第一百三十三条之一第一款第一项的规定，在道路上驾驶机动车，追逐竞驶，情节恶劣的，构成危险驾驶罪

何谓"道路"？何谓"机动车"？根据《中华人民共和国道路交通安全法》（以下简称《道路交通安全法》）的规定，道路是指公路、城市道路和虽在单位管辖范围内但允许社会机动车通行的地方，包括广场、公共停车场等用于公众通行的场所。对于居民小区道路，无论是收费还是免费、是否需要登记，只要允许不特定的社会车辆自由通行，即属于道路。机动车则除了常见的燃油汽车、电动汽车外，还包括摩托车和农用车，但不包括符合国家标准的电动自行车。至于"超标"电动自行车是否属于机动车，虽存有争议，但目前司法实践中尚不宜认定其属于机动车。

何谓"追逐竞驶，情节恶劣"？根据最高人民法院指导案例 32 号的裁判观点，追逐竞驶是指机动车驾驶人员出于竞技、追求刺激、斗气或者其他动机，在道路上曲折穿行、快速追赶行驶的行为。情节恶劣，则是指追逐竞驶虽未造成人员伤亡或财产损失，但综合考虑超过限速、闯红灯、强行超车、抗拒交通执法等严重违反《道路交通安全法》的行为，足以威胁他人生命、财产安全的情形。

本案中，虽然王某交通违章行为在先，但苏某不能正确处理，为斗气而超速驾驶追逐并超越王某车辆，其间的多次别车、急刹车、向王某前风挡玻璃泼洒咖啡遮挡视线等行为已经对道路交通安全造成了威胁，构成危险驾驶罪。

（二）危险驾驶罪的其他行为类型

根据我国《刑法》第一百三十三条之一第一款的规定，除了追逐竞驶，情节恶劣的构成危险驾驶罪外，危险驾驶罪还有以下行为表现：（1）醉酒驾驶机动车的；（2）从事校车业务或者旅客运输，严重超过额定乘员载客，或者严重超过规定的时速行驶的；（3）违反危险化学品安全管理规定运输危险化学品，危及公共安全的；机动车所有人、管理人对后两项行为负有直接责任的，依照危险驾驶罪定罪处罚。其中司法实践中常见的是醉酒驾驶机动车的情形。

醉酒驾驶，是指在道路上驾驶机动车，血液酒精含量达到80mg/100mL 以上的。对于行为人经呼气酒精含量检验达到醉酒标准，在抽取血样之前脱逃的，可以以呼气酒精含量检验结果作为认定其醉酒的依据。对于行为人在公安机关依法检查时，为逃避法律追究，在呼气酒精含量检验或者抽取血样前又饮酒，经检验其血液酒精含量达到醉酒标准的，应当认定为醉酒。

从司法实践来看，出于急救病人等目的而驾驶，轻微醉酒（通常指血液酒精含量在80mg/100mL 以上、120mg/100mL 以下）且未造成危害后果的，其社会危害不大，如果行为人真诚悔罪，可对行为人依法不起诉或者免予刑事处罚；情节显著轻微危害不大的，可以不作为犯罪处理。

（三）危险驾驶罪与其他相关犯罪

根据《刑法》第一百三十三条之一第三款的规定，构成危险驾驶罪，同时构成其他犯罪，如交通肇事罪（违反交通运输管理法规，因而发生重大事故，致人重伤、死亡或者使公私财产遭受重大损失）、以危险方法危害公共安全罪（行为与放火、决水、爆炸、投放危险物质危害性相当的，足以造成不特定多数人伤亡或者公司财产遭受重大损失）等，不实行数罪并罚，而是依照处罚较重的规定定罪处罚。

醉酒驾驶机动车，以暴力、威胁方法阻碍公安机关依法检查，又构成妨害公务罪等其他犯罪的，依照数罪并罚的规定处罚。

三、专家建议

安全行驶第一位！在道路上驾驶机动车时，一方面要严格遵守道路交通法规，自觉杜绝酒后驾驶、超速驾驶、无证驾驶等违章行为；另一方面遇到对方司机违章驾驶在先时，也要理性对待，及时报警，千万不可意气用事、以怒制怒。

四、关联法条

《刑法》第一百三十三条之一。

乘客殴打驾驶员，法律如何处罚？

乘客在公共交通工具行驶过程中，因与驾驶员发生冲突，或暴力殴打驾驶员，或抢夺方向盘，或抢夺车辆点火锁钥匙等妨害安全驾驶的行为时有发生，严重威胁道路交通运输安全，甚至可能造成极为恶劣的后果，已经成为公共交通安全的一大隐患。"10·28"重庆公交坠江事故中，一名乘客因错过站点与驾驶员发生冲突，抢夺方向盘致使公交车坠江，该乘客因一时意气，却酿惨剧，事故造成了13人遇难，2人失联，可谓教训深刻。妨害安全驾驶现已入刑，2021年3月1日正式施行的《刑法修正案（十一）》在危险驾驶罪后增设妨害安全驾驶罪，将司乘冲突行为纳入刑事规则范畴，树立起一道道路交通领域的法制安全"护栏"。

一、案例简介

（一）基本案情

2021年3月27日15时许，被告人刘某某在其乘坐的980路公交车行驶至北京市密云区宾阳站附近时，因刷卡问题与驾驶员刘某发生争执，刘某某用手掌拍打正在驾车的刘某头顶部，致公交车急刹车停在道路上。经鉴定，刘某身体所受损伤程度属未见明显损伤。[①]

（二）法院判决

北京市密云区人民法院经审理认为，被告人刘某某对行驶中的公共交通工具的驾驶人员使用暴力，干扰公共交通工具正常行驶，危及公共安全，其行为已构成妨害安全驾驶罪。考虑到刘某某到案后如实供述自己的罪行，认罪认罚，对其予以从轻处罚，法院依照《刑法》第一百三十三条之二之规定，以妨害安全驾驶罪判处刘某某有期徒刑6个月，罚金人民币2000元。

---

① 详情可参见北京市密云区人民法院（2021）京0118刑初202号刑事判决书。

二、以案说法

车辆行驶过程中抢夺方向盘、殴打驾驶员的行为，危及公共安全，极易造成群死群伤事故。近年来因司乘冲突导致交通事故的事情屡有发生，教训深刻，群众反映强烈。为此，2019 年 1 月，最高法、最高检、公安部联合出台了《关于依法惩治妨害公共交通工具安全驾驶违法犯罪行为的指导意见》（以下简称《指导意见》），明确此类行为依照以危险方法危害公共安全罪定罪处罚。为了罪名具体化以及解决罪责刑相适应的需要，《中华人民共和国刑法修正案（十一）》在广泛听取社会群众、法律专家和人大代表意见的基础上，把妨害安全驾驶的行为单独入刑，在《刑法》第一百三十三条之一后增加一条，作为第一百三十三条之二："对行驶中的公共交通工具的驾驶人员使用暴力或者抢控驾驶操纵装置，干扰公共交通工具正常行驶，危及公共安全的，处一年以下有期徒刑、拘役或者管制，并处或者单处罚金。前款规定的驾驶人员在行驶的公共交通工具上擅离职守，与他人互殴或者殴打他人，危及公共安全的，依照前款的规定处罚。有前两款行为，同时构成其他犯罪的，依照处罚较重的规定定罪处罚。"

（一）哪些车辆属于公共交通工具

《指导意见》对公共交通工具的范围进行了限定，公共交通工具是指公共汽车、公路客运车，大、中型出租车等车辆。本案中，刘某某的犯罪对象为公交车，属于妨害安全驾驶罪中交通工具的范围。

需要说明的是，普通出租车、网约车等小型车辆虽不属于"公共交通工具"的范畴，但是作为乘客干扰、妨害小型车辆驾驶员驾驶的行为严重危害公共安全的，可能会触及以危险方法危害公共安全罪；或者虽未危及公共安全，但对驾驶员造成人身伤害的，可能会触及故意伤害罪、寻衅滋事罪等其他罪名，轻则可能会被公安机关处以行政处罚。

（二）"对驾驶人员使用暴力或者抢控驾驶操纵装置"都包括哪些行为

驾驶操纵装置，包括方向盘、离合器踏板、加速踏板、制动踏板、变速杆、驻车制动手柄等。对驾驶人员使用暴力或者抢控驾驶操纵装置，主要是指抢夺方向盘、变速杆等操纵装置，殴打、推搡、拉拽驾驶人员等行为。抢控驾驶操纵装置并不需要行为人实际控制驾驶操作装置，只要实施了争抢行为即可。本案中，刘某某用手掌拍打驾驶员头顶部的行为属于殴打驾驶人员。

（三）怎样算"干扰公共交通工具正常行驶，危及公共安全"

干扰公共交通工具正常行驶，危及公共安全，是指行为人的行为足以导致公共交通工具不能安全行驶，车辆失控，随时可能发生乘客、道路上的行人、车辆伤亡或者财产损失的现实危险。

如果只是辱骂、轻微拉扯驾驶人或者轻微争抢方向盘，并没有影响车辆的正常行驶，不宜作为犯罪处理，违反治安管理处罚法规定的，依法予以治安处罚。

具体到本案中，载有乘客的公交车当时正在道路上以一定时速行驶，若非驾驶员及时刹车，刘某某殴打驾驶员的行为所造成的后果难以想象。刘某某殴打驾驶员的行为，一方面会分散驾驶员的注意力，另一方面可能对驾驶员人身造成伤害，完全可能导致公交车失控，无法安全行驶，随时可能对不特定的多数人的生命、健康和财产安全造成现实危险。

（四）认定本罪成立，不要求出现实害结果

造成人员伤亡或者财产损失不是构成本罪的必要条件。本案中，刘某某拍打驾驶员头部的行为，没有对驾驶员人身造成明显损伤，且由于驾驶员急刹车将公交车停在道路上，也没有造成车上及道路上人员的伤亡或财产损失，但刘某某的行为干扰公共交通工具正常行驶，危及公共安全，仍构成妨害安全驾驶罪。

若因妨害安全驾驶行为致人重伤、死亡或者公私财产遭受重大损失的，则可能同时构成《刑法》第一百一十五条规定的以危险方法危害公共安全罪等其他犯罪，此时依法按照处罚较重的规定定罪处罚。

三、专家建议

文明出行，安全第一。当乘坐交通工具时，要强化道路交通安全意识，强化规则意识，文明乘车，切勿干扰司机正常驾驶行为，危及公共安全的，将受到法律严惩。在发生司乘冲突时，切忌意气用事，应依法理性维权，营造和谐司乘关系。

四、关联法条

《刑法》第一百三十三条之二。

●破坏社会主义市场经济秩序罪

谨慎投资，依法从业，避开非法集资陷阱

当前，民众对理财投资产品的选择呈现出多元化倾向，不仅传统金融公司的产品得到青睐，不少民间理财平台也悄然出现，通过电话销售、互联网广告宣传而迅速发展，并打着"高息"或"高额固定收入"的旗号吸引众多社会投资。然而，许多民间理财平台并非依法合规建立的，高风险投资不仅不能带来高收益，在影响金融秩序的同时，还会造成受害者家庭财产损失惨重，乃至血本无归。由于其面向不特定的群众，影响面广，严重情况下还会引发群体事件，影响社会稳定。

一、案例简介

（一）基本案情

黄某（另案处理）等人注册成立上海某集团等多个公司，未经国家主管部门批准，私自设立"麦子金服""财神爷爷"等线上理财平台，通过广告、电话及手机 APP 等途径公开宣传，对外销售"贴心智投""月月升"等理财产品，并承诺高额固定收益，使用公司实际控制的个人银行账户作收款账户，借此向不特定社会公众非法募集资金。2016 年 4 月至 2018 年 9 月，王某担任该公司项目经理，经黄某等人授意，为公司及上述平台提供软件开发、维护等技术支持，帮助公司长期开展非法募集资金活动，任职期间参与非法吸收公众存款共计 100 余亿元。法院审理期间，

王某在家属帮助下退缴了违法所得 60 万余元。[①]

（二）法院裁决

法院剖析了某集团公司的组织架构、岗位层级等情况，综合王某的具体任职、实施行为等多方面进行分析，认定王某任项目经理期间，为该集团公司的理财平台和产品提供技术支持等客观帮助，应当认定为该集团公司实施的非法吸收公众存款的共同犯罪人，涉案数额巨大。但因其未直接从事涉及理财产品设计及销售等核心工作，故认为王某在共同犯罪中尚处于次要、辅助的地位，系从犯，依法从轻处罚。最后认定王某犯非法吸收公众存款罪，判处有期徒刑 4 年，罚金人民币 8 万元。

二、以案说法

非法吸收公众存款是指未经有关部门依法许可的单位或者个人，通过网络等公开途径向社会宣传，承诺在一定期限内给予回报或还本付息，向社会不特定人员吸纳资金的行为。本案的争议焦点是王某作为某集团公司的项目经理，对公司非法设立的理财平台和理财产品提供技术服务，其是否对公司非法吸收公众存款的行为知情，又应当怎样评价王某在本案中的行为？

（一）主观心态

构成非法吸收公众存款罪的共犯，要求行为人在主观上具有故意心态，即知道或者应当知道公司正在从事非法吸收公众存款业务。主观心态条件是构成非法吸收公众存款罪的必要条件，若王某对公司进行的非法吸收公众存款行为并不知情，则无法构成该罪。基于此，王某及辩护人提出王某在任职

[①] 详情可参见上海市浦东新区人民法院（2020）沪 0115 刑初 4265 号刑事判决书。

期间主观上不清楚公司存在资金池，所以不存在主观故意的辩护意见。

行为人的主观思想是深藏于内心，部分外显于行为，因此办案人员只能通过现有的客观事实和行为对王某的主观心态进行法律推断。在公司实施的犯罪中，行为人对公司的业务情况是否知情至关重要，只有在对公司具体业务知情的情况下，才能进一步推断其是否有意参与和推动公司非法业务。而员工对公司业务的知情和熟悉程度在客观上与具体职位和工作内容息息相关。本案中，王某担任项目经理，主要负责产品中心与技术中心在理财产品研发方面的工作对接，其岗位旨在帮助技术中心的技术人员更好地理解产品经理的构思，从而创造实体产品，因此，该职位需要对某集团公司整个产品的运行模式与理论理念有充分的了解。结合相关证人证言和岗位情况，法院认定王某主观上是在清楚公司的运营模式和经营业务的情况下提供技术支持，从而认定其具有非法吸收公众存款的主观故意。

（二）地位作用

非法吸收公众存款案件中，为取得群众信任进而吸收存款，行为人常常以"正规公司"或"正规网络平台"的名义开展活动。对于以公司或多人为规模基础的"非吸"案件，具体行为人的地位作用不同，产生的社会危害性和恶劣程度存在差异，对量刑有着重要影响。行为人在案件中的具体地位作用，所处职位、工作内容和在职期间涉案金额是量刑时的主要考虑因素。通过职位和工作内容可以分析行为人在整个非法吸收公众存款案件中所处的地位，是核心人员还是辅助人员，进而判断是主犯还是从犯。而在职期间涉案金额是危害结果的重要体现，能反映社会危害性的大小。本案中，王某作为项目经理，在任职期间没有面向集资参与人直接开展非法吸收公众资金业务，仅在客观上为某集团公司网络平台的软件开发、技术维护工作等提供帮助，从事的不是销售或者经营相关理财产品的核心工作，故法院认为王某处于辅助地位。同时，审计报告客观反映王某在任职期间公司涉及非法吸收资金的金额及未兑付本金的规模，反映了王某帮助公司进行非法业务的后果和社会危害程度，涉案数额巨大，也被纳入了量刑考虑因素，并与同案犯的处理情况相权衡，最后判处王某有期徒刑四年并处罚金。

三、专家建议

面对金融市场众多的理财产品，消费者要时刻将"谨慎投资"牢记在心。投资之前全面、仔细地了解相关产品背景和出品方资质，如通过网络或询问有关部门，查询理财平台是否依法设立并备案等。投资前多与家人商量，选择合法合规的平台进行操作，切忌被"高收益""高回报"蒙蔽双眼。若因为向非法吸收公众存款平台投资遭受损失，一方面可以通过合法手段直接向平台主张权利，另一方面要及时向公安机关报案，争取减少损失。求职者应注意对意向公司进行背景调查，在从业过程中对于发现的异常现象要及时研判，防范履职风险。如果因为参与非法吸收公众存款而涉嫌犯罪，在到案前要向专业律师咨询，了解所涉及的法律问题，决定是否主动投案、主动退赔。到案后在诉讼过程中，重点围绕自己的主观认识、参与犯罪的程度等方面开展辩护，争取最好的结果。

四、关联法条

《刑法》第一百七十六条，《最高人民法院关于审理非法集资刑事案件具体应用法律若干问题的解释》第一条、第二条、第三条、第四条、第五条、第六条,《最高人民检察院、公安部关于公安机关管辖的刑事案件立案追诉标准的规定（二）》第二十三条。

●侵犯公民人身权利、民主权利罪

如何认定过失致人死亡罪？

在日常生活中，人们总是难免因各种各样的原因而与他人产生争执、形成纠纷，当这些突发或累积的矛盾进一步升级时，就可能会出现激烈的身体对抗和暴力相向。现代人因生活节奏和工作压力的缘故，身体都或多或少地处于亚健康状态，较易受到情绪的高低起伏、身体的强度变化等诱发更为严重的疾病。一旦出现争执一方因轻微暴力诱发重疾而死亡时，争执的另一方则会面临刑事追责。因此，如何避免因为争执导致他人死亡而承担刑事责任，就成为我们需要重点关注的议题。

一、案例简介

（一）基本案情

被告人王某于 2014 年 2 月 26 日 9 时许，驾车拉载乘客，在行驶至朝阳区地铁 6 号线青年路地铁东北口南侧朝阳北路由东向西主路路边时，被在该路段进行执法检查的交通执法人员拦下。王某为逃避查处，与协助执法总队查控工作的李某发生纠纷。王某对李某进行谩骂，并用拳殴打李某胸部，用脚踢踹李某腿部。民警接警后将双方带至派出所进行询问，李某在派出所突感身体不适，于当日 10 时 50 分许被送往医院，后经抢救无效于当日中午死亡。经法医学尸体检验鉴定书认定：李某头面部损伤符合钝性外力作用所形成；其死因为冠心病急性发作致心力衰竭死亡；

情绪激动等过激因素可以成为冠心病发作的诱因。[①]

（二）法院判决

北京市朝阳区人民法院经审理认为：首先，王某的行为与被害人的死亡之间存在因果关系。王某在没有营运资质的情况下拉载乘客并收取车费，并对协助执法人员工作的李某进行辱骂、踢踹和殴打，且该系列行为与死亡结果之间间隔时间较短。王某的行为引起李某情绪方面的波动，诱发其冠心病发作，最终导致死亡。其次，王某违反了注意义务。行为人在公共场合实施行为前，对他人的注意义务不应当仅限于老幼孕残等特征明显的特殊群体，王某作为比较强健的中年男子，在实施上述针对李某的行为之前，应当预见自己行为可能导致诱发他人疾病的后果，但其缺乏必要的谨慎，违反了注意义务。根据被告人王某犯罪的事实、犯罪的性质、情节及对于社会的危害程度，朝阳区法院以过失致人死亡罪判处其有期徒刑 1 年，缓刑 1 年。

一审宣判后，被告人未提出上诉，公诉机关亦未抗诉，判决已发生法律效力。

二、以案说法

本案争议焦点有二：一是被告人王某的殴打行为系故意行为还是过失行为？二是过失致人死亡的行为应当如何认定？

（一）如何区分致人死亡行为的故意和过失？

在导致他人死亡的场合，故意行为往往对应故意杀人罪、故意伤害罪，过失行为则对应过失致人死亡罪，此罪与彼罪之间存在明显的刑罚差异，因而需要谨慎判断故意与过失。故意是指被

---

① 北京市朝阳区人民法院（2015）朝刑初字第 568 号刑事判决书。

告人认识到实施相关行为会导致危害后果，仍然执意而为或放任不管的一种心理状态，而过失则是指被告人应当认识到实施相关行为可能导致危害后果，却疏忽大意没有认识或者已经认识、但轻信可以避免的一种心理状态。因此，从本案情况来看，双方并无旧怨宿仇，相关争议系偶然纠纷而起，被告人缺乏追求或放任被害人死亡的认识因素和意志因素。

同时，尽管故意、过失属于心理状态，但在进行司法认定时，通常是通过审查打击对象的年龄与身体状况、打击力度的强弱与具体部位、打击时间的长短与持续状况等客观要素，判断相关行为危险性，从而印证被告人实施行为时的心理倾向。例如，使用棍棒向老年人的头部击打，其导致轻伤的可能性较大，属于故意伤害行为；相反向他人腿部击打，导致他人本能逃遁而从高处坠落，则属于过失致人死亡行为。就本案而言，被告人拳打被害人胸部，尽管殴打部位较为关键，但殴打方式系徒手、强度不高，也没有明显连续击打，因而导致轻伤的可能性较小，因而被法院判定为过失致死行为。

（二）如何具体认定过失致人死亡的行为？

对于过失致人死亡行为的认定标准，司法审查的重点主要包括三个方面内容：其一，具有应当履行防止他人伤亡的注意义务，这些注意义务主要来源于法律法规的规定、职务业务的要求、自愿履行的约定以及先行行为的创设；其二，具有实际防止他人伤亡的履行能力，即对自己的行为有辨认和控制的能力，否则法不能强人所难，只能认定为不可抗力；其三，具有对他人可能伤亡的预见义务，即主观上能够预见到危害结果发生的可能性，否则即便出现死亡结果，也属于意外事件而非过失行为。

具体到本案之中：首先，被告人的殴打行为引起了被害人情绪波动，诱发了被害人冠心病发作，并最终导致被害人死亡，其殴打行为与死亡结果之间存在刑法上的因果关系。事实上，对他人随意殴打的行为，特别是针对关键部分的击打，明显违背了防止他人伤亡而应当采取谨慎行动的注意义务。其次，殴打行为事实上是一种破坏社会正常秩序的行为，可能会侵害他人的生命健康权利。被告人在对被害人实施殴打时，就应该意识到自己的行为可能直接或者间接地使被害人的生命健康处于一种法律所不允许的危险状态，但只要合理注意，就能够避免实际危害结果的发生。因此，被告人殴打被害人这一先行行为使其对被害人可能因此伤亡的危害结果具有履行能力。最后，被告人具备主观预见义务。被告人作为一名正常成年男子，智力水平、社会认知与一般人无异，能够认识到在高强度、高压力的社会环境中，类似高血压、心脏病、冠心等各种疾病普遍存在于各个年龄段和各个工作群体中。其殴打被害人时，对行为可能直接造成危害结果或者间接诱发危害结果是具备认知能力的。由此可见，被告人行为在客观上造成了他人死亡的危害结果，违反了客观注意义务；主观上又负有预见义务，但因缺乏谨慎而最终违反了预见义务；且具备控制自己行为、不实施殴打行为的履行能力，因而成立疏忽大意的过失致人死亡罪。

三、专家建议

冲动是魔鬼，理性致良知。本案中被告人与被害人素无恩怨，皆因逃避执法而导致严重后果，以致两个家庭遭逢灭顶之灾，令人扼腕。事实上，社会机制能够有效运转，有赖于每个身处其间的人谨守必要的义务，《刑法》规范中的各项注意义务正是为了确保每个人保持最低限度的谨慎状态、审慎履行个人的社会角色而设定的。当然，是否成立过失犯罪，需要进行综合判断，既要有相关刑法规定的注意义务，也要求被告人具有认识危险可能性的预见义务，还需要被告人具有辨认和控制自己行为的履行能力。无妄之灾，本可避免；内中教训，值得省思。

四、关联法条

《刑法》第十四条、第十五条、第十六条、第二百三十二条、第二百三十三条、第二百三十四条。

父母责打孩子致死的行为如何认定？

在我国传统文化中有长期传承着"棍棒之下出孝子""不打不成器"的管教理念，导致父母们在不同程度上进行着这一通过体罚来规训孩子的实践。事实上，不仅我国如此，在欧陆国家的传统里，如德国，家长、老师甚至享有某种意义上的责打权，由此使得责打孩子的行为在法律意义上被正当化。尽管责打孩子有一定的文化渊源和习惯法基础，但一旦责打行为导致孩子受伤甚至死亡，则相关行为无论如何都难以被合理化，其性质需要根据《刑法》加以判断。

一、案例简介

（一）基本案情

被告人程某1、陈某于2003年开始同居，女儿程某2自2004年7月出生后一直寄养在陈某的父母家。2007年3月底，陈某、程某1认为程某2需要接受良好教育，便将程某2接回，并送入幼儿园接受学前教育。期间，陈某、程某1曾对程某2有打骂行为。

2007年5月27日下午，在陈某的催促下，程某1用电子拼图教程某2识字，因程某2发音不准，激怒程某1、陈某，程某1持拖鞋、鞋刷连续多次击打程某2的臀部、后背及下肢，又用巴掌击打程某2的面部；陈某用巴掌连续多次击打程某2的臀部、面部，致程某2皮下淤血。次日下午，在教程某2识字过程中，因被同样问题激怒，陈某便持鞋刷、马桶撅子殴打程某2的脚面、胳膊、手背和臀部，使程某2的手背、脚面当即肿胀，在陈某用热水为程某2洗浴后，程某2出现乏力、嗜睡症状。晚9时许，陈某、程某1发现程某2有呕吐、发烧症状后，陈某曾提议将程某2送医院救治，程某1认为尚需观察。次日凌晨4时许，陈某发现程某2呼吸急促、双眼瞪视，便和程某1一起进行抢救，并拨打"120"求救，待急救医生赶到时，程某2已停止呼吸，送至医院即被确认已死亡。经法医学鉴定，确认程某2系被他人用钝性物体多次打击身体多部位造成广泛性皮下出血致创伤性休克而死。

2007年5月29日凌晨，陈某在其母陪同下到郑州市东风路派出所投案。①

（二）法院判决

郑州市中级人民法院认为，被告人陈某、程某1故意非法伤害他人身体，致人死亡，其行为已构成故意伤害罪。郑州市人民检察院指控被告人陈某犯罪的事实清楚，证据确实充分，指控罪名成立。二被告人事前虽然没有明确的犯罪通谋，但从认识因素

---

① 刑事审判参考第567号，陈某、程某故意伤害案。

上看，二人均能概括地预见到其共同行为与共同危害结果之间的因果关系，却分别以其行为同对方形成意思联络，并共同造成程某2死亡的后果，从而构成共犯；在共同犯罪中，被告人陈某的行为对程某2死亡后果的发生起主要作用，系主犯，被告人程某1起次要作用，系从犯。被告人陈某主动到案并如实供述自己的罪行，系自首。依照《刑法》第二百三十四条第二款、第二十五条第一款、第二十六条第三款、第二十七条、第六十七条第一款的规定，判决如下：

1. 被告人陈某犯故意伤害罪，判处有期徒刑6年。

2. 被告人程某1犯故意伤害罪，判处有期徒刑4年。

一审宣判后，二被告人未提出上诉，公诉机关亦未抗诉，判决已经发生法律效力。

二、以案说法

本案争议焦点有二：一是两被告人的行为系故意伤害还是虐待，如何准确定罪？二是对于以教育为目的的责打致死行为，如何妥当量刑？

（一）如何区分故意伤害罪与虐待罪？

故意伤害罪系指，故意以他人身体为侵害对象，导致他人出现生理机能障碍，损害达到轻伤以上程度的行为。而虐待罪是指，对共同生活的家庭成员，经常以打骂、冻饿、强迫过度劳动、有病不给治疗、限制自由、凌辱人格等手段，从肉体上进行摧残、精神上进行折磨，情节恶劣的行为。从表面上看，两被告人的行为似乎既符合故意伤害孩子身体，导致其死亡的行为类型，也符合对作为家庭成员的孩子实施打骂冻饿的行为类型，其原因在于二者都指向一定程度的暴力侵害。然而，对于两罪的区分，应当从暴力的程度、侵害的部位、持续的时间、主观的内容等角度加以展开：其一，故意伤害罪要求达到轻伤害以上程度，这就要求相关行为具有较高的暴力性，侵害的部分具有较高的危险性；相反，虐待罪并未要求特别损害后果，无论是打骂冻饿、强迫劳动，还是有病不给治、有饭不给吃，其不具有直接的暴力性，对身体侵害也没有明显的危险性。其二，故意伤害罪的暴力性和危险性，决定了故意伤害行为通常是一次性、偶发性行为；而虐待罪本质在于不履行法定义务，因而虐待行为表现为持续性、惯常性行为，其伤害后果是经年累月叠加所致。其三，故意伤害罪的主观内容在于明知相关行为较大概率会导致伤害结果，仍然决意或放任结果的发生；虐待罪的主观内容更多在于明知应当履行抚养、赡养、扶养义务，而拒不履行法定义务。

结合本案而言，一方面，根据法医学鉴定结论，确认程某2系被他人用钝性物体多次打击身体多部位造成广泛性皮下出血致创伤性休克而死亡，说明了二被告人的殴打行为与程某2死亡之间存在必然的因果关系；根据正常人体皮下出血吸收、消散的时间，说明程某2"广泛性皮下出血"并非长期积累形成，而是一个较短的时段。可见，造成程某2死亡的原因即是案发当天的时段内二被告人的殴打行为所致，而与二被告人之前的行为并无关联，并非因长期的虐待行为而逐渐形成的，不符合虐待罪的客观要件。另一方面，二被告人殴打程某2是出于为了教育好子女的善良动机，被告人陈某也一直供述打程某2是为了让其学好，有出息，为自己争口气，不符合虐待罪的主观要件。

从故意伤害罪的客观不法来看，在不足30小时内，二被告人分别使用拖鞋、鞋刷、棍棒等物体多次重复打击程某2身体多部位，致使程某2的面部、颈部、躯干及四肢的皮下组织损害已占其体表总面积的 28%，二被告人作为心智健全的成年人，明知年幼的程某 2 肌肤娇嫩、抗击打能力低却有意识地在相当长的一段时间内实施足以损害程某 2 身体健康的行为。从主观不法上看，根据被害人受伤的部位、范围和程度等情况分析，二被告人主观上对其殴打行为给被害人体表造成的伤害不可能视而不见，没有认识，因此，亦不能认定二被告人对程某 2 身体受损伤应当预见而没有预见或者有预见而轻信可以避免的过失心态。二被告人对殴打致伤程某 2 存在一定的伤害故意（至少是放任），而对造成程某 2 死亡的后果则是应当预见而因疏忽大意没有预见的过失，符合故意伤害（致死）罪主观方面的要求。

（二）如何对责打行为合理量刑？

应当看到，本案与一般意义上的故意伤害罪存在较大差异，两被告人的出发点是教育孩子，而对孩子进行适当责骂管束也存在文化传统的支持，具有一定的合理成分，因而在量刑上要与普通故意伤害行为加以区别。一方面，从法理根据上看，二被告人具有以下法定、酌定从轻、减轻处罚情节，如损害加重系被告人缺乏医学常识而为孩子洗浴所致，事中积极自行抢救并及时送医，事后存在自首、悔罪表现等。另一方面，从情理根据上看，作为母亲的陈某尚未满 20 周岁，属于低龄成年人，缺乏充分的自我控制能力和为人父母的心理准备；同时，二被告人也深受传统责打文化和当下"鸡娃"氛围的双重影响，尽管在教育手段上过分粗暴、缺乏方式方法，但应当肯定其责打以求孩子上进的内在动机。因此，法院综合考虑本案的法理情等各方面因素，对二被告人在法定刑幅度内减轻处罚，以体现教育、感化、挽救的刑罚功能，有利于彰显法律的威严和人文关怀，实现法律效果和社会效果的有机统一。

三、专家建议

当父母责打孩子的天经地义遇上了不能输在起跑线的育儿圣谕，传统习惯与当下"内卷"文化合流，在不同程度上加剧了父母对孩子成长成才的担忧和焦虑，也由父母向孩子传导和输出这种负能量，导致出现"气死父母""累死孩子"的双输局面。本案则是这种双输局面中最为极端的一种情形，"以教育之名，行伤害之实，致死亡之害，入刑法之狱"，殊为可叹，闻者足戒。为人父母，教育固然是本职，但应当注意方式方法，更应端正育儿理念，以身示范，而非以身试法。

四、关联法条

《刑法》第六十一条、第六十七条、第二百三十四条、第二百六十条。

以他人为人质解决婚姻纠纷的行为如何认定？

非法拘禁，系指故意非法拘禁他人或者以其他方法非法剥夺他人人身自由的行为。绑架，俗称绑票，传统刑法称为"掳人勒赎"，系指掳掠他人至自己控制之下，并向第三人提出赎金要求的行为。根据我国刑法典的规定，绑架罪不仅包括"掳人勒赎"这一类索要金钱对价的索财型绑架，而且包括"掳为人质"以要挟第三方为目的的人质型绑架。针对人质型绑架，因其在"掳为人质"的客观行为上，与非法拘禁相同，即控制他人并剥夺其人身自由，两罪对应的刑罚相差悬殊，故而在事出有因的场合，如何准确区分非法拘禁与人质型绑架，便是关系到刑法能否实现罚当其罪、避免刑罚畸轻畸重的重要问题。

一、案例简介

（一）基本案情

被告人袁某与被害人李某某系夫妻关系。2018 年初，双方因家庭琐事产生矛盾并分居生活。同年 6 月 26 日 15 时 30 分许，袁某和李某某在位于重庆市两江新区某幼儿园内，为在此就读的大儿子庆祝生日过程中，因感情、家庭矛盾发生争执，袁某遂持刀将李某某从幼儿园内劫持至该楼外平台并翻越栅栏站在宽 0.66 米、离地 10 米高且无栏杆保护的平台边缘，周围群众劝解无效后报警。在该平台上，袁某以一铁质栅栏尖端（在翻越栅栏时袁某所持刀脱落）抵住李某某颈部，要求现场处置人员通知双方父母及二人的小儿子到场解决家庭矛盾。李某某的父母接到信息后来到现场，袁某的父母因在外地未及时赶到。到场亲友及公安干警、街道干部等多次劝解袁某无果。当日 19 时 56 分许，民警趁袁某与其母亲通电话不备之机，翻越栅栏将李某某解救并抓获袁某。经鉴定，李某某损伤程度为轻微伤。

公诉机关指控被告人袁某绑架他人作为人质，情节较轻，应当以绑架罪追究其刑事责任。

被告人袁某辩称，其行为构成犯罪，但没有伤人故意，不构成绑架罪。被告人袁某的辩护人提出，被告人袁某的目的是通过强制李某某的方式要求双方父母到场协商家庭事宜，未将李某某视为人质，无绑架的主观故意，不构成绑架罪。[①]

---

① 重庆市渝北区人民法院（2018）渝 0112 刑初 1378 号刑事判决书。

（二）法院判决

重庆市渝北区人民法院经审理认为，被告人袁某暴力控制李某某的人身自由，其目的是以此为手段，使双方父母到场协调家庭矛盾，该犯罪目的不宜归结为绑架罪中的非法要求，亦不具有与绑架罪严厉刑罚相当的否定性评价程度，应当认定其构成非法拘禁罪。公诉机关指控的犯罪事实清楚，证据确实、充分，但罪名不当。袁某及其辩护人提出不构成绑架罪的辩解及辩护意见成立，予以采纳。据此，渝北区法院依照《刑法》第二百三十八条第一款、第六十七条第三款之规定，以被告人袁某犯非法拘禁罪，判处有期徒刑 3 年。

一审宣判后，被告人未上诉，公诉机关未提出抗诉，判决已生效。

二、以案说法

本案争议焦点有二：一是如何区分人质型绑架与非法拘禁行为？二是非法拘禁行为通常需要达到何种严重程度或情节，才能升格为非法拘禁罪？

（一）如何区分人质型绑架与非法拘禁行为？

应当看到，《刑法》第二百三十八条、第二百三十九条分别规定了非法拘禁罪与绑架罪，两罪均主要针对人身自由法益，皆以剥夺他人自由为主要行为手段，因而在侵害法益类型和客观行为方式上具有一致性。然而，绑架罪显然属于重罪，何以两罪刑罚相差巨大？一般而言，立法配置的刑罚越重，代表着立法者对该行为的社会危害性的评价越高，若相关行为在客观层面上大体相当，则刑罚轻重的原因便须从主观要素中寻找。从绑架罪两种行为类型来看，索财型绑架的犯罪结构为"掳人行为＋以向第三人索取财物为目的"，其中，被告人索取财物的行为并不具有合法性，没有权利基础。那么，根据同类解释规则，人质型绑架的犯罪结构则应为"掳人行为＋以向第三人提出不法要求为目的"，即以他人作为人质进行要挟的内容不具有合法权利外观。

仅此论证，还未充分。因为根据非法拘禁罪的第三款规定，"为索取债务非法扣押、拘禁他人的，依照前两款的规定处罚"，相关司法解释进一步将"债务"的外延扩大至"赌债等非法债务"，由此非法拘禁罪在立法和司法的理解中，可以包括为了实现不法目的而剥夺他人自由的行为类型，这样似乎与前述人质型绑架的定义相互重合、难以界分。事实上，仍然应当根据法益侵害的严重性，进一步区分所谓的不法目的。一方面，就不法目的的"质"而言，非法拘禁罪中的不法目的应当限于民事不法，其更多涉及的是民事纠纷，即便属于非法债务，其不法的内涵也仅仅在于"民法不认可该权利，也不支持该权利实现"；而人质型绑架罪的不法目的则更多指向行政不法、刑事不法，如向政府提出释放同伙、满足特定集团利益诉求等。也因此，基于民事纠纷争议，非法拘禁罪中的被告人往往与被害人或第三人相识，具有某种工作生活上的关联，相关拘禁行为"事出有因"；而绑架罪中的被告人与被害人、第三人缺少民事纠纷这一前提的"因"，因而也通常不具有特定的人身与业务上的关联性。另一方面，就不法目的的"量"而言，非法拘禁罪的不法目的应当限于纠纷所对应的诉求范围，提出明显超出纠纷范围的诉求，则有可能"量变产生质变"，如为索取合法债务 10 万元，提出额外给付"劳务费""感谢费"10 万元，对于该额外费用，则属于索财型绑架行为。

据此，回到本案来看：一方面，被告人控制李某某的目的在于解决相应的婚姻家庭纠纷，并非不法目的。退一步言，即便属于不法目的，也仅仅属于民事或准民事纠纷，被告人与其妻明显具有特定身份关系关联，相关行为的发生系事出有因，被告人的行为目的在于通过非法拘禁迫使特定关系人履行承诺、解决纠纷，或者促使其他人员满足被告人的上述目的。另一方面，被告人相关诉求并没有明显超出婚姻家庭纠纷解决的范畴，其诉求针对的对象也明显限定为具有特定身份关系的妻子，因而不存在不法目的量变的问题。综上，在对具有特定关系的被害人实施非法拘禁行为过程中提出的犯罪目的一般具有准民事纠纷的属性，相应的不法性程度一般较低，且被告人的人身危险性仅存在于特定的准民事纠纷中，被告人提出要求的目的在于通过非法拘禁行为造成的压迫感、威胁性逼迫特定关系人或者其他相关主体作出迎合其需求的答复，该种犯罪目的不具备与绑架罪法定刑相当的不法性。被告人的行为应当评价为非法拘禁罪。

（二）非法拘禁罪需要达到何种严重程度或具有何种恶劣情节？

非法拘禁罪规制的严重侵害人身自由法益的行为，因而需要根据个案中具体事实，如非法拘禁的人数或次数多少、拘禁时间长短、拘禁期间有无殴打或侮辱情节、是否存在致死致伤结果等因素作综合判断，对应确定量刑起点、形成基准刑并增减相应基本刑，以实现罚当其罪、罪刑相当。具体到本案，被告人袁某在实施非法拘禁行为过程中使用了凶器，犯罪行为、拘禁时间及现场环境已对被害人造成了巨大的心理压迫，且极易产生附带伤害。同时，由于事发当天双方在幼儿园又因家庭琐事发生争吵，该场所具有一定公共属性，相关行为的风险存在向公共场域扩散、蔓延的可能。基于这些事实和情节的考虑，法院将该非法拘禁的行为认定为非法拘禁罪，并作出 3 年有期徒刑的宣告刑，在量刑上较为妥当合理。

三、专家建议

因婚恋、借贷、合伙等民事纠纷，针对特殊关系人提出索取财物或者其他要求，在目的的"质"和程度的"量"的范围内，固然可以阻却更为严重的绑架罪之成立，但其"掳人"行为实质侵害了他人的人身自由法益，在达到较为严重程度、具备恶劣情节的情况下，仍然需要承担非法拘禁罪的刑事责任，最终锒铛入狱、身陷囹圄。为了不流"铁窗泪"，在解决日常生活纠纷时，不仅应当合理合法地实现自身权利，而且要注意换位思考，将自己置身于可能的被害一方，从"他者"的视角观察"我者"行为之妥当与否，如此才能避免"一波未平一波又起"的纠纷升级恶化，在实现自身利益的同时，尊重他人的合法权益。

四、关联法条

《刑法》第六十一条、第二百三十八条、第二百三十九条，《最高人民法院关于对为索取法律不予保护的债务非法拘禁他人行为如何定罪问题的解释》（法释〔2000〕19号）。

如何规制网络造谣行为？

随着网络技术的发展、移动终端的普及，人们已经习惯于在物理世界和网络世界自由切换，并不断享受着各类社交、生活软件所带来的生活便利、效率提升等网络红利。然而，不同于线下交往的面对面、接触式特征，线上交往更多地呈现匿名化、非接触式特征，这不仅为犯罪分子实施相关犯罪提供了"掩体"，也在一定程度上加大了公安司法机关查办案件的难度。近年来，利用公开获取或偷拍所得的图片、视频，编造虚假信息并加以散布的案件屡见不鲜，有的被害人因此精神抑郁，有的则为此失去工作，更有甚者还有人通过自杀以明清白。尽管如此，这些案件多数被害人并未获得有效的法律救济，事实上形成了对被害人的二次伤害。

一、案例简介

（一）基本案情

2020年7月7日18时许，被告人郎某某在余杭区良渚街道万科良渚文化村未来城二期东门快递驿站内，使用手机偷拍正在等待取快递的被害人谷某某，并使用微信号×××将视频发布在某微信群。被告人何某某使用微信号×××冒充谷某某与自己聊天，后伙同郎某某分别使用上述微信号，冒充谷某某和快递员，捏造谷某某结识快递员并多次发生不正当性关系的微信聊天记录。为增强聊天记录的可信度，郎某某、何某某还捏造"赴约途中""约会现场"等视频、图片。同月7日至16日间，郎某某将上述捏造的微信聊天记录截图39张及视频、图片陆续发布在该微信群，引发群内大量低俗、淫秽评论。

2020年8月5日，上述偷拍的视频以及捏造的微信聊天记录截图27张被他人合并转发，相继扩散到110余个微信群（群成员约2.6万）、7个微信公众号（阅读数2万余次）及1个网站等网络平台（浏览量1000次），引发大量低俗评论，影响了谷某某的正常工作与生活。

2020年8月7日，被害人谷某某向公安机关报案。后郎某某、何某某主动到公安机关接受调查，承认前述事实。同月 13 日，公安机关对郎某某、何某某行政拘留 9 日，并发布警情通报，对相关内容进行辟谣。

2020 年 8 月至同年 12 月，此事经多家媒体报道后引发网络热议，其中仅微博话题"被造谣出轨女子至今找不到工作"阅读量达 4.7 亿、讨论 5.8 万人次。该事件在网络上的广泛传播给广大公众造成不安全感，严重扰乱了网络社会公共秩序。

案发后，被告人郎某某、何某某对被害人谷某某进行了赔偿。

（二）法院判决

被告人郎某某、何某某出于寻求刺激、博取关注等目的，捏造损害他人名誉的事实，在网络上散布，造成该信息被大量阅读、转发，严重侵害了被害人谷某某的人格权，影响其正常工作生活，使其遭受一定经济损失，社会评价也受到一定贬损，属于捏造事实通过网络诽谤他人且情节严重，二被告人的行为均已构成诽谤罪，公诉机关指控的罪名成立。鉴于二被告人的犯罪行为已并非仅仅对被害人谷某某造成影响，其对象选择的随机性，造成不特定公众恐慌和社会安全感、秩序感下降；诽谤信息在网络上大范围流传，引发大量淫秽、低俗评论，虽经公安机关辟谣，仍对网络公共秩序造成很大冲击，严重危害社会秩序，公诉机关以诽谤罪对二被告人提起公诉，符合法律规定。考虑到二被告人具有自首、自愿认罪认罚等法定从宽处罚情节，能主动赔偿损失、真诚悔罪，积极修复法律关系，且系初犯，无前科劣迹，适用缓刑对所居住社区无重大不良影响等具体情况，对公诉机关建议判处二被告人有期徒刑 1 年，缓刑 2 年及辩护人提出适用缓刑的意见，予以采纳。据此，依照《刑法》第二百四十六条第一款、第二款，第二十五条第一款，第六十七条第一款，第七十二条第一款，第七十三条第二款、第三款，以及最高人民法院、最高人民检察院《关于办理利用信息网络实施诽谤等刑事案件适用法律若干问题的解释》（以下简称《解释》）第一条第一款第（1）项、第二条第（1）项、第三条第（7）项之规定，以诽谤罪分别判处被告人郎某某、何某某有期徒刑1年，缓刑2年。

一审宣判后，被告人郎某某、何某某均未提出上诉，检察机关未抗诉，判决已发生法律效力。

二、以案说法

本案争议焦点有二：一是在网络上中编造虚假信息造谣他人，特别是针对女性"造黄谣"的行为，《刑法》如何评价？二是自诉转公诉需要满足哪些条件才能启动相关程序？

（一）《刑法》如何评价通过网络编造、散布虚假信息造谣他人的行为？

通过网络编造并散布虚假信息，用以中伤或造谣他人的行为，完全符合我国刑法典所规定的诽谤罪之构成要件。所谓诽谤罪，是指故意捏造并散布虚构的事实，足以贬损他人人格、破坏他人名誉、情节严重的行为。换言之，诽谤罪的犯罪构造为"故意捏造事实＋散布虚假信息＋损害他人人格名誉＋情节严重"，这些构成诽谤罪的要素并未区分线上与线下，通过互联网编造并散布的行为，与现实生活中的诽谤并无二致。不仅如此，由于网络传播的快速和广泛性，相关虚假信息得到了更为高效的传播，因而网络中的造谣行为给被害人带来的人格贬损和名誉毁坏更为严重。

正因如此，早在2013年，最高司法机关便出台了《关于办理利用信息网络实施诽谤等刑事案件适用法律若干问题的解释》（以下称《解释》），对相关网络诽谤行为的罪与罚作了明确规定。就诽谤罪的犯罪构造而言，为了更有效规制诽谤行为，该《解释》第一条第二款甚至将没有捏造事实，但"明知是捏造的损害他人名誉的事实，在信息网络上散布，情节恶劣的"行为，以"捏造事实诽谤他人"论，在规范层面降低了诽谤罪的入罪门槛。而就诽谤罪的入罪标准而言，该解释规定了"同一诽谤信息实际被点击、浏览次数达到5000次以上，或者被转发次数达到500次以上的""造成被害人或者其近亲属精神失常、自残、自杀等严重后果的""二年内曾因诽谤受过行政处罚，又诽谤他人的"等量化标准。由此可见，该《解释》通过明确适用诽谤罪的司法标准，力图更为有效地规制网络诽谤行为。

尽管如此，也应看到，大量网络诽谤行为仍然未能被有效惩处，其原因在于诽谤罪原则上属于告诉才处理的自诉罪。从自诉罪的设定初衷来看，《刑法》将诉权授予被害人而非公诉机关，由被害人自主决定是否提起刑事自诉，以追究被告人的刑事责任；在提起自诉后，随着诉讼程序的推进，仍可根据自己的意思，决定继续行使诉权，要求追究被告人的刑事责任，或者放弃诉权，向法院申请撤诉。这一规范初衷立基于传统熟人社会的假设，即诽谤罪一般发生在熟人之间，往往发生在个人社交圈内，所侵害的客体主要是特定被害人的名誉权；传播范围也相对可控，诽谤信息不会被大范围扩散，不会给其他无关人员的名誉造成损害。然而，事实上这一假设在网络时代面临冲击，不仅被害人与被告人互不认识、没有特定身份关系，而且相关损害范围远远超出了传统熟人小圈子，损害程度的严重性也明显升级。更为雪上加霜的是，传统自诉案件中被害人举证能力不足的问题，在网络谣言案件中被呈几何数级放大，被害人甚至连造谣者为何人都难以查证，更遑论收集整理相关证据材料。也因此，多数自诉案件的被害人无法通过刑事程序追究被告人的刑事责任，所谓"法赋予当事人诉的自主权、决定权"也因为举证不能而成为一纸具文。

（二）自诉转公诉需要满足哪些条件才能启动相关程序？

事实上，诽谤罪在原则上属于自诉罪的同时，也存在作为公诉罪的例外。根据《刑法》第二百四十六条第二款之规定，"前款罪，告诉的才处理，但是严重危害社会秩序和国家利益的除外。"如何理解"严重危害社会秩序和国家利益"，是能否将部分难以举证的自诉案件转为公诉案件，弥补网络时代名誉权刑法保护不足的关键。

对此，办案机关能动履职，积极对"严重危害社会秩序和国家利益"作了明确解释：网络涉及面广、浏览量大，一旦扩散，往往造成较大社会影响，与传统的发生在熟人之间、社区传播形式的诽谤案件不同，通过网络诽谤他人，诽谤信息经由网络广泛传播，严重损害被害人人格权，如果破坏了公序良俗和公众安全感，严重扰乱网络社会公共秩序的，应当认定为《最高人民法院、最高人民检察院〈关于办理利用信息网络实施诽谤等刑事案件适用法律若干问题的解释〉》第三条规定的"其他严重危害社会秩序的情形"。

具体到本案之中，可以适用《刑法》第二百四十六条第二款的理由有三：一是网络秩序属于公共秩序，是社会秩序的组成部分，本案涉及大量微信群组、公号，系由不特定多数网民组成的公共空间，从而区别于私人领域和小圈子范围。二是诽谤对象不特定，造成社会公众在网络秩序中的安全感严重下降。二被告人出于寻求刺激、博取关注等无聊目的，对素不相识的被害人谷某某实施诽谤。尽管犯罪动机并非十分恶劣，但针对不特定人员实施，会产生人人自危之恐慌感。三是诽谤信息被大量散布、传播，引发众多网民围观、评论，且大多是负面、低俗评论，造成网络秩序混乱。这些信息既严重侵害了被害人谷某某的名誉权，影响其正常工作与生活，使其遭受一定经济损失，也同时损害了社会公众正常利用信息网络的权利。因此，办案机关认为"被告人朗某某、何某某利用信息网络针对不特定对象实施诽谤，诽谤信息被大范围散布、传播、评论，应认定引发了公共秩序的混乱，属于严重损害公共秩序的情形，检察机关依据《刑法》第二百四十六条第二款的规定提起公诉，符合法律规定"。

三、专家建议

互联网不是法外之地，而是法律治理必然延伸的领域；虚拟世界的行为也并非虚拟，其在某些方面的损害效果远甚于物理世界的行为。对于熟稔于线上线下双层社会的每个个体而言，首先，应当注意强化对个人信息的自我保护，尽可能减少自身的被害性；其次，应当牢固确立对法律规范的遵守意识，不偏听偏信网络信息，也不肆意转发传播虚假信息，更不能为博眼球而捏造事实；最后，应当形成收集固定证据的习惯，在发现自己被侵害后，及时做到固定原始证据、收集相关证据，为后续维权行为夯实证据基础。当然，随着第三十四批检察指导案例的发布，检察机关针对被害人已提起自诉的网络诽谤犯罪案件，已形成较为完整的案件审查以及程序转化机制，对于涉及公共利益损害的案件，以公诉的形式强化对相关网络诽谤行为的刑法规制。这是因应网络时代犯罪特点的能动履职，通过积极解释相关条款的方式，在司法适用的层面尽可能地弥补诽谤罪立法之初未能预料的惩治漏洞，值得肯定。

四、关联法条

《刑法》第二百四十六条，《中华人民共和国刑事诉讼法》第五十一条、第二百一十条、第二百一十一条、第二百一十二条。

● 侵犯财产罪

利用互联网非法充值话费构成盗窃罪

互联网的发展在给人们的生活带来便利的同时，也滋生了各种各样的网络犯罪。其中，盗窃罪作为一种传统犯罪与互联网结合衍生的网络盗窃犯罪，严重危害了网络安全和公民财产安全。而网络系统的脆弱性、网络监管和惩戒机制的不足以及被害人的疏于防范，是网络盗窃犯罪泛滥的重要原因。但究其根本，网络盗窃滋生的原因之一，是一些网民在匿名的互联网社会中被眼前的利益蒙蔽了双眼，抑或是由于法律意识淡薄或是出侥幸心理铤而走险，最终走上了违法犯罪的不归路。

一、案例简介

（一）基本案情

2016 年 4 月 6 日，被告人陈某与朋友徐某、亲戚陈某和前来学习编程技术的张某（另案处理）得知北京某网络科技股份有限公司经营的微信公众号手机话费充值界面存在系统漏洞，可以通过软件及插件拦截充值订单并修改订单参数，将充值订单的支付金额修改为 1 分钱或 0 元。陈某等人遂按照此方式尝试操作。2016 年 4 月 7 日早，北京某网络科技股份有限公司发现充值界面被黑客攻击的情况，紧急关闭了界面。通信运营商停止充值部分尚未来得及充入的话费。至此，陈某两个手机号实际充入 72450元，张某手机号实际充入 68050 元。陈某将一个手机号中显示的

64500 元话费中的绝大部分转入联通支付软件"话费购"，以之购买了手机、手表、打火机等（均未发货），随后去营业厅将该手机号码注销。[①]

（二）法院裁决

1. 一审判决

一审法院审理认为，被告人陈某等人以非法占有为目的，利用网络系统技术手段，秘密窃取他人财物，数额巨大，其行为已构成盗窃罪。鉴于被告人到案后如实供述，当庭自愿认罪，积极退赔被害单位的全部经济损失并取得谅解，故对其从轻处罚，判决被告人陈某等人犯盗窃罪，判处有期徒刑三年，并处罚金 6000 元。

2. 终审判决

一审宣判后，陈某等人提起上诉。二审法院北京市三中院经审理认为，原判定罪准确，量刑适当，审判程序合法，裁定驳回上诉，维持原判。

二、以案说法

本案的争议焦点主要有两个：一是话费是否具有财产的法律属性？二是犯罪数额应当如何认定？

（一）话费的法律属性

首先，话费并非传承意义上的财物。被告人非法获取话费与盗用通信、电信服务不同。根据《关于办理盗窃刑事案件适用法律若干问题的解释》第四条第（4）项、第（5）项的规定，通信、电信拥有与电力类似的物的属性，可以作为盗窃罪的犯罪对象。而本案中被告人陈某只是非法获取了存储在手机账号中的话

[①] 详情可参见北京市第三中级人民法院（2017）京 03 刑终 211 号判决书。

费数值，并非免费使用通信服务。因此，话费在形式上仍然属于计算机信息系统数据。

其次，话费并不属于虚拟财产。与游戏币不同，用户手机账号中的话费并不是通信运营商拟制的虚拟财产，而是以人民币形式存在的预存数额，其计量单位是元，话费与人民币是等值关系，一般是充值 1 元获得 1 元话费。因此话费不是虚拟财产，而是与预存的水电费、储值卡、购物卡一样，是以电子数据形式存在的金钱。

本案中，被害公司所销售的话费电子充值卡与普通的计算机信息系统数据不同，具有更多的类物属性。由于被害公司是通信运营商的二级分销商，故被告人陈某等人能够非法获取的话费数额以被害公司拥有的话费数额为限。这与侵入通信运营商的计算机系统，直接将手机账户内的话费余额进行篡改的行为不同。此外，被害公司销售的话费是以固定数额充值卡形式销售的，被告人提交 0 元订单后，获得的是通信运营商的电子充值卡，被害公司将电子充值卡交付给被告人后，通信运营商就按照充值卡的数额给指定的手机账户充值。即便被告人从被害公司处获取充值数额的手段非法，但通信运营商会无差别地予以认可，业已充入上诉人账户内的话费依然具有消费的效力，便具有了财物的价值。因此，本案中的电子充值卡具有法律上的财产属性。

需要注意的是，通信运营商已经根据充值卡请求，将充值卡面额充入陈某等人手机账户，被害公司已丧失了对话费的控制权，同时陈某等人已获得对话费的控制权，其已实施完成了盗窃行为，依法构成盗窃罪的既遂。

（二）犯罪数额的认定

司法实践认为，由于盗窃分销商与盗窃运营商的既遂时点不同，故存在不同的犯罪数额认定标准。根据《最高人民法院关于审理扰乱电信市场管理秩序案件具体应用法律若干问题的解释》第七条、第八条规定，将电信卡非法充值后使用的以盗窃罪定罪，以实际损失计算犯罪数额。因此，在盗窃运营商的案件中，被害公司有能力冻结或者扣回被盗窃的话费以挽回损失，故在认定犯罪数额时应当扣除已经挽损的部分。而本案中，陈某等人窃取的是二级代理商的话费，被害公司并不能将话费冻结或扣回，运营商也不负有为代理商扣回话费的义务，故非法充入的金额即为犯罪数额。

三、专家建议

互联网的普及和蓬勃发展在为我们的生活带来便利的同时也充斥着各种各样的诱惑和陷阱。本案中的被告人陈某在发现手机话费充值界面存在系统漏洞时，以为"天上掉下了馅饼"，利用该漏洞为自己和亲朋友好友充值大量话费。殊不知，是需要付出代价的，陈某等人最终身陷囹圄。事实上，由于网络系统技术的不成熟，这种漏洞在我们的日常生活中并不少见。漏洞的修补有赖于网络安全技术的提高，底线的坚守就需要网民严格自我要求，遵纪守法，不参与实施并坚决抵制违法违规行为，共同维护互联网社会的秩序和安全。

四、关联法条

《刑法》第二百六十四条，《最高人民法院、最高人民检察院关于办理盗窃刑事案件适用法律若干问题的解释》第一条、第四条，《最高人民法院关于审理扰乱电信市场管理秩序案件具体应用法律若干问题的解释》第七条、第八条。

正确区分民事欺诈与刑事诈骗

诈骗犯罪属于刑事犯罪，民事欺诈则属于民事不法，二者之间存在重大区别，但司法实践中却极易混淆。因此，厘清民事欺诈与刑事诈骗的边界具有重要的实践意义。特别是在当前经济增速放缓、金融借贷纠纷频发的大背景下，司法实践中应当避免将经济纠纷当作犯罪处理，防止刑罚权随意侵入民间纠纷，保护企业经营者合法权益。

一、案例简介

（一）基本案情

2010年11月至2011年6月，被告人黄某向林某借款共计1000万元。2011年6月，林某要求黄某提供抵押担保，黄某将伪造的公司土地证和三本房产证抵押给林某。2012年5月8日，黄某再次书写欠条，约定1000万元借款于2012年10月8日前还清，并加盖公司公章。至2012年5月16日，黄某共归还林某279.5万元。后林某以公司承担担保责任诉至法院，分得拍卖余款173.65万元。

2012年2月，被告人黄某向王某借款100万元，并以伪造的房产证、土地证各一本作为抵押，至2012年4月29日，归还4万元。

2009年，被告人黄某以其房产及其弟的房产等作为抵押向银行申请贷款560万元。2012年6月14日，黄某仍以上述房产为抵押向银行申请贷款600万元。次日，黄某以"其正在申请贷款

600 万元，手续已经审批"及届时将会用该笔贷款偿还被害人薛某为由，向薛某借款 560 万元，并用于偿还其之前在银行的贷款。黄某于当日写下欠条，并注明以公司担保。2012 年 6 月 18 日，黄某持房产证到房管部门办理解除抵押时，被房管部门发现该房产证系伪造，未能办理解押。工商银行的 600 万元贷款未能发放。黄某无力还款。①

（二）法院裁决

1. 一审判决

一审法院认为，被告人黄某以非法占有为目的，虚构事实、隐瞒真相，骗取他人财物共计 1349 万元，数额特别巨大，其行为已构成诈骗罪。依法判决被告人黄某犯诈骗罪，判处有期徒刑 15 年，并处罚金人民币 100 万元。

2. 终审判决

一审宣判后，被告人黄某提起上诉。二审法院福建省高级人民法院认为，被告人黄某向他人借款，并出具借据，借款资金用于股市投资和偿还银行贷款等合法经营活动，认定黄某具有非法占有目的的依据不足；黄某确有虚构部分事实或者隐瞒真相的行为，但其实施这一行为并非为了实现非法占有的目的，故其行为不符合诈骗罪的构成要件，应属于民事欺诈行为；由此与债权人产生的纠纷，应通过民事诉讼方式予以解决，不应予以刑事追究；依法判决上诉人黄某无罪。

二、以案说法

本案中的争议焦点主要有两点：一是如何认定是否存在非法

---

① 详情可参见刑事审判参考第 1372 号"黄某诈骗案"。

占有目的？二是如何区分民事欺诈行为与诈骗犯罪？

（一）非法占有目的的认定

一般认为，非法占有目的是指以将公私财物非法转为自己或第三者不法所有的主观意图。由于非法占有目的是存在于行为人内心的主观构成要素，难以通过客观事实直接证明，因此其证明不能仅仅依靠传统的认定方式。根据主客观相一致的原则，"以非法占有为目的"的认定应当在查明客观事实的前提下，根据一定的经验法则或者逻辑规则，推定行为人的主观目的。非法占有目的的推定是司法实践中的一个难点。因此，为了指导司法实践，2001年《全国法院审理金融犯罪案件工作会谈纪要》、2011年《关于审理非法集资刑事案件具体应用法律若干问题的解释》等司法解释均总结了一些可以推定非法占有目的的情形，如非法获取资金后逃跑，隐匿、销毁账目等。

本案中，自2010年11月至2012年2月，被告人黄某向林某借款1000万元、向王某借款100万元。据专业评估机构统计，2011—2012年间黄某的公司房产总价值达1845余万元、黄某抵押的个人房产总价值为545余万元。故在借款当时，黄某具有还款的能力。此外，黄某也具有还款意愿。至案发前，除了最新向薛某所借的560万元尚未支付利益之外，黄某均按约定支付了林某和王某的借款利息。最终导致黄某无法按期还款的原因是股票投资、经营亏损和续贷手续出差错，并非因个人挥霍或其他违法犯罪活动。因此，不应当认为黄某具有将公私财物非法转为自己不法所有的目的。

（二）民事欺诈与诈骗犯罪的区分

根据《刑法》第二百六十六条的规定，诈骗罪是指以非法占有为目的，采用虚构事实或者隐瞒真相的方法，骗取数额较大的公私财物的行为。民事欺诈行为则是指在民事活动中，一方当事人故意以不真实情况为意思表示，使对方陷于错误认识，从而达到引起一定民事法律关系的不法行为。可见，诈骗犯罪与民事欺诈存在诸多相同点。司法实践中，一般从欺骗内容、欺骗程度和非法占有目的的三个方面界分诈骗犯罪与民事欺诈。

首先，就欺骗内容而言，民事欺诈是对个别事实或者局部事实的欺骗，而诈骗犯罪则是整体事实或者全部事实的欺骗。其次，就欺骗程度而言，两者的区别在于欺骗手段是否达到了使他人产生错误认识并无对价处分财物的程度。最后，诈骗犯罪是以非法占有为目的的犯罪。虽然在民事欺诈中，当事人主观上也有谋取不正当利益的目的，但这种利益是通过民事行为，如通过合同的履行而实现的合同利益。

本案中，黄某虽然伪造了房产证、土地证抵押给被害人，但所借款项均用于股市投资和偿还银行贷款等合法经营活动，即只虚构了部分事实。此外，黄某在获取借款资金后，及时向出借人出具借据，符合民间借贷的形式要件，双方实质上是一种借贷关系。最后，黄某借款时尚有偿还能力，至案发前也一直在稳定地还本付息，说明其不存在非法占有目的。因而上述欺诈行为无论从欺诈的内容、取财的形式、非法占有的目的等角度分析，均不符合诈骗罪的构成要件，不应作为犯罪处理。

三、专家建议

习近平总书记在党的二十大报告中指出："优化民营企业发展环境，依法保护民营企业产权和企业家权益，促进民营经济发展壮大。"在这样的时代背景下，法律效果与社会效果的统一是衡量案件是否成功审判的重要标尺。于个案而言，既要及时打击被告人的犯罪行为，保护被害人的合法权益；又要注意刑法的谦抑性，正确区分民事纠纷与刑事案件，保证民营企业的发展空间，最终实现法律效果与社会效果的有机统一，推动法治社会和经济社会的协调发展。同时，民营企业在日常生产经营中也应当守法经营，在合法合规中创业创新，实现个体价值和社会价值的双赢。

四、关联法条

《刑法》第二百六十六条，《中华人民共和国刑事诉讼法》第二百二十五条，《最高人民法院、最高人民检察院关于办理诈骗刑事案件具体应用法律若干问题的解释》第一条，《全国法院审理金融犯罪案件工作座谈会议纪要》第（3）项第一条。

多元自我防护，远离电信诈骗

自 2000 年以来，随着金融、电信和互联网的迅速发展，电信诈骗犯罪迅速在我国产生和蔓延。特别是近几年来，借助于手机、固定电话、网络等通信工具和现代网银技术实施的非接触式诈骗犯罪高发，给人民群众造成了巨大的财产损失，严重威胁着公民的财产安全。尽管电信诈骗的手段在不断地变化，但只要公众对电信诈骗引起足够的警惕，严密防范，不给犯罪分子可乘之机，遭受电信诈骗的概率就会大大降低。

一、案例简介

（一）基本案情

2018 年 8 月，李某等人（另案处理）购买大批电脑、手机和微信账号，并通过网络招聘被告人叶某等 10 余名"业务员"实施电信诈骗。在实施诈骗过程中，首先由"业务员"冒充证券公司与市民通话，通过话术吸引股民进入微信群，并在微信群中分享股票、期货信息吸引被害人注意。同时，"业务员"也会通过与被害人互动博取其信任。在被害人放松警惕后，"业务员"便在微信群中分享"股票分析师"的直播课程，由内部人员扮演的"老师"在课程中推出"MateTrader4"期货软件平台购买"沪深300"。随后，"业务员"便假扮股民鼓吹跟随"老师"投资获利的虚假信息，诱导被害人下载该软件并入金购买虚假股票。被害人的资金入账私人账户后，由个人取现，平台则通过虚假数字蒙蔽被害人。

截至 2018 年 12 月 26 日，被告人叶某等人通过上述方法共计骗取六名被害人人民币 428255.1 元。[①]

（二）法院裁决

1. 一审判决

一审法院审理认为，被告人叶某、杨某、周某无视国法，以非法占有为目的，伙同他人利用电信采用虚构事实、隐瞒真相的方法，骗取他人人民币 428255.1 元，数额巨大，其行为已构成诈骗罪；被告人叶某、杨某、周某在共同犯罪中起次要、辅助作用，系从犯且案发后均能如实供述自己的罪行，依法从轻处罚；被告人周某作案时未满 18 周岁，依法予以减轻处罚。依法认定被告人叶某犯诈骗罪，判处有期徒刑 3 年 9 个月，并处罚金人民币5000 元；被告人杨某犯诈骗罪，判处有期徒刑 3 年 9 个月，并处罚金人民币 5000 元；被告人周某犯诈骗罪，判处有期徒刑 2 年 3

---

① 详情可参见广东省惠州市中级人民法院（2020）粤刑终 411 号刑事判决书。

个月，并处罚金人民币 2000 元。

2. 终审判决

一审宣判后，被告人均提起上诉。二审法院经审理认为，一审法院认定事实清楚，证据确实、充分，审判程序合法，但比照本案另案处理的其他同案犯的定罪量刑情况量刑失衡，故对上诉人叶某、杨某、周某的量刑进行调整。最终认定叶某犯诈骗罪，判处有期徒刑 2 年 6 个月，并处罚金人民币 2000 元；被告人杨某犯诈骗罪，判处有期徒刑 2 年 4 个月，并处罚金人民币 2000 元；被告人周某犯诈骗罪，判处有期徒刑 1 年 6 个月，并处罚金人民币 2000 元。

二、以案说法

本案的争议焦点主要有两个：一是叶某等人的行为是否构成诈骗罪？二是叶某等人在诈骗罪中的作用如何？应该承担怎样的责任？

（一）诈骗罪的犯罪构成

诈骗，主要是指以非法占有为目的，用虚构事实或者隐瞒真相的方法，骗取公私财物的行为。诈骗罪具有以下特征：（1）行为人客观上实施了欺骗行为，包括虚构事实或者隐瞒真相，并且这种欺骗行为使得被害人陷入了认识错误，从而实施了财产处分行为。（2）行为人主观上是出于故意，并且具有非法占有公私财物的目的。（3）诈骗公私财物达到"数额较大"的定罪标准。

本案中，叶某等人所在的诈骗集团在没有取得中国证监会、国家外汇管理机构批准的情况下，擅自使用"MadeTrade4"外汇投资软件，并由业务员扮演股民鼓吹虚假的获利信息，以虚构事实、隐瞒真相的方法诱惑被害人下载该软件并入金购买"沪深

300"。在被害人的资金入金后到了公司账户，再由个人取现，造成了被害人的财产损害，符合诈骗罪的客观特征。值得讨论的是，本案中的被告人周某辩称当时其未满18岁，且这是他毕业之后的第一份工作，因为社会经验不足，并没有及时察觉公司业务属于违法犯罪，故辩解自己不具备实施诈骗的故意。对此，法院认为，叶某、杨某和周某在涉案公司中担任"业务员"，与其他同案人分工负责使用公司提供的手机、微信账号等，冒充股民的身份按照公司提供的话术在群聊中发言并鼓吹假冒的"股票分析师"，诱导被害人入金，以赚取提成，具有明显的犯罪故意和非法占有目的，周某的抗辩并不成立。最后，三人参与实施的诈骗已经达到了数额较大的罪量标准。因此，三人的行为均构成诈骗罪。

（二）共犯的认定和处罚

根据《刑法》第二十五条的规定，共同犯罪是指二人以上共同故意犯罪。共同犯罪的成立要求行为人在客观上具有共同的犯罪行为，这种行为可以以分担的方式实施。此外，犯罪人需在主观上具有共同犯罪的故意。所谓共同犯罪的故意，是指各共同犯罪人通过意思联络，知道自己和他人配合共同实施犯罪，认识到共同犯罪行为的性质以及该行为所导致的危害结果，并希望或放任这种结果发生。其中，组织、领导犯罪集团进行犯罪活动的或者在共同犯罪中起主要作用的，是主犯；在共同犯罪中起次要或者辅助作用的是从犯，应当从轻、减轻处罚或者免除处罚。本案中，叶某、杨某和周某作为业务员，在诈骗犯罪中充当"水军"，负责使用小号在微信群中吹捧、烘托"股票分析师"，以诱惑被害人入金。可见，三人作为业务员完成了自己在诈骗罪中的分工行为并明知自己在与他人配合共同骗取当事人的财产，属于共同犯罪。但由于三人在共同犯罪中仅起到了辅助作用，因此属于从犯，可以从轻、减轻处罚。被告人周某在作案时尚未满 18 岁，根据《刑法》第十七条的规定，应当从轻或者减轻处罚。

三、专家建议

面对诱惑性强、隐蔽性高的网络电信诈骗犯罪，我们要提高警惕，时刻提防。理财投资一定要到国务院金融管理部门监督管理的正规金融机构，莫因轻信网络"讲师"落入违法犯罪分子精心编织的诈骗陷阱。同时，随着电信诈骗团伙的规模化和集团化，犯罪分子通过散发大量虚假的招聘广告吸引求职者。这些无辜的求职者或是被迫或是被利益蒙蔽双眼而加入了犯罪团伙，坠入违法犯罪的深渊。因此，防范电信诈骗的危害不仅要提醒公民保护好自己的私人财产；也要警醒求职者通过正规渠道寻求工作，避免不慎落入魔窟，成为犯罪分子的帮凶。

四、关联法条

《刑法》第二百六十六条、第二十五条、第二十七条，《最高人民法院、最高人民检察院关于办理诈骗刑事案件具体应用法律若干问题的解释》第一条，《最高人民法院、最高人民检察院、公安部〈关于办理电信网络诈骗等刑事案件适用法律若干问题的意见（一）〉》第二条、第四条。

借用微信账户需谨慎

财产犯罪是一种古老的犯罪，在现实生活中极为常见。与盗窃罪、诈骗罪等财产犯罪不同，侵占罪以合法占有为前提，且当事人之间往往具有信任关系，可以通过事后协商解决，故法律规定侵占罪属于自诉罪，采取不告不理的原则。侵占罪的指控需要自诉人自行收集证据并达到确实充分、排除合理怀疑的标准，这无疑是具有一定难度的。因此，我们更应当从源头上规避风险，谨慎处置个人财产。

一、案例简介

（一）基本案情

2021 年 4 月 7 日，自诉人王某因业务需要与被告人郑某约定有偿借用郑某的两个微信账户用于资金流转，郑某不得擅自使用该两个微信和微信账户，微信账户内发生的资金往来均属于王某所有，王某向郑某支付佣金。2021 年 4 月 11 日，王某再次向郑某借用时，郑某依约将手机交付给王某，同时将手机里的两个微信及微信账户一并提供给王某使用。郑某在得知其所提供的两个微信账户收到了一系列转账资金后伺机离开现场，并立即用其另外一部手机自行登录了借给王某正在使用的两个微信账户，截留了微信账户内的资金，并将截留的资金通过微信账户提现或直接支付的方式转移至其他账户，用于偿还个人债务和消费。截至 2021 年 4 月 12 日清晨 6 时许，郑某累计转移资金 262232.97 元。案发后，郑某拒绝接听王某电话，王某随即向派出所报警。2021 年 6 月 15 日，经调解，王某与郑某自愿达成还款协议，约定郑某于 2021 年 9 月 15 日前退还全部款项。直至 2021 年 10 月 11 日止，郑某未能按照约定退还余下的款项 157232.97 元。[1]

---

① 详情可参见福建省漳平市人民法院（2021）闽 0881 刑初 96 号刑事判决书。

（二）法院裁决

法院审理认为，被告人郑某以非法占有为目的，私自将他人暂存于其微信账户中的资金转移，非法占有人民币157232.97元拒不退还，数额巨大，其行为已构成侵占罪，依法判决被告人郑某犯侵占罪，判处有期徒刑1年，缓刑1年6个月。

二、以案说法

本案的争议焦点主要在于被告人郑某的行为是否构成侵占罪？

根据《刑法》第二百七十条第一款规定，将代为保管的他人财物非法占为己有，数额较大，拒不退还的，是侵占罪。据此，代为保管他人财物和拒不退还，即合法占有变为非法占有，是构成侵占罪的两个重要条件。

首先，构成侵占罪要求行为人对他人的财物存在代为保管的事实，即合法占有他人财物。典型意义上的代为保管关系产生于保管合同之中，此外，加工承揽合同、委托合同、租赁合同、使用借贷合同、担保合同等众多的合同关系均可能存在代为保管关系。事实上的管理以及因习惯或信任关系而对他人财物的持有、管理也属于代为保管他人财物的范畴。本案中，自诉人王某借用被告郑某的微信及微信账户用于资金流转，虽然资金暂时存放于郑某的微信账户之中，但按照两人的约定，在王某借用期间的流转资金属于王某所有，与郑某无关。因此，该笔资金事实上是经郑某允许暂时存放在郑某账户中的王某财物，符合侵占罪合法占有他人财物的前提条件。

其次，构成侵占罪要求行为人具有"拒不退还"的情节，即具有将合法占有变为非法占有状态的事实。认定行为人"拒不退还"，要求行为人主观上不想退还，客观上以实际行动表明不退还的意思。如果行为人以出卖、赠与、使用等形式实际处分代为保管的他人财物后，表示愿意赔偿财物所有人的经济损失的，一般不能认定为"拒不退还"。因为多数情况下，财物的价值可以通过货币来体现，在原物不能退还时，行为人愿意用货币或者种类物来赔偿的，表明其不具有非法占有的意思，不应认定为侵占罪。本案中，被告人郑某截留微信账户中的资金后拒接王某的电话并将资金转移到其他账户用于偿还个人债务，存在明显的客观上的拒不退还行为和主观上的非法占有目的。

综上所述，被告人郑某以非法占有为目的，将代为保管的他人财物非法占为己有并拒不退还，数额巨大，构成侵占罪。

三、专家建议

近年来，随着支付模式的变革，微信账户成了常见的支付工具。作为出借人出借存有零钱或者绑定了银行卡的微信账号便伴随着被他人转移自身财产的风险。而本案中的自诉人王某是作为借入人，出于资金流转的需要借入郑某的微信账户，导致资金被出借人郑某拦截。可见，不论是出借还是借入微信账户都存在遭受财产侵害的风险。因此，我们在日常生活中，要提高"守好钱袋子"的安全意识，不要轻易地出借自己的财产账户，也不要轻易借用他人账户进行资金流转，切忌为了图一时之便或贪图小利将财产置于风险之中。

四、关联法条

《刑法》第二百七十条第一款、第三款，第六十四条、第六十七条、第七十二条。

●妨害社会管理秩序罪

银行卡、电话卡岂能随便出售

帮助信息网络犯罪活动罪，俗称"帮信罪"，是《刑法修正案（九）》增设的罪名，针对明知他人利用信息网络实施犯罪，为其犯罪提供互联网接入、服务器托管、网络储存、通讯传输等技术支持，或者提供广告推广、支付结算等帮助的行为独立入罪。非法交易电话卡、银行卡，看似是"危害不大"的间接行为，实则是信息网络犯罪链条中的重要一环，可能为电信网络诈骗、跨境赌博等犯罪行为提供便利条件，从而构成"帮信罪"。2020年10月，国务院召开会议，要求以零容忍的态度重点打击为电信网络犯罪提供"两卡"的黑灰产业链犯罪，"断卡行动"在全国范围内拉开帷幕。2023年全国两会上，最高人民检察院工作报告中提到"积极促推依法治网。五年间，坚持全链条打击，起诉非法买卖电话卡和银行卡、提供技术支持、帮助提款转账等犯罪从2018年137人增至2022年13万人"。至今，"帮信罪"已经成为我国起诉人数排第三的罪名，是发案率最高的信息网络犯罪，理应引起警惕，防止普通群众沦为犯罪的"工具人"。

一、案例简介

（一）基本案情

被告人邓某某在2021年1月25日左右，在北京市朝阳区办理银行卡四张及U盾、手机卡一张，后将上述银行卡、U盾、手机卡以交易方式明显异常的方式销售给他人，获利人民币 2100 元。后上述银行卡被他人用于电信网络诈骗支付结算，其银行卡内共计转入被骗资金 110 余万元。被告人邓某某于 2021 年 4 月 5 日被公安机关抓获。①

（二）法院裁决

北京市朝阳区人民法院经审理认为，被告人邓某某法制观念淡薄，明知他人利用信息网络实施犯罪，还为其犯罪提供支付结算帮助，情节严重，其行为已构成帮助信息网络犯罪活动罪。鉴于被告人邓某某归案后能够如实供述所犯罪行、自愿认罪认罚，对其所犯罪行依法予以从轻处罚。法院依照《刑法》第二百八十七条之二第一款之规定，以帮助信息网络犯罪活动罪判处邓某某有期徒刑 10 个月，罚金人民币 5000 元。

二、以案说法

（一）什么是"帮信罪"

"帮信罪"即帮助信息网络犯罪活动罪，目前已成为发案率最高的信息网络犯罪，且是继危险驾驶罪、盗窃罪后，我国各类刑事犯罪中起诉人数排名第三的罪名。

根据我国《刑法》第二百八十七条之二第一款的规定，明知他人利用信息网络实施犯罪，为其犯罪提供互联网接入、服务器托管、网络存储、通讯传输等技术支持，或者提供广告推广、支付结算等帮助，情节严重的，构成帮助信息网络犯罪活动罪。

（二）什么是"两卡"

"两卡"是指：1. 银行卡，包括各商业银行的个人银行卡、单

---

① 详情可参见北京市朝阳区人民法院（2021）京 0105 刑初 2239 号刑事判决书。

位银行账户及结算卡，还包括第三方支付机构的支付账户，如微信支付和支付宝等；2.电话卡，包括通信运营商、虚拟运营商的各类手机卡及物联网卡。

（三）与他人交易"两卡"与"帮信罪"有什么关系

《关于办理电信网络诈骗等刑事案件适用法律若干问题的意见（二）》第七条规定："为他人利用信息网络实施犯罪而实施下列行为，可以认定为《刑法》第二百八十七条之二规定的'帮助'行为：（一）收购、出售、出租信用卡、银行账户、非银行支付账户、具有支付结算功能的互联网账号密码、网络支付接口、网上银行数字证书的；（二）收购、出售、出租他人手机卡、流量卡、物联网卡的。"

电信诈骗犯收到赃款时为了确保安全以及"洗白"的需要，需要先"跑分"洗钱才转到自己账户，在这个"跑分"过程中，就需要借助大量他人的银行卡。在实践中，收购、出售、出租"两卡"提供给他人用于帮助电信网络上游犯罪将犯罪资金分流洗白是帮助信息网络犯罪活动罪一种典型的形态，也是实践中"帮信罪"表现最多的一种类型。很多人主观上自以为不参与上游犯罪就不是犯罪，实际上已经触犯法律，如本案中邓某某非法出售自己名下银行卡、电话卡供他人任意使用，已经构成"帮信罪"。

（四）什么是"跑分"

"跑分"的本质就是通过银行卡或第三方支付机构的支付账户，为网络赌博、电信诈骗等违法犯罪行为提供非法资金转移的渠道，将赃款分流"洗白"，增加司法机关追查资金流向的难度。

（五）如何认定"明知"

根据《最高人民法院、最高人民检察院关于办理非法利用信息网络、帮助信息网络犯罪活动等刑事案件适用法律若干问题的解释》第十一条，为他人实施犯罪提供技术支持或者帮助，具有下列情形之一的，可以认定行为人明知他人利用信息网络实施犯罪，但是有相反证据的除外：（一）经监管部门告知后仍然实施有关行为的；（二）接到举报后不履行法定管理职责的；（三）交易价格或者方式明显异常的；（四）提供专门用于违法犯罪的程序、工具或者其他技术支持、帮助的；（五）频繁采用隐蔽上网、加密通信、销毁数据等措施或者使用虚假身份，逃避监管或者规避调查的；（六）为他人逃避监管或者规避调查提供技术支持、帮助的；（七）其他足以认定行为人明知的情形。

明知是指知道或者应当知道。结合本案，一是银行卡涉及诸多个人信息，不能出租、转借、出售是社会大众的普遍认知。根据银行卡管理办法，银行卡及其账户只限发卡银行批准的持卡人本人使用，不得转租或者转借。本案邓某某将其本人办理的银行卡出售给他人，违反了银行卡管理办法。二是邓某某为获利，将电话卡、银行卡、U盾等以一定价格出售给他人，符合交易价格或者方式明显异常的条件，因此可以认定邓某某明知他人利用信息网络实施犯罪。

三、专家建议

一是小卡片背后暗藏大教训，切莫因一时贪念，将自己的银行卡、电话卡等重要的个人信息交由他人使用，以免成为电信诈骗等犯罪的帮凶，不要为了蝇头小利而困在犯罪分子铺设的"轻松赚钱"的陷阱中，沦为犯罪"工具人"。二是重视个人信息安全，珍惜信用记录，生活中妥善保管好自己的银行卡、电话卡，一旦丢失应立即挂失处理。三是发现非法买卖身份证件、银行卡、电话卡等违法行为时，应及时向公安机关举报。

四、关联法条

《刑法》第二百八十七条之二。

守护头顶安全，抵制高空抛物

近年来，各地频发高空抛物案件，引起了群众的广泛关注和对生命财产安全的担忧，高空抛物也被称为"悬在城市上空的痛"。高空抛掷出的物品，在重力加速度的作用下，高度越高，到达地面时的速度也就越快，一个很小很轻的物体产生的冲击力也足以造成人员伤亡、财产损失。《人民日报》曾对"高空抛物"的杀伤力进行过解读：从18楼扔下一颗4厘米长的铁钉，能插入颅骨。一个空易拉罐从15楼扔下，可将行人头骨砸破；如果从25楼扔下，可致人死亡。一个重量为30克的鸡蛋从4楼扔下，可将行人头部砸出个肿包；从18楼扔下，可砸破颅骨；如果从25楼扔下，冲击力足够致人死亡。由于高空抛物行为轻则造成公私财产损失，重则危及公共安全，甚至造成人员伤亡，严重扰乱社会秩序，2021年3月1日施行的《中华人民共和国刑法修正案（十一）》，以立法形式将高空抛物行为单独入罪，用法律手段震慑高空抛物者，警示高空抛物不是"不出事就没事"的行为，切实保障人民群众"头顶上的安全"。

一、案例简介

（一）基本案情

被告人张某于2021年6月25日19时许，在其位于北京市西城区的家中（居民楼三层），使用弹弓通过家中厨房窗户向室外高空弹射钢珠数颗，弹射方向附近区域为人员密集区；被告人张某于当日 22 时许在接到民警电话后，将其当时所处位置告知民警，后被赶至该地点的民警抓获，民警从其家中起获弹弓 25 把及配件若干，民警另从附近捡拾钢珠 8 颗。[①]

（二）法院裁决

1. 一审判决

北京市西城区人民法院经审理认为，被告人张某从建筑物内向外抛掷物品，情节严重，侵犯了社会公共秩序，已构成高空抛物罪，依法应予惩处。张某存在自首情节，可依法从轻处罚。法院依照《刑法》第二百九十一条之二第一款之规定，以高空抛物罪判处张某有期徒刑 8 个月，并处罚金人民币 1 万元。

2. 终审裁定

北京市第二中级人民法院经审理认为，原判认定上诉人张某犯高空抛物罪的事实清楚，证据确实充分，定罪及适用法律正确，量刑适当，审判程序合法。上诉人张某在二审审理期间撤回上诉的申请，符合法律规定，裁定准许上诉人张某撤回上诉。

二、以案说法

根据我国《刑法》第二百九十一条之二第一款的规定，从建筑物或者其他高空抛掷物品，情节严重的，构成高空抛物罪。

（一）对"建筑物或者其他高空"和"物"的理解

1. 建筑物或者其他高空。高空抛物表现为从建筑物或者其他高空抛掷物品。建筑物是指人工建筑而成的所有东西，既包括房

[①] 详情可参见北京市第二中级人民法院（2022）京 02 刑终 110 号刑事裁定书。

屋，又包括构筑物；其他高空是指距地面较高的空间，如热气球、脚手架、吊装机械等。此处的建筑物要求具有"高空"的特征，即距离地面有一定高度；其他高空也要符合"建筑物"的特征，对行为危害性影响应与"建筑物"具有相当性，比如要求高空处要存在人员，抛掷物品可能造成人员伤亡等。

那么，高空抛物的"高"究竟如何认定呢？"高"是一个模糊的概念，也因此具有相对性。在本罪认定中，也应将高空理解为一个相对的概念，具体落差应应当结合法益和罪状综合进行确定，同时不应违背社会公众的一般认识。例如从住宅楼 1 层窗户向小区路面抛掷垃圾，显然不符合一般人对高空的认识；又例如从住宅楼 20 层向外抛掷一个小型塑料袋，高度虽然符合了，但显然也不符合一般人对抛物的认识。

需要指出的是，一般情况下，由地面向上抛掷物品不属于高空抛物。但本案中张某虽是从三层向室外高空弹射钢珠数颗，但是弹珠弹射出后确是从高空加速向下冲击，仍符合高空抛物的定义。

2. 何为"物"。日常生活中的物品或者带有危害性的物品都可以认定为高空抛物中的"物"。如本案中，张某弹射出的弹珠同样属于"物"的范畴。

（二）行为人的主观内容对认定本罪构成影响吗

实践中，行为人高空抛物的主观因素多种多样，有因矛盾琐事向楼下随意抛物，有因情绪失控向外抛物，也有贪图便利将垃圾等杂物从家中直接抛出的，不论持哪种主观心态，其故意的目的是实施高空"抛物"的行为，则其主观上即是置所抛物品可能导致人员伤亡或者财产损失于不顾，放任具体危险的发生，情节严重的，均可能构成本罪。但高空抛物犯罪的行为人普遍不具有毁坏财物、致人死伤的主观故意，如果抛物是为了故意毁坏特定物品、砸死或者砸伤特定人，那么就要以故意毁坏财物罪、故意杀人罪和故意伤害罪论处。

（三）高空抛物罪不问结果

当行为人实施了高空抛物行为，只要情节严重，即可构成犯罪。前已述及，高空抛物本身具有不可估量的危险性，对不特定人的生命和财产安全造成了巨大威胁，损害结果不是高空抛物罪的构成要件。本案中，张某弹射弹珠的行为并未造成人身损害，也未被认定造成财产损失，但其行为情节严重，仍构成高空抛物罪。

（四）怎样算情节严重

当前对于"情节严重"包括哪些具体情节，法条并未作出进一步的细化，也还没有出台司法解释对"情节严重"作出具体规定，有赖于司法机关在个案中运用自由裁量权进行分析。司法实践中，法官一般是从行为人主观恶性及主观认知、抛物行为本身的危险程度、抛物的场所以及行为损害后果几个层面，因案而异对"情节严重"进行分析认定。

例如行为人多次高空抛物；所抛物品为具有危险性的物品，或者物品较重；在人群密集的时间、场所实施高空抛物行为；抛物行为造成他人人身轻微损伤（造成重伤或者致人死亡的，则可能以危险方法危害公共安全罪或者过失致人死亡罪进行评价），或者财产损失，或者造成他人心理恐慌，造成公共秩序混乱等，都可能符合"情节严重"的认定。

三、专家建议

一是增强法律意识和风险防范意识，充分认识高空抛物的危害性及严重法律后果，不要"以身试法"，从自身做起，自觉抵制高空抛物行为。二是加强防范高空坠物的意识，路过高层建筑，尽量走有防护的内侧；经过悬挂物多的楼房或老旧楼房时，要快速通过；途经正在进行高空作业的建筑，绕道而行。三是在保证自身安全的前提下，鼓励群众与高空抛物不法行为作斗争，协助司法机关调查。

四、关联法条

《刑法》第二百九十一条之二。

捏造事实打"假官司"可能被追刑责

虚假诉讼俗称"打假官司"，多为涉财型纠纷，行为人为通过胜诉获得不法利益，捏造事实、编造虚假证据，甚至恶意串通，将维护公平正义的司法程序当作敛财的工具。涉及企业纠纷、民间借贷的虚假诉讼手段隐蔽，难以识别，对社会诚信和经济秩序造成重大影响。近年来，虚假诉讼案件也成为检察机关重点监督和纠正的民事案件类型。2018 年至 2022 年，全国检察机关依法纠正虚假诉讼案件约 4 万件。打"假官司"作为严重的损害司法秩序、司法权威和他人合法权益的行为，不仅可能导致原有判决的撤销，还会招致刑事处罚。

一、案例简介

（一）基本案情

杨某甲（另案处理）先后向被害人徐某田借款 5 次，2019 年11 月 18 日，杨某甲将其捏造的对被害人徐某田享有的 3050 万元债权转让给被告人杨某乙和尹某。其后，杨某乙等人明知该债权系捏造，仍在杨某甲指使下，将受杨某甲委托多次转账给徐某田的还款声称为借款，帮助杨某甲出具虚假证明用于民事诉讼。2020年1月16日，杨某乙等人在明知该债权系捏造的情况下，作为原告向法院提起诉讼，要求徐某田及其妻子偿还本息，并提出了诉讼保全申请。法院作出裁定查封、冻结被害人名下财产3050万元。后被害人报案，侦查机关受理立案，法院裁定驳回杨某甲等人的民事起诉，解除对被害人财产的查封。[①]

（二）法院裁决

针对虚假诉讼的指控，杨某乙等人及辩护律师认为几人本意是希望通过夸大借款金额，提高标的额从而在中院进行诉讼、借助司法审计厘清复杂借款关系，属于部分篡改，不属于《刑法》规定的虚假诉讼罪"无中生有、凭空虚构的捏造事实"的范畴；且民事诉讼并未审结，法院并未根据捏造的事实作出裁判文书，因此并未造成妨害司法秩序的后果。

法院根据转账凭证、对账单等证据，认为杨某乙把还款凭证谎称借款凭证进行起诉，属于捏造事实提起民事诉讼，并非部分篡改。且在诉讼中从未提及借此诉讼清理双方账目的意图，并隐瞒被害人数次借款给杨某甲的事实，"清理账目"的辩解无据可查。虚假诉讼导致法院作出裁定，即使没有审结，也已经妨害了司法秩序和被害人的合法权益。因此，认定杨某乙等人构成虚假诉讼罪，判处10个月至1年7个月不等有期徒刑。

[①] 详情可参见广西壮族自治区桂林市七星区人民法院（2020）桂0305刑初176号刑事判决书。

二、以案说法

虚假诉讼是以捏造的事实提起民事诉讼，妨害司法秩序或者严重侵害他人合法权益的行为。本案的争议焦点主要有两个：一是杨某乙等人的行为是不是"以捏造的事实提起民事诉讼"？二是该虚假诉讼行为是否"妨害司法秩序或者严重侵害他人合法权益"？

（一）捏造事实

最高人民法院、最高人民检察院下发的《关于办理虚假诉讼刑事案件适用法律若干问题的解释》认为，只有"无中生有"、凭空捏造民事法律关系提起民事诉讼才可以构成虚假诉讼罪，"部分篡改型"行为不构成虚假诉讼罪。这是因为如果行为人与他人之间确实存在真实的民事法律关系和民事纠纷，则其依法享有诉权，即使其篡改部分案件事实，亦不能认定为虚假诉讼罪，否则不符合惩治行为人故意制造自己具有诉权的假象，从而达到个人非法目的的行为的立法原意。[①] 本案中，杨某乙等人及其辩护人以"通过民事诉讼理清双方债权债务"作为辩护理由，是为了解释行为人在复杂的债权债务关系中存在诉权，因此并非"无中生有"地捏造事实提起民事诉讼。但杨某乙等人后期高达 62 次的转账凭证与杨某甲和受害人直接约定的借款本金、利息相符，且均备注为往来款、货款等。在多次供述中，杨某乙也表示是受杨某甲指使，明知相关转账是还款而非借款。因此，尽管双方转款关系较多较复杂，但将还款谎称为借款的行为并非"部分篡改"，而是"捏造事实"，属于债务人与他人恶意串通，颠倒、虚构债

[①] 周峰、李加玺：《虚假诉讼罪具体适用中的两个问题》，载《人民法院报》2019年09月12日第6版。

权债务关系，提起虚假诉讼。

（二）妨害司法及侵害他人权益

构成虚假诉讼罪，需要在客观上妨害司法或者侵害他人合法权益。司法解释规定，"以捏造的事实提起民事诉讼，有下列情形之一的，应当认定为刑法第三百零七条之一第一款规定的'妨害司法秩序或者严重侵害他人合法权益'：（一）致使人民法院基于捏造的事实采取财产保全或者行为保全措施的；……"可见，判断虚假诉讼行为是否妨害司法或者侵害他人合法权益，并不是以民事案件是否审结作为标准。仅仅促使法院开庭审理虚假诉讼案件，也会浪费司法资源，扰乱正常的诉讼活动，属于"妨害司法"行为。未审结案件中的保全措施，限制了权利人对合法财产行使权利，具有危害性。本案中杨某乙等人以捏造的事实向法院提起民事诉讼，并申请财产保全，导致法院作出裁定书，查封、冻结了被害人夫妻名下的房产和银行账户长达数月，不仅妨害了司法秩序，浪费司法资源，而且严重侵害了被害人对财产的合法权益。

三、专家建议

诚信是社会和谐的基石和重要特征，也是社会生活和经济发展稳定的重要因素。为净化诉讼环境，提升司法公信力，助力诚信社会的建设，整治打击虚假诉讼行为势在必行。作为社会成员，在日常生活和经济交往中，要诚实守信，对法律保持敬畏之心，切忌萌生"钻空子"的念头，不可恶意串通或者捏造事实，提起虚假诉讼谋求不法利益。在涉及复杂情况和诉求时，多请教法律专业人士，并如实告知真实情况和相应证据，寻求法律意见，合法合理利用法律手段维护自身权益。从事民事审判的法官，要保持警惕之心，善于识别虚假诉讼，如果因为法官的疏忽或者故意导致虚假诉讼造成后果，法官需要承担责任，甚至是刑事责任。行为人实施了虚假诉讼行为，要及时纠正消除影响，已经被刑事立案的，要从主观故意、客观行为和危害后果等方面寻求出罪路径，不能出罪的，要争取从宽处理。

四、关联法条

《刑法》第三百零七条之一，《关于办理虚假诉讼刑事案件适用法律若干问题的解释》第一条、第二条、第三条。

"假公济私"终改变不了贪污本质

在实践中，不乏这样的情形，行为人为了达到其贪污目的，明目张胆打着"为公"的目的，其实质是"为私"，以掩人耳目；或者司法机关、监察机关在调查时，辩解其行为是"为公"，以逃避法律的惩罚。事实上，这些都掩盖不了其犯罪的本质，只要司法、监察机关仔细调查，认真甄别，拨开迷雾看本质，就会揭露行为人利用职务便利，采取虚假手段窃取、骗取、占有公款的犯罪行为。

一、案例简介

（一）基本案情

2008年3月至2009年3月，被告人张某利用负责科研实验的职务便利，以支付临时工劳务费的名义，先后分17次从某大学骗领科研经费共计人民币25.5万元。上述钱款并未实际发放，均与其他实验报销款一同汇入张某的银行个人账户，被用于日常消费。

2011年3月，被告人张某利用负责无人飞艇遥感平台项目的职务便利，在向某科技公司订购遥感平台时，与该科技公司负责人串通，采用虚增合同价款，待货款到账后再由该科技公司部分返还提现的方式，从某研究所骗取科研专项经费人民币45万元。后张某使用部分赃款购买越野车1辆，并给付与其一同参与该项目的某学院副教授刘某人民币 8 万元。

（二）法院判决

1. 一审判决

一审法院认为，被告人张某身为国有事业单位中从事公务的人员，利用负责科研项目，支配、使用科研经费的职务便利，采用虚列支出、虚增合同价款等方式骗取国家下拨的科研经费共计人民币 70.5 万元，其行为已构成贪污罪，应予惩处。公诉机关指控被告人张某犯贪污罪的证据确实、充分，指控罪名成立，但部分事实不清、证据不足，依法予以纠正。公诉机关据以指控张某以虚报发票的方式贪污科研经费的证据尚未达到确实、充分的证明标准，不能得出张某使用虚假发票报销或重复报销的唯一结论。被告人张某的相关辩解及其辩护人的相关辩护意见酌予采纳。张某在报销时虚列临时工劳务费支出，骗取科研经费并占为己有，其行为属于贪污，应当依法予以惩处。关于被告人张某及其辩护人认为张某买车是为了用于实验，没有贪污的主观故意的辩护意见，以及辩护人提出张某系自首的辩护意见法院均不予采纳。综上，判决认定，被告人张某犯贪污罪，判处有期徒刑 11 年。

2. 终审判决

二审期间，上诉人张某及其辩护人的主要上诉理由及意见之一是利用 45 万元专项经费的部分钱款所购车辆系用于实验，故不能认定为贪污。对此，二审法院认为，一审法院所认定的相关事实有在案证据相互印证，能够证明张某主观上具有非法占有的故意，客观上实施了虚增合同价款，将科研经费据为己有的行为，其行为符合贪污罪的构成要件。上诉人张某身为国家工作人员，利用职务上的便利，骗取公款，其行为已构成贪污罪。一审法院根据张某犯罪的事实，犯罪的性质、情节和对社会的危害程度所作出的判决，认定事实清楚，证据确实、充分，定罪及适用法律正确，量刑适当，审判程序合法，应予维持。故裁定驳回上诉，维持原判。

二、以案说法

从本案判决看，针对张某采用虚增合同价款，骗取科研专项经费人民币45万元的事实是否构成贪污犯罪，张某本人以及辩护人都提出了其涉嫌犯罪的行为是"为公"，不构成贪污犯罪的辩解，这是贪污犯罪案件中最为常见的辩解理由之一。在涉嫌贪污案件的侦查、起诉和审判过程中，行为人往往会提出其利用职务上的便利，侵吞、窃取、骗取或者以其他手段占有公共财物的行为，不具有占有公共财物的故意，其行为、手段虽然违法了相关规定，但是目的是正当的，不具有非法性，所以其行为不应该认定为贪污犯罪。这就看出，行为人在强大利益的驱使下，会逐渐产生犯罪的目的，当权衡利弊，行为人认为其行为方法、手段非常隐蔽，不会被他人发现，从而就会铤而走险，走上犯罪的道路。这就是典型的侥幸心理。当其行为被司法机关、监察机关调查，行为人就会积极地找理由、找借口，为其行为不是犯罪进行辩护。这就是典型的畏罪心理。从贪污犯罪来看，多数犯罪行为人为自己寻找的辩解理由都是其行为虽然不规范、不正常，却是"为公"目的。通常，判断一个行为是一般的违纪行为还是违法行为，可以从以下两个方面进行判断。

第一，从程序上看，公共财产的使用是不是履行了正常的审批手续。

如果履行了正常的审批手续，那么公共财产的使用一般都是在监督下使用的，经历多个层级、岗位的监管，保证了公共财产使用的合法、合规性。如果行为人具有犯罪的目的，一般都会逃避财务的监管，不走正常的审批手续，采取违法的程序，使得公共财产处于不受监管的状态，行为人才能轻而易举地将其占为己有。就本案来说，被告人张某的供述与证人的证言均能证实，无人飞艇的总价款为 50 万元，而张某在签订合同前即与他人约定将总价款提高至 95 万元，事后他人再将多余的 45 万元返还，后张某将该款中的绝大部分用于购车使用。张某辩解其购车是"为公"，却没有履行公车购买的正常财务审批手续，正是其程序的非法性揭露了其将公款非法占为己有的故意。

第二，从实体上看，公共财产的使用用途是不是用于公务。

如果行为人将公共财产用于个人，那其占有公共财产的目的就很明确了。实践中有的行为人为了达到其逃避惩罚的目的，将公共财产公私混用，以此来掩盖其犯罪行为，此案就是如此。这种情况下对行为人此等辩解就要进行认真、仔细、合理的分析，对行为人的犯罪目的进行判断。在本案中，虽然辩护人当庭出示了多份证据证实，无人飞艇进行野外实验需要配套用车，但一方面张某等人在上报购置计划时并未将配套用车列入其中、某科技公司的相关方案中也将配套用车列为选装设备，可见配套车辆对于无人飞艇实验并非不可或缺；另一方面，即便无人飞艇实验确实需要配套用车，在车辆未获审批的情况下，仍可通过租赁、借用等多种方式解决，实验需要显然不能成为张某套取科研经费为自己购买车辆的理由。同时，张某使用赃款购买越野车，并在据为己有后将车辆用于科研实验的短期行为，并未改变涉案车辆的权属，亦不能改变张某侵吞科研经费的行为性质。鉴于涉案的无人飞艇设备已完成国有固定资产登记，张某亦已将所购车辆登记于个人名下，辩护人关于待某遥感综合实验场验收时将车辆一并归入某大学固定资产的意见显然不具备操作的可能。最终，法院认为张某的上述行为已经符合贪污罪的构成要件，而对相关辩解及辩护意见未予采纳。

由此可见，张某具有虚报合同价款套取科研经费的主观故意，其相关行为属于名义"为公"，实质"为私"的贪污行为。

三、专家建议

"莫伸手，伸手必被捉""要想人不知，除非己莫为"这样的谚语对此类行为都有一定的警示意义。对那些抱有侥幸心理，游走在犯罪的边缘，面对强大利益而没能禁得起诱惑的人来说，此案就说明了一个问题，名义上"为公"，实质"为私"的行为，只要拨开迷雾，司法、监察机关根据证据，就能得出行为人是"假公济私"的准确判断以及行为人行为非法性的结论。这样看来，行为人费尽心思，最终不仅到手的钱财又失去，还要受到《刑法》的严厉处罚，着实是竹篮打水一场空，得不偿失。

四、关联法条

《刑法》第三百八十二条、第三百八十三条。

借钱不当，也会触犯法律

如果你的资金出现短缺了，你会怎么办？人的第一反应可能是借钱。但就是这一看似平凡得不能再平凡的行为，却可能暗藏着巨大的风险。这不是危言耸听，因为在我国的刑法中，有些钱是不能借的，下面这个案例就是情形之一，当事人刘某借钱"借"来了六个月的刑期。

一、案例简介

（一）基本案情

被告人刘某带资承建某市某小区工程需要资金，于是多次找到时任某市某购销公司法定代表人戴某，希望其能借点资金用于工程项目建设，并承诺给戴某个人好处费，戴某答应，并表示待其单位出借的资金收回后借给刘某。2013 年 2 月 7 日，戴某所在公司收回 200 万元借款中的 45 万元本金，当日，戴某将 45 万元转到刘某的银行账户中。后刘某向戴某出具了借条，双方约定刘某在按时向戴某所在公司支付 45 万元借款月息 1.5% 的利息外，每月另支付戴某个人 0.3 万元的好处费。2022 年 7 月 6 日，被告人刘某在立案前主动投案，后向纪委、监委退款 15 万元。

（二）法院裁决

法院认为被告人刘某利用他人职务上的便利，挪用公款进行营利性活动，数额较大，其行为构成挪用公款罪。鉴于被告人刘某犯罪以后自动投案，如实供述自己的罪行，系自首，且在共同犯罪中起次要作用，是从犯，能够自愿认罪认罚，最终以挪用公款罪，判处有期徒刑 6 个月。

二、以案说法

本案事实并不复杂，但却对具有大额资金需求，尤其是用做经营资金的人有一定的风险警示作用。我国《刑法》第三百八十四条规定了构成挪用公款的三种情形，其前提在于国家工作人员利用了职务上的便利，三种情形分别为：（1）挪用公款归个人使用，进行非法活动的；（2）挪用公款数额较大，进行营利活动的；（3）挪用公款数额较大，超过三个月未还的。由此可见，并非挪用了公款就构成本罪，而需要满足前述条件。本案就属于其中的第二项，挪用公款数额较大，进行营利活动的情形。那么会有人问，刘某自己并不具有挪用公款的职务便利，只是向戴某借款而已，为什么会被认定为挪用公款罪？下面我们从四个层面讲解下本案中刘某的构罪逻辑。

（一）涉案钱款是"公款"，且数额较大

本案是适用简易程序审理的案件，判决所载内容有限，因此在此单纯就一般意义上的"公款"和"数额较大"做简单介绍。

1.这里所说的公款，通常是指国有财产、劳动群众集体所有财产、用于扶贫和其他公益事业的社会捐助或者专项基金的财产，此外，在国家机关、国有公司、企业、集体企业和人民团体管理、使用或者运输中的私人财产，也被视为公共财产。同时"公款"不仅限于钱款，还包括特定的款物、有价证券。

2.关于"数额较大"的标准，相关司法解释有明确规定，三种情形下，入罪的数额标准不尽相同，对于第一种情形，数额要求达到3万元；而对于后两种情形，则要求达到5万元以上。就本案而言，显然已经符合了钱款性质以及数额的要求。

（二）有国家机关工作人员利用职务便利，对公款进行了挪用

挪用公款罪犯罪主体是国家工作人员，对此，在《刑法》第九十三条中有详细的界定，主要是指国家机关中从事公务的人员以及国有公司、企业、事业单位、人民团体中从事公务的人员和国家机关、国有公司、企业、事业单位委派到非国有公司、企业、事业单位，社会团体中从事公务的人员等。

同时国家工作人员必须利用了自己的职务便利，就是指国家工作人员利用了其基于前述身份、职务所拥有的经手、管理公共财物的便利条件。在本案中，戴某具有上述国家机关工作人员身份，并且利用了其担任公司法定代表人对公司资金有一定的管理和决策权限，将公司的资金出借给刘某使用，符合了该构罪条件。

（三）公款被用于营利性活动

在实践中，公款被挪用的用途有很多，而用于营利性活动是较为普遍的。"营利性活动"的界定相对比较宽泛，一般用于经商、投资、放贷、投产，甚至存银行吃利息都属于营利性活动，是本罪规范的范畴。本案中，戴某挪用资金供刘某投入小区建设项目，并收取利息，显然属于营利性行为。

（四）刘某系戴某前述行为的共犯

刘某作为非国家工作人员，自然不具有相应的职权，无法利用自己的职务便利获取资金。真正造成刘某构成本罪的原因在于本案是共同犯罪。共同犯罪是指共同故意犯罪，是两个以上的行为人对所实施的犯罪行为具有意思联络，明知自己的行为会发生危害社会的结果，并且希望或者放任这种结果发生，进而实施了相关的行为。在这种情况下，行为人对于犯罪行为所造成的结果，均应承担刑事责任。本案中，戴某利用自己的职务便利，将公司资金出借给刘某，用于刘某的工程建设，并收取利息及好处费，其行为符合挪用公款罪的犯罪构成，而刘某对此均具有明知，二人形成了一致的挪用公款的意思表示，并最终将款项挪作他用，二人构成挪用公款的共同犯罪，刘某需为此承担刑事责任。

司法实践中，不少借款人为了获得国家工作人员的借款，往往指使国家工作人员将公款借给其使用，与国家工作人员一起策划、帮助实施借款行为，以各种名义、采取各种手段掩盖国家工作人员的借款行为，甚至司法机关、监察机关对其该借款行为进行调查时，还采取订立攻守同盟、编造虚假陈述等手段，以掩盖其犯罪行为，逃避法律制裁。

特别要指出的是，古话说"无利不起早"，国家工作人员之所以将公款挪用给他人，往往是为了一定的经济利益。所以，在挪用公款的同时，除涉嫌挪用公款犯罪，也会伴随着受贿行为，少则几万元，多则几百万上千万元。对于挪用公款又索取、收受贿赂构成贿赂犯罪的，依据数罪并罚的规定，对国家工作人员会按照挪用公款罪与受贿罪两个罪定罪处罚。

三、专家建议

基于这个案例，可以从有权者和借款者两个角度作出一些提示。第一，挪用与占有有本质的区别，占有的行为人相对更为决绝，而挪用更多的是侥幸心理，尤其对于后两种挪用公款的类型，一般都是认为钱款能够安全、按时归还。但事实上，钱款一旦挪用，很多事情由不得自己把控，比如用于投资等营利性活动，盈亏难料不说，行为本身就是被禁止的，因此对于戴某这样的有权者，构成挪用公款罪的风险系数极高；第二，对于本案刘某一样的借款人，相信如果有这方面的法律意识，就不会"病急乱投医"，借款有很多途径，千万不能不管钱款性质，觉得谁有权有钱就找谁借，这样借来的可能不只是钱，还有风险。

四、关联法条

《刑法》第二十五条、第九十一条、第九十三条、第三百八十四条，全国人民代表大会常务委员会关于《中华人民共和国刑法》第三百八十四条第一款的解释第七条、第八条，《最高人民法院〈关于审理挪用公款案件具体应用法律若干问题的解释〉》。

"假借条"难掩"真受贿"

随着国家反腐力度的持续加大，贪腐的手段不断"推陈出新"，翻出了各种花样。其中"以借款之名"的受贿方式被认为是隐蔽性极强的"高招儿"。毕竟生活中，谁家都有个"手短"的时候，跟朋友"借钱"总是名正言顺的吧！于是事前打借条、事后补借条，种种操作下来，却照样儿落得锒铛入狱，为什么？因为"假借条"掩盖不了"真受贿"，"以借为名"的受贿只是掩耳盗铃的把戏而已。

一、案例简介

（一）基本案情

任某是某实业有限公司（以下简称"某公司"）经理，王某是某镇某委副书记，二人均负责国家"×号工程"征地项目。2013年底，王某计划投资某公司储备用地，用于经营牟利，期望被告人任某能利用职务之便提供帮助。因"×号工程"计划将某公司储备的某镇某村的70亩土地申报为配套项目用地，因此增值空间大，任某遂将该地块推荐给王某，并承诺后续在申报项目及办理土地手续时，也会提供帮助。王某联合王某甲、侯某三人共同投资。王某以另一公司委托代理人身份，于2013年12月10日与某公司签订土地转让协议，并缴纳土地保证金120万元。

在土地转让协议签订后，任某向王某提出借款30万元用于帮助其儿子购房。王某出于请托任某在投资土地事由上提供帮助的考虑，便安排王某甲汇款。2013年12月31日王某甲委托其朋友向任某提供的其儿子的银行账户转账 28 万元。嗣后，任某和王某在交往中，就 28 万元借款达成系在土地转让过程中送给任某的好处费。2019 年 1 月，该宗土地转让失败。2019 年 10 月下旬，任某为了掩盖其受贿犯罪，向王某出具 28 万元虚假借条一张。此外，任某还基于帮助吴某承揽拆迁工程收受吴某 3 万元，受贿总计 31 万元，已全部退缴。

（二）法院裁决

法院认为被告人任某身为国家工作人员，利用职务上的便利，非法收受他人财物，为他人谋取利益，数额巨大，其行为已构成受贿罪。鉴于被告人任某经其单位通知，主动前往指定地点接受谈话调查，向办案机关主动交代组织尚未掌握的犯罪事实，具有自首、立功、自愿认罪认罚等情节，最终以受贿罪，判处被告人任某有期徒刑 3 年 6 个月，并处罚金 30 万元，受贿 31 万元依法予以没收。

二、以案说法

从本案判决看，任某构成受贿罪这一事实并无大的争议。但对于读者而言，本案却具有较强的镜鉴意义，关键在于"以借为名"的受贿如何认定？

在司法实践中，像本案中任某一样，以借款名义收受贿赂的情况不在少数，此类案件中，受贿人多以是借款为由提出抗辩，主张自己并非受贿，甚至能够提供借据为证。从实践来看，有的是行受贿双方一开始就以借款为名行行受贿之实，有的是案发以后，为掩盖行受贿犯罪事实，而以借款为名对抗调查，试图蒙混过关。由于民间借款较为普遍，尤其再有相应的借据，的确在形式上很难与正常的借款行为进行区分，但虚假的借款行为也并非

349

无从判断和认定。通常，区分正常借款和受贿行为多从以下几个角度出发：

（一）根据借款本身是否具有异常因素进行甄别

异常因素一：无借款凭证。

日常生活中的借款，除关系极为亲近，或者借款数额非常小，一般借款双方会签相应的借款凭证，因此，对于无任何凭证，在收受钱款后仅口头辩解是借款的，在无其他证据佐证的情况下，通常会被认定为异常因素。

异常因素二：无借款的正当事由。

发生借款一般是发生了资金周转问题，无论是出于什么原因，对于抗辩称相关钱款是借款的情况下，必然会涉及借款的原因、事由问题。如果所述的事由是正当的，且有据可查的情况下，一般可以排除为异常因素，反之则会被认为存在异常。

异常因素三：借款双方的关系。

出借人和借款人的关系是比较敏感的因素，通常会考虑两个方面，一是二人是否熟识；二是二人间是否具有业务往来关系。

关于双方是否熟识的考虑，主要是从常理的角度出发，借款人有困难一般是找自己的父母、兄弟姐妹、发小同学、亲朋好友等熟人，很少绕过熟人找不熟识的人借款。因此，如果出借人与借款人生活中并无交集或交集较少，会被认为是一种异常因素。

案件中较难处理的是双方存在着业务关系，案发以后都以双方是朋友，来往较多，所以找对方借款为由而抗辩司法机关。这时候，需要判断出借人与借款人之间是否有业务，且业务与借款人的职务间是否存在关联。如果有关联，则通常会考虑发生借款前后是否出借人实施了与借款人业务相关的职权行为，如果答案是肯定的，会被认为是重大的异常因素。

（二）根据资金流向和实际用途进行甄别

关于利用资金流向和实际用途判断是借款还是受贿一般包括两方面，一是资金是转给公职人员还是其他特定关系人；二是资金是否切实用于解决资金缺口。

在受贿案件中，经常会看到所谓的"借款"在资金流转中不仅没有相应的标识或迹象反映是借款，且资金并不通过该公职人员，而是通过公职人员的特定关系人，如配偶、子女等账户进行收取，同时，相关资金并非用于通常可作出正常解释的资金缺口，而是用于存储或用于购置房产、大宗投资等；这种情况一般偏向于认为借款存在虚假。也有一些情况是行为人将所谓的"借款"用于借口的用途，比如购房、购车、投资等等，但是，通过仔细的调查就可以发现，借款人有富余的存款，其进行购房、购车、投资等，本人家庭的经济能力完全可以承受，但是，他却以购房、购车、投资为名，向有业务关系的人借款，这种情况也能判定其名义上是借款，实质是索要钱财。

（三）根据资金返还情况进行甄别

借款的最终结果是还款，而受贿的本质与之相悖。因此在判断钱款性质时借款人是否有实际的还款行为，以及是否具有还款的能力是重要的考量因素。如果在借款后，尤其是很长的一段时间内，借款人无还款行为，出借人也无追偿行为，无法做出合理的解释，或者借款数额巨大，借款人根本不具有还款的能力，大概率在这个甄别层次被认定为异常。

综上可见，判定借款还是受贿，并非有借据就能作出判断，这是一个全面的、穿透式的综合性分析判断过程，这也是本案中虽然任某事后补签了一份借条，但其本身不具有借款的上述基本要素，且命中了诸多的异常因素，是最终被判定为受贿行为的重要原因。

三、专家建议

公职人员除了是职场人，更是社会人，在生活中也不可避免地会遇到经济上的困难，一方面，守住底线，不用自己的职权作为金钱的交换是根本；另一方面，在真的发生借款时，尽量避免向容易产生质疑的人员借款，同时，不管与出借人是何种关系，如何熟识，都建议履行必要的借款手续，并将能够证明借款原因、用途、还款情况等方面的证据材料进行留存，这样至少在必要的情况下能够有效保护自己，避免被认定为受贿。

四、关联法条

《刑法》第三百八十五条、第三百八十六条，最高人民法院《全国法院审理经济犯罪案件工作座谈会纪要》第三条第（6）项。

"人情世故"中的风险

在日常生活中，或许你会听到过这样的夸赞——这人挺会办事儿。这一般是说这人懂得人情世故，会为人处世。在人情社会里，这当然是句褒奖的话，但也就是在这样的人情世故中，有些事却变了味儿，潜藏着不小的风险。

一、案例简介

（一）基本案情

被告人徐某是某粮食厂负责人，在 2016 年与某国家粮食储备库购买粳稻的过程中，认识了该储备库的主任郑某，徐某为能与郑某维持良好关系，保持其经营的某粮食公司与该储备库的正常生意往来，于2017年初送给郑某现金人民币3.5万元，后又于2017年8月，送给郑某现金人民币6万元。后被告人徐某经监察委员会电话通知到案，其对相关事实没有异议，签字具结。

（二）法院裁决

法院判决认为，被告人徐某在经济往来中，违反国家规定，给予国家工作人员以财物，数额达95000元，其行为已触犯刑律，构成行贿罪。但鉴于被告人徐某主动到案并如实供述犯罪事实，属自首，且认罪认罚，系初犯、偶犯，故对其依法从宽处罚，认定被告人徐某构成行贿罪，判处有期徒刑6个月，缓刑1年，并处罚金人民币10万元。

二、以案说法

这是一件并不重大复杂的案件，但小案件后面隐藏的法律道理却能给人以警示。中国是一个人情社会，当一个人过年过节，或者家庭遇到婚丧嫁娶这样的大事时，亲朋好友之间给予一定的财物、礼金表示庆贺、哀悼，是中国人几千年流传下来的风俗、礼节。在经济往来中，一些人为了获得一定的利益，会寻找机会给予国家工作人员一定的好处。那么，在过年过节的关键节点或者国家工作人员家庭遇到婚丧嫁娶这样大事的时候，以祝贺、哀悼、表表心意等方式给予一定的好处，就成为一些不法商人的捷径。以本案来说，徐某貌似没有什么明确的经济诉求，好像没有谋取任何不当的利益；但是，当我们拨开表面看实质，就不难看出，其目的是能够维持良好的关系，保持生意上的正常往来，这就是实实在在的利益。很多人会认为，这就是人情世故，但事实上，这种行为就是隐藏在人情世故下面的犯罪行为。就是因为有了这些，在《刑法》的相关规定中，就明确了三种常见的情形是构成行贿罪的：

1. 为谋取不正当利益，给予国家工作人员以财物的情形，这是最为典型的行贿。其中关键点在于"谋取不正当利益"的认定，相关规定载明，行贿人谋取的利益违反法律、法规、规章、政策规定，或者要求国家工作人员违反前述规定以及行业规范的规定，为自己提供帮助或者方便条件的，违背公平、公正原则，在经济、组织人事管理等活动中，谋取竞争优势，均属于"谋取不正当利益"，进而给予国家工作人员财物达到一定的数额，就会以行贿罪定罪处罚。

2. 经济往来中的行贿行为。《刑法》规定，在经济往来中，违反国家规定，给予国家工作人员财物，数额较大，或者违反国家规定给予国家工作人员各种名义回扣、手续费的，也构成行贿罪。本案徐某就是利用了其与郑某经济往来的关系，给予郑某财物，而构成本罪。

3. 被索贿仍构成行贿罪的情形。在受贿犯罪案件中经常会存在受贿人主动向对方索要财物的情形，这种情形下，由于被索贿方是迫于压力而不得不为之，因此一般情况下不构成行贿罪，不应对其处罚。但如果被索贿人因此获得了不正当利益，则仍然构成行贿罪，索贿仅仅作为其行贿犯罪中的一个情节作出量刑上的考量。

三、专家建议

大家对于典型的行贿行为通常会具有红线意识，但对于经济往来中的行贿行为，非常容易与正常的人情世故相混淆。因此，在人际交往中，一旦与国家工作人员间存在着业务上的交集，双方都要树立清晰的界限意识，避免不当交往，以防在不知不觉间，交往行为给双方带来风险和麻烦。

四、关联法条

《刑法》第三百八十九条、第三百九十条，《最高人民法院、最高人民检察院关于办理行贿刑事案件具体应用法律若干问题的解释》第十二条。

有钱也是错？！
——拥有巨额财产需要说明来源

近年来，我国"打虎""拍蝇""猎狐"的力度不断加大，不仅顺利推进了反腐反贪工作，惩治了腐败官员，而且查获了大量涉案财产，挽回了国家经济损失。腐败案件中有的犯罪嫌疑人作案手段隐蔽，在接受讯问时拒不交代巨额财产的来源。为了避免"天降"的巨额财产成为贪腐案件的脱罪口，我国《刑法》通过设置巨额财产来源不明罪对其进行处罚。对于无法查到具体来源的巨额财产，如何认定具体数额并进行处罚，是认定巨额财产来源不明罪面临的首要问题。

一、案例简介

（一）基本案情

国家工作人员王某因利用职务上的便利，非法收受他人财物，于 2017 年 1 月 7 日接受纪委调查谈话，后被立案侦查。截至 2011 年 4 月，王某名下及家庭财产共计 227 万余元，支出 45 万余元，明显超出其合法收入 129 万元，扣除受贿的 31 万余元，仍有 112 万余元王某未能予以合理解释，说明其来源。检察机关以受贿罪和巨额财产来源不明罪提起公诉。王某及其辩护人认为检察机关在巨额财产来源不明罪的具体数额上认定不准确，并对部分财产提供了来源线索。同时认为巨额财产来源不明罪的追诉时效为 5 年，现已超过该时效，请求法院不予追究王某巨额财产来源不明罪的刑事责任。[①]

（二）法院裁决

1. 一审判决

一审法院认为巨额财产来源不明罪的追诉时效应为 10 年而非 5 年，因此并未超过追诉期。并对王某和辩护人提出的部分财产来源进行审查计算，认为王某虽然说明了部分财产的来源，但由于不能查实，遂判决王某构成巨额财产来源不明罪，判处有期徒刑 1 年。

2. 发回重审

二审法院随后以"在案证据不足以客观真实地认定原审被告人王某家庭实际收入和支出，原判认定其犯巨额财产来源不明罪，事实不清、证据不足"为由，将本案发回重审。一审法院再次审理，认为虽然本案没有超过诉讼时效，但在王某已经提供相应漏算收入来源的基础上，检察机关并未进一步查实，不能排除其存在来源合法的可能性和合理性，由于事实不清楚、证据不足，最后不予认定王某犯巨额财产来源不明罪。

二、以案说法

本案的争议焦点主要有两个：一是巨额财产来源不明罪的追

---

① 详情可参见四川省泸定县人民法院（2018）川 3322 刑初 6 号刑事判决书。

诉时效如何计算？二是如何认定来源不明的巨额财产数额？

（一）追诉时效

巨额财产来源不明罪的追诉时效问题，在我国存在争议。[①]《刑法》第八十六条规定，"犯罪经过下列期限不再追诉：……（二）法定最高刑为五年以上不满十年有期徒刑的，经过十年；（三）法定最高刑为十年以上有期徒刑的，经过十五年"。第九十九条规定，"本法所称以上、以下、以内包括本数"，可见追诉时效的计算和刑法规定的最高法定刑密切相关。巨额财产来源不明罪的法定刑配置"五年以下有期徒刑或者拘役；差额特别巨大的，处五年以上十年以下有期徒刑"，法院认为《刑法》规定了5年和10年两档的最高法定刑，追诉时效则分别应为10年和15年，即巨额财产来源不明罪的追诉时效最低也应为10年，而非辩护人所称的5年，因此本案尚未超过追诉时效。

虽然法院采纳了10年追诉期限的观点，但需要注意的是，巨额财产来源不明罪是否超过追诉时效，重点在于追诉期的起算时间。对此，有不同观点，一种观点认为，从违法所得产生之日起计算，因为当行为人的财产和正常收入产生巨大差额时，就已经达到了立案标准，犯罪已经发生；另一种观点认为，从行为人有义务说明来源而不能说明来源时起诉，因为单纯拥有来源不明的巨额财产并不构成巨额财产来源不明罪，而是在国家工作人员具有说明来源义务却未履行的情况下，才可能构成该罪。笔者赞成第一种观点，否则，按照第二种观点，巨额财产来源不明罪将没有追诉期限。

[①] 王登辉：《巨额财产来源不明罪中追诉时效的计算》，载《人民法院报》2017年2月22日第6版。

（二）数额认定

1. 计算公式

巨额财产来源不明罪的立案金额为 30 万元，目前常用的数额计算公式为：巨额财产来源不明数额＝（现有财产＋所有支出）－（有来源的收入＋本案认定的巨财以外的涉嫌犯罪所得）。即有来源的收入包括合法收入和其他有来源的违纪、非法收入（如本案中受贿金额在认定时应当予以扣减）。并且在计算时以家庭为计算单位，即按照国家工作人员及其共同生活的家庭成员的总收入和总支出计算。如本案中以当地居民人均消费性支出推算家庭的合理支出；同时，收入也应当计算家庭成员的收入，本案检方在计算收入时，因漏算王某妻子的出差费、电话补助费等，导致认定数额不准确。

2. 说明义务

根据《全国法院审理经济犯罪案件工作座谈会纪要》，有四种情况可以认定国家工作人员"不能说明巨额财产来源合法"：（1）拒不说明；（2）无法说明；（3）说明来源但查证不属实；（4）说明线索不具体导致无法查实，且能排除存在来源合法的可能性和合理性。可见，国家工作人员有义务对明显超过收入的财产的来源进行说明的责任。对已提供相应的线索，办案机关应当予以查证，不属实的应当纳入计算数额中，但如果因线索不具体无法查实，必须排除相应财产具有合法来源的可能性才能进行数额认定。本案王某提出的出差补贴和其岳母赠予的 60 万元，因王某已尽到说明义务，而检方对出差补贴未予查证，且赠予款项虽不能确定金额但存在赠予情况，无法排除部分收入来源合法的可能性，故均不予纳入来源不明财产的计算中。

三、专家建议

国家工作人员在履职过程中应当恪尽职守、遵守纪律和法律，自觉维护公职人员的廉洁性，不能获取非法所得。对于国家工作人员而言，一旦有巨额财产无法说明来源，则面临被刑事追诉的风险。国家工作人员在日常生活和工作中，要留意家庭和自身财产情况，并对大额的收入进行记录和留底。对于可能涉嫌巨额财产来源不明的财物，国家工作人员应当自觉配合纪委等机关相应的询问和调查，积极履行说明义务，家庭成员也应注意主张权利、提供合法来源证据。在被调查时，对于违规违纪所得，也应当主动提出，因为认定为违规违纪所得，不属于犯罪。进入诉讼程序的，要及时寻求律师帮助，对涉案财产来源进行专业的梳理和举证，从而维护自身合法权益。律师在办理该类案件时，要对本罪举证责任的特殊性有认识，积极搜集收入来源的证据，向司法机关提出。

四、关联法条

《刑法》第八十九条、第九十九条、第三百九十五条，《人民检察院直接受理立案侦查案件立案标准的规定（试行）》，《全国法院审理经济犯罪案件工作座谈会纪要》。

●渎职罪

认真履责，杜绝玩忽职守

作为公职人员，理应带头遵守法律，认真履行职责。怠慢履行职责，不仅会延误工作，造成公共职能的缺位，导致社会和国家利益的损失，还会引发刑事问责。随着法治社会的建设和深入，对公职人员的要求也不断提高，从杜绝"乱作为"的违法行为，到要求"会作为"的积极尽责，公职人员要积极正确地行使国家赋予的相关权力。因此，国家机关工作人员在执行公务时，必须对自身职务内容有清晰的认识，积极担当职责使命，纠正"不作为""慢作为"等消极怠工的问题。

一、案例简介

（一）基本案情

2013 年至 2016 年间，凌某某任某市国土资源所土地监察员，其作为巡查片区的组长，主要负责辖区内 9 个村委会内的土地资源和矿产资源的监察巡查工作。其间，凌某某身为国家机关工作人员，不认真履行工作职责，没有对辖区内的土地实行全面巡查并进行调查、登记和统计工作，从而未能发现辖区内耕地因不法分子非法采矿而大面积减少的情况并向上级汇报，没有采取有效措施加以制止，最终导致临河土地大面积持续减少。经测绘，共减少土地 298.16 亩，其中包括耕地 94.44 亩，造成国家利益的重

大损失。^①

（二）法院裁决

1.一审判决

一审法院结合某市国土资源局职能配置、内设机构和人员编制规定及文件，认为凌某某身为国家机关工作人员，在监督巡查工作中玩忽职守，没有履行调查耕地矿产资源的登记统计工作，没能及时发现违法采矿的土地使用行为，以及临河土地大面积减少的情况，致使国家利益遭受重大损失，其行为已构成玩忽职守罪，应予处罚，判处凌某某有期徒刑1年8个月。

2.终审判决

二审法院认为，一审法院对凌某某的行为构成玩忽职守罪的定性正确，但导致涉案土地损毁是多个行为共同的结果，包括水务部门监管不到位，不法分子非法采矿行为，以及国土监察巡查不到位。在多因一果的情况下，比照同案其他人员的量刑，对凌某某的量刑做出调整，改判其有期徒刑1年4个月。

二、以案说法

是否构成玩忽职守罪，需要行为人符合国家机关工作人员的主体要件，客观上没有履行或怠于履行相应职责，以及结果上造成了社会、国家或人民利益的损失三个条件。

（一）主体要件

玩忽职守罪的主体是国家机关工作人员，根据《全国法院审理经济犯罪案件工作座谈会纪要》中关于贪污贿赂犯罪和渎职犯罪主体的相关规定，《刑法》中所称的国家机关工作人员，是指在

---

① 详情可参见广东省茂名市电白区人民法院（2020）粤0904刑初846号刑事判决书。

国家机关中从事公务的人员，包括在各级国家权力机关、行政机关、司法机关和军事机关中从事公务的人员。

本案中，国土资源所作为市国土资源主管部门的土地行政执法监察部门，是履行政府行政职能的单位，属于国家机关组成部分。凌某某系某市国土资源所土地监察员，负责巡查、调查处理国土资源的违法案件，展开执法活动，属于国家机关工作人员。

（二）怠于履责

玩忽职守罪在具体行为上，表现为国家机关工作人员违反工作纪律、规章制度，不履行职责义务或者不认真履行职责义务。在司法认定时要分两步，首先，要确定相应国家机关工作人员的职责范围；其次，要确定该工作人员没有依照法律赋予的权力认真履行相应职责。

本案中，根据相关文件和政府内部职能分配规定，凌某某的职责包括负责辖区内耕地和矿产资源的调查、登记及统计工作；辖区内土地、矿产资源执法监督巡查工作，协助上级国土资源部门查处乱占土地和非法开采矿产资源的违法行为等。但凌某某在工作过程中怠慢不认真，巡查监管不到位，且对辖区内土地类型不够了解，导致没有及时发现非法采矿行为以及耕地减少破坏的情况并予以制止，存在怠于履职的玩忽职守行为。

（三）造成损失

构成玩忽职守罪，不仅要有不履责或怠于履责的行为，而且必须造成公共财产、国家和人民利益的重大损失结果。根据《关于办理渎职刑事案件适用法律若干问题的解释（一）》的规定，以下情况可以认定为"重大损失"："（一）造成死亡1人以上，或者重伤3人以上，或者轻伤9人以上，或者重伤2人、轻伤3人以上，或者重伤1人、轻伤6人以上的；（二）造成经济损失

30万元以上的；（三）造成恶劣社会影响的；（四）其他致使公共财产、国家和人民利益遭受重大损失的情形。"

本案中，由于凌某某等人怠于履责，未能及时发现土地被非法使用，最终土地因非法采矿减少了298.16亩，其中包括耕地94.44亩。土地是人类赖以生存的物质基础，是国民经济和社会发展的宝贵资源和重要的生产要素。大面积自然土地资源的损失，不利于国家粮食安全的保障和土地的开发利用，属于"重大损失"，应当受到刑事处罚。

三、专家建议

国家工作人员肩负社会职责，行使公权力，应当依法履职。不仅要做到"法无明文不可为"，防止行权越界，而且还要做到"法定职责必须为"，杜绝消极行权，承担起法律赋予的职责。因此，国家工作人员应积极学习所在岗位的相关职责要求和法律规定，厘清自身在工作中的权力边界和行使权力的规范要求，依法依规认真履行法定职责，防范慢作为、不作为等严重不负责任的怠慢行为。时刻谨记职位职责，认真回应党和人民的信任和重托，真正做到担责于身、履责于行。

四、关联法条

《刑法》第三百九十七条，《关于办理渎职刑事案件适用法律若干问题的解释（一）》第一条，《全国法院审理经济犯罪案件工作座谈会纪要》。

第三部分

行 政 篇

●行政许可纠纷

不予受理行政许可申请是否正当

为了满足维护公共利益以及方便管理的需要，我国在很多行业中实行审批准入制度，比如，为了维护公共利益而设置的餐饮行业、出租车运经营的行政许可等。这就意味着我们在开展相应活动时不可避免地要同政府的相关主管部门"打交道"，那么行政许可的一般程序是什么？主管部门不予受理行政许可申请是故意刁难还是正当的执法行为呢？

一、案例简介

（一）基本案情

2020年4月14日，重庆某出租汽车有限公司（以下简称某出租汽车公司）法定代表人邹某持带着某出租汽车公司的授权委托书到荣昌区行政中心交通行政办事窗口申请出租客运经营的行政许可。某出租汽车公司提交的材料有巡游出租汽车经营申请表、拟聘用驾驶员信息、安全生产管理制度及营业执照等资料，荣昌行政中心交通办事窗口工作人员审核后，出具《材料补正通知书》，载明需要提供企业获得的10个以上荣昌区巡游出租汽车经营权指标的证明材料、填写申请人领取的负责人签字的《出租客运经营申请表》以及《拟购置承诺书》。邹某当天签收了该材料补正通知书。2020年5月22日，邹某再次到场，交通办事窗口工作人员询问其是否提交补正材料，邹某答复无法提交，当天交通办事窗口作出《交通行政许可不予受理通知书》。不予受理通知书载明因为未补正资料并且当面确认不补正，所以不予受理。某出租汽车公司对此不服，遂诉至法院。[1]

（二）法院裁判

法院认为，根据《中华人民共和国行政许可法》（以下简称《行政许可法》）规定，申请事项属于本行政机关职权范围，申请材料齐全、符合法定形式，或者申请人按照本行政机关的要求提交全部补正申请材料的，应当受理行政许可申请。而根据交通运输部《巡游出租汽车经营服务管理规定》以及《重庆市出租汽车客运管理办法》，出租客运经营属荣昌交通局职权范围之内，并且出具的《材料补正通知书》符合相关规定。在邹某明确表示无法补交材料时，可视为其放弃申请，因此作出不予受理通知书的行为符合法律规定，驳回某出租汽车公司的诉讼请求。

二、以案说法

本案的争议焦点主要有两个：一是荣昌交通局出具的《材料补正通知书》载明的需补交资料是否有相关的法律依据？二是荣昌交通局作出的不予受理决定是否合法？

（一）申请行政许可的程序

在申请行政许可之前，首先应当确定的是向哪个机关申请，即确定某一机关是否有相应的职权受理申请。根据交通运输部《巡游出租汽车经营服务管理规定》，直辖市、设区的市级或者县级交通运输主管部门或者人民政府指定的其他出租汽车行政主管部门在本级人民政府领导下，负责具体实施巡游出租汽车管理。

---

[1] 详情可参见重庆市荣昌区人民法院（2020）渝 0153 行初 41 号行政判决书。

荣昌区行政中心交通行政办事窗口即为荣昌区交通局为了方便群众办理各项事务而设立的办事窗口，因此荣昌区交通局具有管理巡游出租汽车的职权，是适格的行政主体，有权对某出租汽车公司提出的行政许可申请作出处理。

行政机关不得要求申请人提交与其申请的行政许可事项无关的技术资料和其他材料。而申请材料不齐全或者不符合法定形式的，应当当场或者在五日内一次告知申请人需要补正的全部内容，逾期不告知的，自收到申请材料之日起即为受理。交通办事窗口工作人员在审核邹某提交的申请资料之后，当场便向邹某出具了《材料补正通知书》，并且在通知书中载明了需要补交的材料。于是问题便在于荣昌交通局出具的《材料补正通知书》载明需要提交的材料，到底是某出租汽车公司认为的滥用职权，不合理地增加其义务，还是确实有明确的法律依据。

根据交通运输部《巡游出租汽车经营服务管理规定》第九条规定，申请人申请巡游出租汽车经营时，应当提交的材料有巡游出租汽车车辆经营权证明及拟投入车辆承诺书；《重庆市出租汽车客运管理办法》第六条规定，出租汽车客运特许经营应当具备的条件为：在主城区内经营的，依法取得主城区出租汽车客运特许经营权指标100个以上；在主城区以外经营的，依法取得所在营运区域出租汽车客运特许经营权指标10个以上。某出租汽车公司法定代表人邹某提交的材料为申请表、拟聘用驾驶员信息、安全生产管理制度以及营业执照等资料。因此，荣昌交通局出具的《材料补正通知书》载明的需补交材料符合相关法律规定，并非滥用职权施加不必要的义务。

（二）行政机关对行政许可申请的处理

《行政许可法》第三十二条的规定，申请事项属于本行政机关职权范围，申请材料齐全、符合法定形式，或者申请人按照本行政机关的要求提交全部补正申请材料的，应当受理行政许可申请。但是某出租汽车公司认为其未按《材料补正通知书》补交资料的行为并不属于行政许可法规定的不予受理的情形，因此不予受理的决定是违反法律的。此处应当对该法第三十二条进行目的性解释，即若申请人不能按照要求提交补正材料，就不能确定申请人是否具有相应的资质，也就应当不予受理。某出租汽车公司法定代表人邹某明确答复无法提交补正材料，因此无法实现第三十二条确定申请人资质的目的，所以荣昌交通局作出的不予受理决定符合法律要求，并不是滥用职权、故意刁难。

三、专家建议

对于行政许可申请人来说，我们经常面对不知道向谁申请、怎么申请的问题。其实《行政许可法》对这些问题有相关的法律规定：行政机关应当将法律、法规、规章规定的有关行政许可的事项、依据、条件、数量、程序、期限以及需要提交的全部材料的目录和申请书示范文本等在办公场所公示。申请材料不齐全或者不符合法定形式的，应当当场或者在 5 日内一次告知申请人需要补正的全部内容能够，逾期不告知，自收到申请材料之日起即为受理。

通常而言，政府的门户网站会对行政许可办事地址以及申请材料目录进行公示，所以我们在申请行政许可时可以事先在门户网站查询；若在门户网站查询不到，也可以拨打网站公示的电话进行询问。若提交材料不齐全，行政机关应当一次性告知，对补交材料有疑问的，可以请求行政机关进行说明并提供相应的法律依据。

四、关联法条

《行政许可法》第二十九条、第三十二条，《巡游出租汽车经营服务管理规定》第九条，《重庆市出租汽车客运管理办法》第六条。

机动车能否直接申领检验合格标志

我国已经全面建成了小康社会，人民的生活水平得到极大改善，其中一个最突出的表现就是大多数家庭已经拥有了自己的汽车，有的家庭还不止一辆。基于我国庞大的人口基数，我国私人汽车保有量是一个巨大数字。"道路千万条，安全第一条"，巨大汽车保有量的背后是对道路交通安全产生的巨大压力。交通管理部门进行道路交通安全守护的一个重点项目就是对机动车进行年检，机动车年检既涉及技术性检查，又涉及行政事务性检查。那么，需要进行年检的机动车能直接向交通警察支队申请年检即要求核发检验合格标志吗？

一、案例简介

（一）基本案情

原告陈某于 2009 年 6 月购入牌照为湘 N 0×××× 号的小型轿车，该号码车辆在 2012 年、2013 年、2014 年、2015 年、2016 年均存在交通违法未处理的情况，直到 2017 年 12 月 20 日，才将 4 年的交通违法处理完毕。2020 年 10 月 29 日，原告陈某到被告 A 市公安局交警支队提交书面申请报告，要求对他所有湘 N

0×××× 号小型轿车进行年检即发放检验合格标志，A 市公安局交警支队不予受理年检即发放检验合格标志，并于同日在该申请报告上回复：该车 2012 年、2013 年、2014 年、2015 年均存在交通违法未处理，直到 2017 年 12 月 20 日才将 4 年的交通违法处理完毕。按照国家标准，未处理完交通违法或交通事故未处理完毕的，交警部门不能核发合格标志，检验机构不予出具检验合格证的文书，也不能核发检验合格标志。该车已连续 3 个以上周期未取得检验合格标志，已达到强制报废标准，属于报废机动车。原告陈某认为 A 市公安局交警支队的不予受理决定侵犯了自己的合法权益，向法院提起行政诉讼，请求确认该交警支队不予受理行为违法。①

（二）法院裁判

法院认为，根据《道路交通安全法》规定，由机动车安全技术检验机构对机动车予以检验，对符合机动车国家安全技术标准的，公安机关交通管理部门应当发给检验合格标志。本案原告陈某所有的湘 N 0×××× 车辆在没有经机动车安全技术检验机构检测的情况下，原告陈某直接请求被告 A 市公安局交警支队核发检验合格标志，被告交警支队不予受理行为合乎法律规定。被告 A 市公安局交警支队对该车辆联网查询后发现，该号码车辆存在尚未处理完毕的道路交通安全违法行为，认定该号码车辆不符合《道路交通安全法》第十三条第一款规定，不予发给检验合格标志，且本案原告陈某所有车辆，已经超过 3 个机动车检验周期，已达到法定报废标准，属于报废机动车，被告不核发年检合格标志的行为完全合法。综上，法院判决驳回原告陈某的诉讼请求。

---

① 详情可参见湖南省怀化铁路运输法院行政判决书（2020）湘 8603 行初 476 号。

二、以案说法

本案争议焦点主要有两个：一是机动车年检的申请顺序问题，一定是机动车安全技术检验机构检验后才能由公安机关交通管理部门核发检验合格标志吗？二是机动车强制报废问题，本案中机动车是否属于法律规定中强制报废情况？

（一）机动车年检的申请顺序问题

《道路交通安全法》第十三条第一款明确规定了两个方面，也即两个部门的职责，一是赋予机动车安全技术检验机构对机动车安全技术进行检验的法定职责，检验的前提条件是对提供机动车行驶证和机动车第三者责任强制保险单的，进行检验，任何单位不得附加其他条件；二是赋予公安交通管理部门具有核发机动车检验合格标志的法定职责，核发机动车检验合格标志的前提条件是符合机动车国家安全技术标准。由此可知机动车年检的流程应当是：车辆所有人首先应当到机动车安全技术检验机构对机动车安全技术进行检验，而后凭借安全技术检验合格证明向公安交通管理部门申请核发机动车检验合格标志。

本案中，原告先到车辆管理所提出对其所有车辆进行年检即核发检验合格标志的书面申请，车管所民警告知其先去机动车安全技术检验机构申请进行机动车安全技术检验，取得安全技术检验合格证明后，再来申领机动车检验合格标志。原告本人不愿意到机动车安全技术检验机构检验，直接要求车管所核发机动车检验合格标志，其行为显然不符合机动车年检申请顺序。故被告不予受理行为合乎法律规定。

（二）机动车强制报废问题

《机动车强制报废标准规定》第四条规定："已注册机动车有

下列情形之一的应当强制报废，其所有人应当将机动车交售给报废机动车回收拆解企业，由报废机动车回收拆解企业按规定进行登记、拆解、销毁等处理，并将报废机动车登记证书、号牌、行驶证交公安机关交通管理部门注销：（一）达到本规定第五条规定使用年限的；（二）经修理和调整仍不符合机动车安全技术国家标准对在用车有关要求的；（三）经修理和调整或者采用控制技术后，向大气排放污染物或者噪声仍不符合国家标准对在用车有关要求的；（四）在检验有效期届满后连续 3 个机动车检验周期内未取得机动车检验合格标志的。"该法条规定了机动车强制报废的情况，以及强制报废后报废车辆的处置问题。

本案中，原告所有车辆应当于购买后 6 年内每两年年检一次，6 年后每年年检一次。但是原告所有车辆从 2013 年 7 月一直到 2020 年 10 月 29 日止，从注册登记之日起已经超过 6 年未年检，有连续 7 个周期没有进行机动车年检。故原告所有车辆属于上述条文第四项规定情况，该车辆应当被强制报废。因此，交通安全管理部门也就不应该对原告所有车辆核发机动车检验合格标志。

三、专家建议

机动车车主需要对其所有车辆进行年检，首先应当先到机动车安全技术检验机构进行安全技术检验，获得安全技术检验合格证明后，再凭借该证明到公安交通安全管理部门申请核发机动车检验合格标志。根据相关法规规定，连续三个机动车检验周期内不参加机动车年检的，机动车将会被强制报废。因此，机动车车主应当留意机动车检验周期，按时对机动车进行年检。

四、关联法条

《道路交通安全法》第一条、第十三条、第十四条,《中华人民共和国道路交通安全法实施条例》第十五条,《机动车安全技术检验项目和方法》(GB21861-2014),《机动车强制报废标准规定》第四条。

●行政确认纠纷

公民的姓氏不可随意选取、创设

姓氏不仅是个人的一种识别符号，还是血缘纽带、家族传承的具体体现。依照《民法典》第一千零一十五条规定，公民原则上应当以父姓或母姓为自己的姓氏，但若有不违背公序良俗的其他正当理由，也可以在父姓和母姓之外选取姓氏。对于何为"不违背公序良俗的其他正当理由"，法律及司法解释并未予以具体化，但依据司法实践，个人喜好和愿望并不属于此处的正当理由，这提醒公民应当审慎行使姓名权，不可随意选取、创设姓氏。

一、案情简介

（一）基本案情

"北雁云依"出生于 2009 年 1 月 25 日，其父亲名为吕某，母亲名为张某。因酷爱诗词歌赋和中国传统文化，吕某、张某夫妇二人决定给爱女起名为"北雁云依"，其中"北雁"是姓，"云依"是名。2009 年 2 月，吕某前往济南市公安局历下区分局燕山派出所（以下简称"燕山派出所"）为女儿申请办理户口登记，但燕山派出所依照《婚姻法》第二十二条之规定，于当日作出拒绝办理户口登记的具体行政行为。理由是孩子姓氏必须随父姓或母姓，即姓"吕"或姓"张"。吕某对该行政行为不服，遂以被监护人"北雁云依"的名义，于 2009 年 12 月 17 日向山东省济南市历下区人民法院提起行政诉讼，请求法院判令确认燕山派出所拒绝以"北雁云依"为姓名办理户口登记的行为违法。因案件涉及法律适用问题，需送请有权机关作出解释或者确认，法院于2010年3月11日裁定中止审理，中止事由消除后，该案于2015年4月21日恢复审理。[①]

（二）法院裁决

一审法院认为，依据全国人大常委会关于《中华人民共和国民法通则》第九十九条第一款、《中华人民共和国婚姻法》第二十二条的解释，本案的焦点为：吕某、张某夫妇是否"有不违反公序良俗的其他正当理由"，进而可以在父姓和母姓之外选取姓氏。对此，法院认为，夫妇二人仅凭个人喜好愿望为子女创设姓氏，具有明显的随意性，如果认可此行为，不仅会增加社会管理成本，不利于维护社会秩序和实现社会的良性管控，还会对文化传统和伦理观念造成冲击，违背社会善良风俗和社会公德。因此，法院驳回"北雁云依"的诉讼请求。

二、以案说法

上述立法解释已被吸纳入《民法典》条文中，这意味着，法律已明确在"有不违反公序良俗的其他正当理由"时，公民可在父姓和母姓之外选取其他姓氏。但依据体系解释，对"不违背公序良俗的正当理由"应作狭义理解。

（一）公安机关为户口登记机关

根据《中华人民共和国户口登记条例》第三条规定，乡、镇人民政府和公安派出所为户口登记机关，但实践中一般由公安派出所负责办理户口登记。公安机关认为公民办理户口登记的手续

---

① 详情可参见山东省济南市历下区人民法院（2010）历行初字第4号行政判决书。

不齐全或者登记项目的填写不符合法律规范的，可以作出拒绝办理户口登记的行政行为。当然，公民对该行政行为不服的，可以通过行政复议、行政诉讼等途径寻求救济。

（二）公民享有姓名权

《民法典》第一千零一十二条规定，自然人有权依法决定、使用、变更或者许可他人使用自己的姓名，但是不得违背公序良俗。同时，《民法典》第一千零一十五条也规定"自然人应当随父姓或者母姓"，这为公民姓名决定权的行使划定了界限。在中华传统文化中，个人的姓氏体现着血缘传承、伦理秩序和文化传统，起着维系血缘关系的巨大作用。可以说，立法作出的上述要求与中华传统文化和伦理观念一脉相承，也符合绝大多数民众的意愿和实际做法。同时，出于社会管理的实际需要，亦有必要限制公民任意创设、选取姓氏。当然，考虑到社会实际情况，公民在有"正当理由"时，也可以在父姓和母姓之外另行确定姓氏。

（三）个人喜好、意愿不足以成为"正当理由"

《民法典》第一千零一十五条规定，自然人可以在父姓和母姓之外选取姓氏的三种特殊情况分别为：（一）选取其他直系长辈血亲的姓氏；（二）因由法定扶养人以外的人扶养而选取扶养人姓氏；（三）有不违背公序良俗的其他正当理由。前二项条款虽然允许公民选取其他姓氏，但其实质上并未超脱出"以姓氏维系亲缘关系"的思维。因此，依据体系解释，"不违背公序良俗的其他正当理由"仍应当是基于血缘关系和家庭传承的考量，至少其正当性、必要性应当与前二项条款所列举的情况相当。[1] 而仅基

---

[1] 宋天一、陈光斌：《从"北雁云依案"看"姓名决定权"与社会公序的价值冲突——兼论公序良俗的规制》，载《法律适用》2019 年第 6 期。

于美好寓意、个人喜好等理由选取"北雁"作为新生儿的姓氏，显然不符合这一要求。

三、专家建议

公民不要随选取、创设姓氏。在决定自己的姓氏时，应当尽量从父姓或母姓，考虑到独生子女的情况，也可以将父姓与母姓合并为一个新的姓氏，这在我国已得到认可。如果公民不以父姓或母姓为自己的姓氏，而是依据个人喜好从诗词、电子游戏等事物中选取、创设姓氏，很可能得不到户口登记机关和人民法院的认可，最终无法办理户口登记。实践中，虽然有"王者荣耀"等新奇姓名存在，但其实际上仍然是随父姓"王"，并未另行创设姓氏。如果父母确欲借姓名表达对子女的美好祝愿，不妨体现于名字中。

四、关联法条

《民法典》第一千零一十二条、第一千零一十五条，《中华人民共和国户口登记条例》第三条、第七条、第十八条。

早退惨遭狗撞，能否认定工伤？

狗一直都是人类的好朋友，近年来有很多电影以狗为主题，比如《忠犬八公的故事》《一条狗的使命》等等。不得不说，有时候狗确实能治愈人类的心灵，甚至在一些危急关头能帮助主人逃离危险。但有时候，狗也会给人类带来一些伤害，比如，有员工在上下班途中遇到"突如其来"的狗，被其撞伤，如此"狗血"的事件属于交通事故吗？这种情况又能否认定为工伤呢？

一、案例简介

（一）基本案情

2010 年 4 月，宋某某入职 A 公司，负责该公司开发区的保洁工作，工作时间为上午 7：30—9：30。2013 年 5 月 29 日上午 7：45 左右，A 公司经理孙某和工作人员杨某到工业园区给宋某某送去工资和打扫工作用具，并对工作提出要求后离开。上午 8：52，宋某某骑电动车回家途中，一条流浪狗突然从路边窜出与宋某某驾驶的电动自行车相撞，车辆失控倒地致使宋某某受伤。根据交警出具的道路交通事故证明，此事故属交通意外，宋某某不承担责任。宋某某向市人社局提出工伤认定申请，2014 年 4 月，市人社局认定宋某某因下班途中发生非本人主要责任交通事故而受伤，予以认定工伤。A 公司不服，向市政府提起复议，市政府维持了市人社局的工伤认定决定。A 公司不服诉至法院，认为宋某某系提前擅自离岗，且动物侵权应由动物管理人、所有权人进行赔偿，不能被认定为工伤。①

（二）法院判决

1. 一审判决

一审法院认为，宋某某在完成保洁工作后回家途中于 8：52 发生事故，即使属早退，也并不影响其下班途中的性质。宋某某对事故的发生无过错，可认定为受到非本人主要责任的交通事故伤害，故判决驳回 A 公司的诉讼请求。

2. 终审判决

二审法院认为：（1）宋某某事故发生地点是在其下班回家的

---

① 详情可参见山东省东营市中级人民法院（2016）鲁 05 行终 24 号行政判决书。

合理路线上，且属于下班的合理时间，即便其存在早退的情形，违反公司的规章制度，但基于用人单位单方责任和无过错责任的《工伤保险条例》立法原则，应当认定为工伤；（2）关于民事侵权是否影响工伤认定的问题。工伤责任与民事侵权责任的性质不同，并且不能相互替代。即使是存在第三方侵权的情况，也不会影响对是否为工伤作出认定。故二审判定驳回 A 公司上诉，维持原判。

二审判决生效后，A 公司向山东省高级人民法院申请再审。再审法院认为，原审法院认定事实清楚，适用法律正确，A 公司的再审理由没有法律依据，故裁定驳回其再审申请。

二、以案说法

本案的争议焦点主要有两个：1. 该事故是否属于交通事故？2. 宋某某的情况是否属于《工伤保险条例》第十四条所规定的"上下班途中"？

（一）被狗撞导致的事故是否属于交通事故？

根据《道路交通安全法》的规定，交通事故是指车辆在道路上因过错或者意外造成的人身伤亡或财产损失的事件。而意外事故是指行为人的行为虽然在客观上造成了损害后果，但不是出于行为人的故意或者过失，而是由于不能预见的原因引起的。本案中，宋某某所涉事故确实发生在道路上，且为行驶中的非机动车，因狗狗突然窜出，其无法预见，主观上并无故意与过失，其受伤属因交通意外事故造成的人身伤害，符合"交通事故"的定义范围。

（二）上下班途中的合理界定

我国工伤认定的主要法规依据是《工伤保险条例》，其中第十四条规定："在上下班途中，受到非本人主要责任的交通事故或者城市轨道交通、客运轮渡、火车事故伤害的，应当认定为工伤。"因此，此种情形的工伤认定关键在于对"上下班途中"这一概念如何界定。最高人民法院《关于审理工伤保险行政案件若干问题的规定》第六条引入"合理时间""合理路线"的概念，对"上下班途中"作出了进一步解释，即：（一）在合理时间内往返于工作地与住所地、经常居住地、单位宿舍的合理路线的上下班途中；（二）在合理时间内往返于工作地与配偶、父母、子女居住地的合理路线的上下班途中；（三）从事属于日常工作生活所需要的活动，且在合理时间和合理路线的上下班途中；（四）在合理时间内其他合理路线的上下班途中。

1.合理路线的界定

虽然现实生活中存在最短、最快的上下班路线，但是员工有自行选择上下班路线的权利，并且该路线的选择受到路况、交通工具、天气状况等因素的影响，判断该绕路是否属于合理绕路，应当结合居住地、工作地、绕路距离等多个方面进行认定。

2.合理时间的界定

上下班途中的"合理时间"不能简单理解为用人单位考勤规定的上下班时间。"合理时间"应当是足以保证员工能够顺利到达居住地或者工作地，既不能作过于扩大解释，也不宜作过于狭窄理解，对于合理时间的界定不仅应考虑距离、路况条件、交通工具的类型和季节气候的变化等，还应当结合司法实践中的具体情况，作出客观、全面的判断，避免因过度追求刻板的"合理时间"而忽略一些特殊现实情况的合理性。

在本案中，虽然A公司规定宋某某的工作时间为上午7：30—9：30，但是宋某某所从事的是非全日制性质工作，宋某某虽提前下班，但是下班时其工作任务已经完成，且发生事故的时间是上午8：52，结合发生事故地点离其上班地点的距离较近的事实，宋某某发生事故的时间属于下班的合理时间。

三、专家建议

虽然是狗撞出来的交通事故，却能延伸出工伤认定的专业问题。如员工在上下班途中遇到交通事故，应当及时寻求交警部门的介入调查，由交警部门现场勘查查清事实后，出具道路交通责任认定书，如认定员工不承担主要的事故责任，则员工可提供事故责任认定书等材料要求用人单位向社会保险行政部门申请认定工伤，同时，也可向交通事故的其他责任人主张相应的损害赔偿。

四、关联法条

《道路交通安全法》第一百一十九条，《工伤保险条例》第六条，《关于审理工伤保险行政案件若干问题的规定》第六条，《最高人民法院关于审理工伤保险行政案件若干问题的规定》第八条，《最高人民法院关于审理人身损害赔偿案件适用法律若干问题的解释》第三条。

莫名其妙"被结婚"怎么办

身份信息被冒用在我们的生活中时有发生，一些不法分子用这些身份信息申领信用卡、贷款等。更有甚者，用这些身份信息进行一些与人身相关的活动，比如结婚。于是就会发生当受害人兴高采烈地和爱人的结婚登记的时候，竟然被告知自己已经结过婚的现象。那么面对这些问题，我们应该如何维护自己的合法权益呢？

一、案例简介

（一）基本案情

2002年3月19日，安徽省涡阳县青疃镇孙庄行政村村民马某1欲与梁某结婚，但是马某1当时未达到法定结婚年龄，遂借用同村村民马某2的户口簿和身份证与梁某办理了结婚登记。此后，马某1在濉溪县公安局办理了身份证并一直以夫妻名义与梁某共同生活。2020年，马某2办理购房手续时需要贷款，才知道本人的身份信息已经被办理结婚登记。马某2于是提起行政诉讼，请求撤销婚姻登记中心办理的马某1和梁某的婚姻登记[①]。

（二）法院裁判

濉溪县人民法院认为，婚姻登记机关应当对结婚登记当事人出具的证件、证明材料进行审查并询问相关情况。而本案中马某1使用他人的户口簿和身份证与梁某申请结婚登记，临涣镇人民政府婚姻登记部门应道尽到合理的审查义务，但是其未发现该冒用的事实。其颁发的结婚证主要证据不足，应当依法确认该婚姻登记无效；虽然颁发结婚证的为临涣镇人民政府，但由于婚姻登记的权限被收归为濉溪县婚姻登记管理中心行使，所以马某2以婚姻登记管理中心为被告符合法律规定；无效的行政行为，不受起诉期限的限制，因此濉溪县婚姻登记管理中心主张的该案件已经超过法定的诉讼期限不予支持。故判决濉溪县婚姻登记管理中心

---

① 详情可参见安徽省濉溪3人民法院（2021）皖0621行初138号行政判决书。

为梁某、马某1办理证号为皖淮濉临字第×××号婚姻登记的行政行为无效。

二、以案说法

本案的争议焦点主要有三点：一是濉溪县婚姻登记管理中心是否为适格被告？二是该案是否已经超过诉讼期限？三是县婚姻登记管理中心对无效的婚姻登记行为是否存在过错？

（一）行政诉讼中的被告问题

《中华人民共和国行政诉讼法（1990年）》（以下简称《民事行政诉讼法》）第二十五条规定：公民、法人或者其他组织直接向人民法院提起行政诉讼的，作出具体行政行为的行政机关是被告；行政机关被撤销的，继续行使其职权的行政机关是被告。该规定的目的是使被告能更好地了解涉诉行政行为的合法程序和具体情况，从而使得行政诉讼的进行更加顺畅，提高司法效率，节约司法资源。因此从目的解释的角度出发，若作出具体行政行为的行政机关没有被撤销，但是与该行政行为有关的职权被转移到其他行政机关，那么也应当以继续行使该职权的行政机关为被告。

本案中，2002年3月19日为马某1和梁某办理结婚登记并颁发结婚证的行政机关为临涣镇人民政府，但是婚姻登记的权限后来被收归为濉溪县婚姻登记管理中心行使。临涣镇人民政府虽然没有被撤销，但是婚姻登记的职权已经转移到濉溪县婚姻登记管理中心，因此以濉溪县婚姻登记管理中心为被告符合法律的相关规定。

（二）行政案件的诉讼期限问题

根据《行政诉讼法》第七十五条规定："行政行为有实施主体不具有行政主体资格或者没有依据等重大且明显违法情形，原告申请确认行政行为无效的，人民法院判决确认无效。"虽然对于行政行为提起确认无效之诉是否受到诉讼期限的限制，目前我国的法律并没有对其进行明确规定，但是无效的具体行政行为自始无效，当然无效，因此也可以推断出确认行政行为的无效之诉不受诉讼期限的限制。

《中华人民共和国婚姻登记条例》第五条规定，办理结婚登记的内地居民应当出具本人的户口簿、身份证；第七条规定，婚姻登记机关应当对结婚登记当事人出具的证件、证明材料进行审查并询问相关情况。本案中，马某1持马某2的户口簿和身份证前往临涣镇人民政府申请婚姻登记，办理结婚证的主要证据不足，依法应当认定该婚姻登记行为无效。虽然马某2的诉讼请求为撤销婚姻登记，但是根据《最高人民法院关于适用〈中华人民共和国行政诉讼法〉的解释》第九十四条规定，公民、法人或者其他组织起诉请求撤销行政行为，人民法院经审查认为行政行为无效的，应当作出确认无效的判决。因此，本案仍然适用确认无效之诉的规定，不受诉讼期限的限制。

（三）行政机关是否尽到合理的审查义务

根据《最高人民法院关于执行〈中华人民共和国行政诉讼法〉若干问题的解释》第二十六条，在行政诉讼中，被告对其作出的具体行政行为承担举证责任。因此，判断行政机关作出的具体行政行为是否合法，应当由行政机关进行举证，否则可能承担举证不能的不利后果。

本案中，县婚姻登记中心向法院提交的证据有结婚登记申请书，审查处理结果、证明，婚姻状况证明；结婚登记审查处理表、申请结婚登记声明书、户口簿及身份证。证据表明派出所证明照片与婚姻登记申请书的照片是一致的，因此可以认定婚姻登记机关已经尽到了合理的审查义务，即婚姻登记机关在此过程中不存在过错。

三、专家意见

本案发生于 2002 年，彼时信息技术尚不发达，因此带来的是行政机关审查能力的受限。但是现在的网络通信技术、人脸识别技术已经高度发达，因此目前发生这种情况的概率较小。但是仍然会存在冒用他人身份的情况存在，要想知道自己的身份信息有没有被冒用，在相关的网络平台很容易可以进行查询。若发现自己的身份信息被他人冒用，若他人已经用自己的身份信息在行政登记机关办理相关登记，可以将此情况如实告知相关部门，请求他们撤销或宣布登记无效；行政机关对此主张不予认可，我们还可以申请行政复议或者向有管辖权的人民法院提起诉讼。

四、关联法条

《最高人民法院关于执行〈中华人民共和国行政诉讼法〉若干问题的解释》第二十六条，《中华人民共和国婚姻登记条例》第五条、第七条，《行政诉讼法》第七十五条等。

●行政处罚纠纷

获利 8 元，罚款 5 万，是否"轻错重罚"？

近年来，有不少"天价罚款"事件登上热搜，商家往往获利甚微，却面临高额罚款，这样的处罚是否"轻错重罚"？

一、案例简介

（一）基本案情

2018 年 10 月 11 日，某市场监督管理局（以下简称"市监局"）对某蔬菜店经营的芹菜进行抽样检验，检查时某蔬菜店无法提供该批次芹菜的进货单据及供货者信息，经委托某食品安全检测有限公司监督抽检，显示芹菜不符合相关食品安全国家标准要求，检验结论为不合格。经查明，该批次芹菜某蔬菜店共进货 2 公斤，已全部售出，进货价 12 元 / 公斤，销售价 16 元 / 公斤，经营额为 32 元，获利 8 元。2019 年 1 月 29 日，市监局向某蔬菜店送达《行政处罚听证告知书》，告知其经营不符合食品安全标准的食品，无法提供相关进货单据，未查验供货者的许可证和食品出厂检验合格证或者其他合格证明，拟对其作如下处罚：1. 对经营不符合食品安全标准的食品的违法行为处罚款 50000 元，没收违法所得 8 元；2. 对进货时未查验许可证和相关证明文件的行为给予警告。以上罚没款共计 50008 元，上缴国库。根据相关法律规定，某蔬菜店有权要求听证。此后，市监局出具《案件调查终结报告》并经过内部合议，于 2019 年 2 月 11 日作出《行政处罚决定书》。某蔬菜店对该决定不服，向法院提起行政诉讼。[①]

（二）法院裁决

1. 一审判决

一审法院认为，蔬菜店在接受执法检查时已如实说明涉案芹菜系外购，且市监局在现场未发现农药等物品，故可以认定蔬菜店未在购进、销售过程中添加农药。涉案芹菜经营额为32元，仅获利8元，故应当认定为违法行为轻微，依法可以不予行政处罚。市监局未考虑本案的基本事实，对蔬菜店作出行政处罚，适用法律不当，判决撤销市监局作出的《行政处罚决定书》。

2. 终审判决

二审法院认为，结合市场交易习惯及交易成本，应当认定蔬菜店作为食用农产品经营者已履行了基本的进货查验义务，且蔬菜店违法所得仅8元，未出现严重社会危害后果，市监局作出案涉行政处罚决定，认定事实不清，亦有违过罚相当原则，依法应予撤销。综上，判决驳回市监局的上诉，维持原判。

二、以案说法

本案的争议焦点为：一是蔬菜店是否已经尽到了基本的进货查验义务，对其是否能不予处罚？二是市监局是否"轻错重罚"？

（一）蔬菜店是否尽到了基本的进货查验义务，对其是否能不予处罚？

《食品安全法》第六十五条规定："食用农产品销售者应当建立食用农产品进货查验记录制度，如实记录食用农产品的名称、数量、进货日期以及供货者名称、地址、联系方式等内容，并保

---

① 详情可参见福建省莆田市中级人民法院（2020）闽03行终54号行政判决书。

存相关凭证。记录和凭证保存期限不得少于六个月。"由此可知，农产品销售者应当对其销售的农产品履行进货查验义务，但该查验义务应当是以形式审查为主，而非实质审查。《食品安全法》第一百三十六条规定："食品经营者履行了本法规定的进货查验等义务，有充分证据证明其不知道所采购的食品不符合食品安全标准，并能如实说明其进货来源的，可以免予处罚，但应当依法没收其不符合食品安全标准的食品；造成人身、财产或者其他损害的，依法承担赔偿责任。"2017年颁发的《行政处罚法》第二十七条规定："违法行为轻微并及时纠正，没有造成危害后果的，不予行政处罚。"在本案中，蔬菜店系从农户手上批发少量自种的蔬菜，考虑市场交易习惯及交易成本，无法也不可能提供食品出厂检验合格证或其他合格证明，蔬菜店采购的芹菜数量较小，而此类经营者更主要是依照日常经验判断农产品的新鲜度、完好性，以确定农产品是否合格。因此，可以认定蔬菜店在采购上述芹菜时，通过检查其外观、气味等，已履行了其作为一家食品经营者或食品销售者所应尽到的基本的审慎查验义务，且其违法所得仅8元，没有造成严重的危害后果，法院判定对蔬菜店不予行政处罚。

（二）市监局是否"轻错重罚"？

行政机关在实施行政处罚，应当坚持处罚与教育相结合的原则，既应纠正违法行为，也应起到教育公民、法人或其他组织自觉守法的作用。而行政处罚的实施也应该符合法律的目的和精神，不应当"重错轻罚"，也不应当"轻错重罚"。行政处罚是手段而不是目的，在作出行政处罚时，公权力应当保持适度的"谦抑性"，并非对任何略微"逾矩"行为都要作出处罚。现行《行政处罚法》第五条第二款规定："设定和实施行政处罚必须以事实为依据，与违法行为的事实、性质、情节以及社会危害程度相当。"该条款系 2017 年《行政处罚法》第四条第二款延续而来，也即"过罚相当原则"，该原则是我国行政法学理论结合刑法罪罚相当原则而提出的行政处罚领域的法定原则，也是行政法基本原则"比例原则"在行政处罚法中的具体体现。过罚相当原则的设立是为了规范行政机关行使行政处罚自由裁量权，行政处罚的种类和幅度都要综合考虑处罚相对人的主观过错程度、违法行为的情节、性质、后果及危害程度等因素，避免畸轻畸重而导致的不合理的行政处罚。在本案中，综合考虑交易成本、市场交易习惯、某蔬菜店的采购及销售数量等多重因素，且考虑到其违法所得甚小，并未出现严重社会危害后果，法院最终认定市监局作出的处罚决定，有违过罚相当原则。

三、专家建议

对于食品经营者来说，日常的经营活动中应当严格按照相关的标准、规定进行进货查验，尽量建立完善的查验制度，如没有条件应当如实对进货情况进行详细记录，保存好相关证据材料，如对方出示的相关合格证明文件等，食品经营者还应当注意留存真实的进货方的名称、地址、联系方式，以便于追根溯源，对违法的食品生产经营者进行查处。同时需要注意的是，在此类案件中，尽管食品经营者的行政责任可能被免除，但若确实造成消费者相关损失，食品经营者应当依法承担民事赔偿责任。

四、关联法条

《中华人民共和国食品安全法》第一百三十六条、第六十五条，《中华人民共和国行政处罚法》第五条，2017 年《行政处罚法》第二十七条（现行《行政处罚法》第三十三条）。

●行政征收纠纷

外嫁女回迁本村能否得到安置补偿

因各地经济发展的不均衡，导致相对落后地区的农村青年更多地选择外出务工，后期因在外地安家就将自己户籍迁出了原村，对于其中的农村女性，人们就称之为"外嫁女"。在农村中，受制于"嫁出去的女儿，泼出去的水"的落后观念，以及村民自身利益驱动，外嫁女的各项合法权益，都容易受到不同程度的侵害，尤其是涉及拆迁补偿权益。那么，外嫁女回迁本村后能不能再获得娘家的安置补偿呢？又受哪些因素影响呢？

一、案例简介

（一）基本案情

2010年5月，A村发布公告，载明"村委会受某管委会委托，参与旧村建设，并与村民签订安置补偿合同，某管委会将积极做好村民安置和社会保障等工作……"2013年3月，王某某离婚后投靠父母，将户籍从某市迁回A村，同年5月，王某某女儿亦将户籍迁至A村。2015年，A村两委发布"二期分房方案"，载明"分房人员户口截止日期为2015年4月30日23时，以户口本人员为准，包括本村集体组织成员家庭及已签订拆迁安置补偿合同人员"。2016年1月，A村村委会向王某某父亲的银行账户支付了安置房补助款，补偿人口不包括王某某以及王某某女儿。王某某父亲向村委会询问原因，村委会称，2006年村委会制定的《村民享受土地补偿管理制度》规定："已迁出又迁回的姑娘及其他一律不享受村民待遇。"2019 年 8 月，王某某、王某某女儿向某街道办提交《关于履行纠正 A 村侵害集体经济组织成员权益职责申请书》，请求向二人分配 120 平方米安置房。某街道办作出复函，认为二人请求不属于行政裁决内容。二人不服，向某管委会提起行政复议，并在复议过程中，得知某管委会才是安置补偿的责任主体，故向某管委会提出履职申请，因管委会拒绝补偿，王某某、王某某女儿向某区法院提起诉讼[①]。

（二）法院裁判

1. 一审判决

一审法院认为，王某某、王某某女儿起诉并未超过起诉期限，因某管委会具有补偿安置的法定职责，理应依据当时有效的法律法规和政策，在查清当年 A 村旧村改造时制定的拆迁安置补偿方案，查清王某某、王某某女儿具体情况的前提下，履行补偿安置职责，故判决某管委会履行对王某某、王某某女儿的安置补偿责任。

2. 二审判决

二审法院认为，某管委会对于 A 村村民进行安置补偿具有职责，对于王某某、王某某女儿应否得到补偿，应当进行综合考量，且以侵犯妇女、儿童权益为代价所作出的村民会议、村民代表会议决定不能作为否认外嫁女以及子女获得安置补偿待遇的依据，判令某管委会对王某某、王某某女儿的请求进行全面审核，维持一审判决。

---

① 详情可参见济南铁路运输中级人民法院（2021）鲁 71 行终 221 号。

二、以案说法

本案的争议焦点主要有两个：一是王某某、王某某女儿起诉是否超过起诉期限？二是对于外嫁女及其子女应否获得安置补偿的考量因素？

（一）起诉期限

《行政诉讼法》以及司法解释规定了以下三种计算起诉期限的方式：

1. 行政机关告知了行政行为内容以及起诉期限：自知道或者应当知道作出行政行为之日起 6 个月内提出。其中，对行政机关不履行法定职责提起诉讼的，应当在行政机关履行法定职责期限届满之日起 6 个月内提出。

2. 行政机关未告知起诉期限：起诉期限从公民、法人或者其他组织知道或者应当知道起诉期限之日起计算，但从知道或者应当知道行政行为内容之日起最长不得超过 1 年。

3. 不知道行政机关作出行政行为：起诉期限从知道或者应当知道该行政行为内容之日起计算，因不动产提起诉讼的案件自行政行为作出之日最长不得超过 20 年，其他案件自行政行为作出之日起最长不得超过 5 年。

本案中，本案的案由系行政机关不履行法定职责纠纷，王某某、王某某女儿在复议过程中知悉 A 村村委会是受管委会委托实施的补偿工作，某管委会是安置补偿的责任主体，故向某管委会提出履职申请，管委会于 2020 年 1 月 23 日作出拒绝补偿安置决定。因此，王某某、王某某女儿于 2020 年 6 月 11 日向一审法院提起诉讼，并未超过法定起诉期限。

（二）外嫁女及其子女应否获得安置补偿的考量因素

对于外嫁女及其子女应否获得安置补偿，结合最高院审理类似案件的裁判情况，应当从以下几方面予以综合考虑：

1.外嫁女及其子女的户籍在征地补偿方案最终确定时是否在该集体经济组织。

2.外嫁女及其子女是否在该集体经济组织实际生产、生活。

3.外嫁女及其子女是否在其他集体经济组织享受了宅基地分配使用、安置补偿，或在城镇中享受了福利性购房。

4.该集体经济组织村民会议、村民代表会议讨论决定的意见。《村民委员会组织法》第二十七条第二款规定："村民自治章程、村规民约以及村民会议或者村民代表会议的决定不得与宪法、法律、法规和国家的政策相抵触，不得有侵犯村民的人身权利、民主权利和合法财产权利的内容。"《妇女权益保障法》第五十六条第一款规定："村民自治章程、村规民约，村民会议、村民代表会议的决定以及其他涉及村民利益事项的决定，不得以妇女未婚、结婚、离婚、丧偶、户无男性等为由，侵害妇女在农村集体经济组织中的各项权益。"因此，村集体经济组织虽然依法享有自主决定自治范围内事项的权利，但是必须符合法律、法规的规定，不得剥夺村集体经济组织成员依法应当享有的基本权利。

本案中，在 A 村公布二期分房政策之前，王某某、王某某女儿已将户口迁入 A 村，二人自此长期居住生活在该村，且无证据证明二人在其他村分配了农村宅基地，故村委会以二人不符合《村民享受土地补偿管理制度》规定，将二人排除在安置补偿范围之外，违背了相关法律规定，因此，一、二审法院判决某管委会在查明具体情况下，对王某某、王某某女儿履行补偿安置职责。

三、专家建议

如果外嫁女的安置补偿权益受到侵害，建议：1. 向村集体反映，通过协商积极维护自己的权益；2. 如果是对征地补偿标准有争议的，可以请求县级以上政府协调处理；3. 向具有安置补偿职责的行政机关提出履职申请，如行政机关不同意履职或未在法定期限内回复，则可向人民法院起诉，以此维护自己合法的权益。

四、关联法条

《行政诉讼法》第四十六条，《最高人民法院关于适用〈中华人民共和国行政诉讼法〉的解释》第六十四条、第六十五条、第六十六条，《妇女权益保障法》第五十六条，《土地管理法》第六十二条，《村民委员会组织法》第二十七条。

农村无证房是否一律不予补偿？

根据《城乡规划法》规定，农村村民建房需事先取得乡村规划许可证，并按照乡村规划许可证的规定建设，否则自建房将会被认定为违法建筑被予以强制拆除，而且因是违法建筑，行政机关予以拆除是不需要给予村民任何赔偿或补偿的。违法建筑拆除本意是为了规范乡村建设规划、保护农田，但因为违法建筑拆除流程相比征收流程简单，且不需要对村民进行补偿，就导致少数行政机关对纳入征收范围的村民自建房认定为违法建筑并据此拆除房屋，在实践中常称为"以拆违代拆迁"，那么农村无证房是否一律不予补偿呢？

一、案例简介

（一）基本案情

黄某辉、黄某中系父子关系，二人均系河南省兰考县城关乡某村村民，黄某辉合法持有集体土地建设用地使用证，证载用地面积 224 平方米，用途住宅，二人于 1990 年前建设完成两套房屋。2013 年 4 月，兰考县政府作出《征收土地公告》，黄某中建设的房屋和黄某辉持有建设用地使用证的案涉集体土地及所建房屋位于兰考县政府的征收土地范围内。2016 年 9 月，兰考县综合执法局向黄某中下发《限期拆除通知书》，责令其在收到该通知书三日内自行拆除建筑物。2016 年 9 月，兰考县政府组织人员将黄某辉、黄某中的房屋予以强制拆除。黄某辉、黄某中认为，兰考县政府强制拆除房屋根本原因并非是因为违法建筑，而是因为二人不签订补偿协议，兰考县政府强行通过拆除代替征收，严重违法，故向法院提起诉讼。①

（二）法院裁判

1. 一审判决

一审法院认为，兰考县政府未依法作出强制拆除决定，而是仅作出《限期拆除通知书》，且未提供向黄某辉、黄某中依法送达书面催告书的相关证据，也剥夺了二人陈述、申辩的权利，故兰考县政府拆除黄某辉、黄某中房屋的行为，违反法定程序，故判决确认兰考县政府对黄某辉、黄某中房屋的强制拆除行为违法。

2. 终审判决

二审法院认为，兰考县政府在推进征收实施工作中，因黄某

---

① 详情可参见河南省高级人民法院（2017）豫行终 2499 号行政判决书。

辉、黄某中没有签订补偿协议，兰考县政府便不遵循法定的组织实施程序，而径行以黄某辉、黄某中未办理规划手续、土地证缺乏档案等理由，将涉案房屋认定为违法建筑并强制拆除，其执法目的不是为了严格农村土地的管理使用，而是为了避开法定的征收实施程序、加快拆除进程，属于滥用职权，故判决驳回兰考县政府的上诉，维持原判。

二、以案说法

本案的争议焦点主要有两个：一是违法建筑拆除应当履行哪些法定程序？二是农村无证房是否一律不予补偿？

（一）违法建筑拆除的法定程序

即使行政机关认为是违法建筑，行政机关也无权随意拆除，拆除违法建筑一般需要经过以下程序：

1. 催告。行政机关作出强制执行决定前，应当事先催告当事人履行义务，催告应当以书面形式作出。

2. 听取陈述、申辩意见。当事人收到催告书后有权进行陈述和申辩，行政机关应当充分听取当事人的意见，对当事人提出的事实、理由和证据，应当进行记录、复核。当事人提出的事实、理由或者证据成立的，行政机关应当采纳。

3. 作出决定。经催告，当事人逾期仍不履行行政决定，且无正当理由的，行政机关可以作出强制执行决定。

4. 送达。催告书、行政强制执行决定书应当直接送达当事人，当事人拒绝接受或者无法直接送达当事人的，应当依照《民事诉讼法》有关规定送达。

5. 强制拆除。对违法的建筑物需要强制拆除的，应当由行政机关予以公告，限期当事人自行拆除。当事人在法定期限内不申请行政复议或者提起行政诉讼，又不拆除的，有强制执行权的行政机关可以依法强制拆除。

本案中，兰考县政府在拆除黄某辉、黄某中房屋之前，未履行催告程序，剥夺了二人陈述、申辩的权利，未作出强制拆除决定并向二人送达，也未进行公告，故拆除程序严重违法。

（二）农村无证房屋不应一律不予补偿

对于在征地范围内的农村违建房，是否应当认定为违法建筑而不予补偿，关键要看是不是因历史原因未依法办理建设手续，不能不作具体区分一律认定为违法建筑无偿拆除，理由如下：

《城乡规划法》颁布以前，关于建房规划，城市房屋有《城市规划条例》约束，但对于农村集体土地上的房屋，几乎没有建设房屋规划的法律、法规规定，只是《土地管理法》规定禁止占用耕地建房建窑以及《村庄和集镇规划建设管理条例》规定建房要向村集体经济组织提出申请。因此，20世纪80年代以前农民在自己宅基地上随意建造房屋是普遍存在的现象。既然在2008年1月1日之前，在农村进行房屋建设，不需要申请规划许可，根据法不溯及既往的基本原则，不应当对于《城乡规划法》实施之前的行为适用该法规定。因此，对于2008年前农村建房未取得规划许可行为属于历史遗留问题，这种自建房也就不应一律认定为违法建筑予以拆除，而应当在征收过程中予以补偿。本案中，黄某辉、黄某中的房屋建设于2008年之前，因此，法院认为对于此类房屋无建设手续不是农村居民能够克服和解决的，其不存在过错。而且正是因为二人不签订补偿协议，所以兰考县政府才滥用职权认定为违法建筑而不按照程序实施征收，因此，将涉案房屋认定为违法建筑并予以拆除的行为违法。

三、专家建议

近几年农村地区拆迁越来越多，常有征收方利用自己手中的权力，将村民无证房屋定性为"违法建筑"，以逼迫村民同意极低补偿金额或者加快推进拆迁进度。此时，建议农民朋友积极收集有关建设手续材料以及房屋建成时间材料，并在法定期限内提起诉讼，向法院主张要求根据实际情况、结合历史政策等对"无证房屋"性质进行认定，不得"一刀切"，一律认定为"违建"不予补偿。

四、关联法条

《中华人民共和国城乡规划法》第六十五条，《中华人民共和国土地管理法》第二十七条，《村庄和集镇规划建设管理条例》第十八条，《中华人民共和国行政强制法》第三十五条、第三十六条、第三十七条。

房屋被强拆如何救济？

随着城镇化的不断发展，旧城改造、村房拆迁等在各地如火如荼地进行，行政机关在履行该职责过程中，由于自身执法水平的欠缺等原因，可能会出现违法拆除房屋的行为。而房屋作为普通人最重要的不动产，与行政相对人的切身利益存在重大关切。作为房屋所有权人或者土地使用权人，在面对违法强拆行为时，应当充分利用复议、诉讼等行政救济途径，提出合理诉求，以维护自身的合法权益。

一、案例简介

（一）基本案情

刘某某位在某镇某某村某胡同某号有一处房屋，2018 年 7 月，该镇某文化旅游项目建设指挥部作出某某村搬迁补偿安置实施方案的草案，并予以张贴公告。2018 年 9 月，该区发展和改革局作出批复，同意建设该项目。之后，某镇人民政府作出某某村搬迁补偿安置的实施方案，并予以张贴公告。2018 年 11 月 20 日，该区某文化旅游项目建设指挥部向刘某某作出《限期拆除通知书》，载明：超过限期既不签订协议也未交付地上附着物的，政府将根据有关规定依法强制拆除。2018 年 11 月 30 日，房屋被强制拆除，刘某某不服，向该市人民政府提出行政复议申请，请求确认该区人民政府征收其土地及强制拆除房屋的行为违法；责令该区人民政府将被拆除房屋恢复原状，并依法赔偿损失。2019 年 3 月 11 日，该市人民政府作出行政复议决定书，确认该区人民政府征收刘某某的土地及强制拆除其房屋的行为违法，责令其妥善处理争议，依法进行征收，驳回刘某某的其他行政复议申请。刘某某不服该复议决定，诉至法院。①

（二）法院裁决

1. 一审判决

一审法院认为某区政府对涉案房屋实施强拆的行为已被某市政府作出行政复议决定确认违法。因此，某区政府对于涉案强拆行为给刘某某合法权益造成的损害应当承担赔偿责任。但由于原村址房屋已基本拆除完毕，原告被拆除房屋已不具备恢复原状的

① 详情可参见山东省高级人民法院（2020）鲁行终 364 号行政判决书。

条件，故对于原告要求恢复房屋原状的诉讼请求不予支持，但按照评估价值赔偿原告 26 万余元。同时，由于某区人民政府拆除案涉房屋前未对案涉房屋内财产采取保全措施，亦未提供证据证明已将案涉房屋的室内物品完好交付原告，应对室内物品损失予以赔偿，但不能查明室内物品实际损失情况，因此酌定室内财产损失为 10000 元。此外，按照某某村搬迁补偿安置的实施方案，责令某区政府向原告及第三人支付搬家费 800 元，临时安置费 6600 元。撤销某市人民政府作出的行政复议决定第二项，驳回了刘某某的其他诉讼请求。

2. 终审判决

二审法院审理查明的事实与原审法院认定的事实一致。二审法院认为赔偿方式、赔偿数额符合客观实际和法律规定。上诉人与被上诉人均对房屋内物品无法提供证据予以证明，考虑行政机关违反正当程序，不依法公证或者依法制作物品清单，给原告履行举证责任造成困难，原审根据涉案房屋被拆除前室内物品及搬出物品的相关情况，酌定室内财产损失为 10000 元，并无不当。二审法院遂判决驳回刘某某的上诉，维持原判。

二审判决生效后，刘某某向最高人民法院申请再审。最高人民法院认为，一审、二审法院认定事实清楚，适用法律正确，程序合法，裁定驳回刘某某的再审申请。

二、以案说法

本案中所涉及的行政赔偿需要明确两个问题：第一，赔偿义务主体；第二，赔偿方式及赔偿数额。

（一）赔偿义务主体

本案中，某区政府对涉案房屋的强制拆除行为已被某市政府作出行政复议决定确认违法。根据《中华人民共和国国家赔偿法》第二条、第四条的规定，行政机关及其工作人员在行使行政职权时有侵犯财产权，造成财产损害的违法行为的，受害人有取得赔偿的权利。因此，刘某某作为房屋所有权人有权获得相应的赔偿，赔偿主体为作出违法强拆行为的某区政府。

（二）赔偿方式及赔偿数额

根据《国家赔偿法》第三十二条的规定"国家赔偿以支付赔偿金为主要方式。能够返还财产或者恢复原状的，予以返还财产或者恢复原状"。第三十六条规定"侵犯公民、法人和其他组织的财产权造成损害的，按照下列规定处理：……（三）应当返还的财产损坏的，能够恢复原状的恢复原状，不能恢复原状的，按照损害程度给付相应的赔偿金"。本案中，由于原村址房屋已基本拆除完毕，被拆除房屋已不具备恢复原状的条件，因此法院对于刘某某恢复房屋原状的诉讼请求不予支持，而是通过支付赔偿金的方式进行赔偿。

本案刘某某先行提起了行政复议，复议机关作出的复议决定中对实施房屋强拆的行政行为确认违法。但刘某某对复议机关的有关赔偿内容决定不服继而启动行政诉讼。经过行政诉讼的审理中，法院基于复议决定中的确认行政行为违法而确定赔偿义务机关，并合理确定了当事人刘某某应当取得的赔偿数额，最大限度地保障了当事人的合法权益。

三、专家建议

行政机关的行为侵犯自身合法权益时，当事人应当及时启动救济。行政复议作为一种有效且相对更为专业的救济途径可以成为当事人的首要选择。一方面，由于行政复议是在行政机关系统内部上级机关对下级机关所作的行政行为所作的审查，因此行政复议具有相对较高的专业性；另一方面，行政复议自受理之日起一般不超过 60 日即作出复议决定，因此行政复议具有更高的及时性。倘若纠纷能够通过行政复议妥善解决，也就无须再行起诉。行政诉讼可以作为在行政复议无法实现有效救济情况下的后置手段，以充分维护自身的合法权益。

四、关联法条

《中华人民共和国行政复议法》第五条、第九条、第十六条、第二十九条、第三十一条，《行政诉讼法》第四十四条、第四十五条，《中华人民共和国国家赔偿法》第二条、第四条、第三十二条、第三十六条，《最高人民法院关于审理行政赔偿案件若干问题的规定》第十一条、第十七条、第二十七条、第三十一条。

房屋征收决定合法，诉讼请求可能被驳回

《宪法》第十条第三款规定了土地的征收和征用制度，它是我国土地征收制度确立的宪法基础。与土地征收息息相关的就是房屋征收，《国有土地上房屋征收与补偿条例》对国有土地上单位、个人的房屋征收进行了详细规定。国有土地上房屋征收通常既涉及众多被征收人的重大财产权益，又涉及公共利益，因此国有土地上房屋征收决定必须符合重大公共利益的要求，必须符合征收决定做出的条件，其决定程序也必须公平公正。对于合法的国有土地房屋征收决定，人民法院予以支持，人民群众应当予以配合。

一、案例简介

（一）基本案情

2013 年 9 月，某市下发《关于下达 2013 年中心城区棚户区改造和环境整治项目任务的通知》，本案涉及的某项目被列入《某市 2013 年中心棚户区改造和环境整治项目册》。后该市谋取将该项目列入《关于某区 2013 年国民经济和社会发展计划执行情况与 2014 年国民经济和社会发展计划草案的报告》，后某区十五届人大第四次会议批准了该报告。2014 年 1 月，某公司向某区政府房屋征收办公室提交了该项目纳入征收的申请，3 月某区人民政府作出同意批复。2014 年 3 月，某区征收办发布《关于公开选择某旧城区改建项目房地产评估机构的通知》，经公开摇号选定 A 公司等 5 家公司承担该项目住宅房屋征收补偿评估工作。后经协商选定某公司作为该项目非住宅房屋房地产价格评估机构。2015 年 8 月，某区政府批复同意了该项目住宅和非住宅征收补偿方案；10 月，某区征收办发布了该方案征求意见的通知。2016 年 5 月，某区市政市容委组织召开了该项目房屋征收补偿方案听证会，后某区征收办根据听证结果和征求意见情况对补偿方案进行修改和完善；8 月，某区政府原则上同意该征收补偿方案。2016 年 10 月，某区征收办做出了该项目社会稳定风险评估报告，同月房屋征收和补偿资金到账。2017 年 2 月，某区政府常务会议讨论同意某区征收办提交的请某区政府对该项目做出房屋征收决定的请示。同年 2 月 24 日，某区政府作出本案被诉的房屋征收与补偿决定，并在房屋征收范围内及市住建委的网站予以公告。原告王某的房屋位于被诉征收决定所载征收范围内，其因不服该征收决定，向某市中院提起行政诉讼。

（二）法院裁判

某市中院依法对被诉征收与补偿决定的合法性进行全面审查后认为，某区政府具有作出房屋征收决定的职权，该决定符合公益性要求，且具备作出房屋征收与补偿决定的法定条件，并履行了法定程序，因此该房屋征收与补偿决定符合法律规定。最后法院判决驳回原告诉讼请求。

二、以案说法

本案争议焦点主要有两个：一是某区政府能否成为房屋征收决定作出主体？二是受案法院对行政行为合法性审查的范围是什么？

（一）房屋征收与补偿决定作出主体

《国有土地上房屋征收与补偿条例》第四条规定："市、县级人民政府负责本行政区域的房屋征收与补偿工作。市、县级人民政府确定的房屋征收部门组织实施本行政区域的房屋征收与补偿工作。市、县级人民政府有关部门应当依照本条例的规定和本级人民政府规定的职责分工，互相配合，保障房屋征收与补偿工作的顺利进行。"由此可知，本区域内房屋征收与补偿工作是市、县、区政府的法定职权。因此，被告某区政府具有做出本案被诉房屋征收决定的法定职权，也即某区政府是本案的适格被告。

（二）受案法院对涉案行政行为合法性审查的范围

受案法院应当对涉案行政行为合法性进行全面审查。行政诉讼中的全面审查一般是指人民法院在行政案件审理中，应当对被诉行政行为的事实根据、法律依据、行政程序、职责权限等各方面进行合法性审查，不受诉讼请求和理由的拘束。国有土地征收补偿案件中，受案法院不能拘泥于原告的诉讼请求和理由，还应当对被告作出涉案征收补偿决定是否满足法定条件以及是否经过法定程序进行审查。根据《国有土地上房屋征收与补偿条例》第二章的规定，市、县级政府作出房屋征收与补偿决定应当满足下列条件和程序：出于重大公共利益的考虑；纳入市、县级国民经济和社会发展年度计划；市、县级政府对征收办拟定的征收补偿方案进行论证，征求意见；异议众多时，市、县级政府对补偿方案组织听证会；作出征收决定前，应当进行社会风险评估，且补偿费用应该足额到位；房屋征收决定作出后应当及时公告。只有满足上述条件且经过上述程序，市、县级政府才能做出房屋征收补偿决定。

本案中，该项目先被编入《某市 2013 年中心城区棚户区改造和环境整治项目册》，后被纳入某区 2014 年国民经济和社会发展计划，建设单位提交了房屋征收申请及投资任务书、规划意见、用地预审意见等实施征收的前置审批文件，具备征收要件。后该政府部门组织被征收人通过协商和摇号选定两类房屋评估机构。该政府征收办还对两类房屋开展集中入户调查和实地勘测工作，并将调查结果予以公布。该区征收办组织预签征收补偿协议，生效比例为 85%，该行为符合房屋征收决定的条件。该区征收办还作出了社会风险评估报告，且银行回单显示征收补偿费用已经足额到账。该区征收办发布征收补偿方案征求意见的通知后，根据征求意见情况组织召开了听证会，并根据征求意见和听证会结果对补偿方案进行完善，再次上报后获某区政府同意。最后，某区政府做出征收补偿决定，并在征收范围内予以公告。综上，被告作出涉案房屋征收补偿决定符合征收的法定条件，且所经程序公平公正民主，符合法律规定。本案中，受案法院在审查被诉房屋征收补偿决定时，没有局限于原告的诉讼请求和理由，而是对涉案房屋征收补偿决定的前置条件和程序进行全面审查。

三、专家建议

房屋征收决定涉及被征收人的重大财产权益，人民法院应当依法保护被征收人的合法权益，且应当对被诉房屋征收补偿决定的合法性进行全面审查，而不应仅限于原告明确提出的事实和理由。有权机关出于公共利益需要作出房屋征收补偿决定时，必须满足法定条件、经过法定程序。对于行政机关依法作出的合法的房屋征收补偿决定，人民法院依法予以支持。

四、关联法条

《宪法》第十条、第十三条，《国有土地上房屋征收与补偿条例》第四条、第二章。

如何区分民事协议与行政协议

在 2015 年《行政诉讼法》修订之前，大量的行政协议案件如招商引资协议，都是由法院民事审判庭依照民事裁判规则审理，这也导致人们形成了惯性思维，对于与行政机关签订的协议一股脑地通过提起民事诉讼途径解决。2015 年修订后的《行政诉讼法》的实施，将行政协议争议纳入行政诉讼的受案范围，如再对行政协议提起民事诉讼，则法院会直接以不属于民事案件受理范围为由裁定驳回起诉，争议不仅没有得到解决，反而增加了人们的诉讼成本。因此，在处理协议（合同）纠纷时，必须正确识别协议性质，区分民事协议和行政协议，选择正确的诉讼路径。

一、案例简介

（一）基本案情

2008 年，某公司与某区政府签订了《投资协议》及《补充协议书》，协议内容主要为：（1）某公司拟投资 3000 万元建设观光园林式果酒生产项目，全部建设投产后，产值约 40000 万元／年，上缴税收 5000 万元／年。（2）项目用地面积约 400 亩，区政府负责征收协议项下的用地，负责通水、通电以及征地拆迁等工作。（3）若区政府未完成征地拆迁工作，某公司有权终止建设，区政府必须退还所有征地预付款项，并计付利息以及费用损失。后因区政府未依约征收并出让项目用地，2017 年区政府下属的办公室与某公司签订《解除协议》，并约定：（1）投资款全额退还给某公司；（2）关于某公司的经济损失赔偿事宜，双方另行协商，协商不成，任何一方可向项目所在地法院起诉。至 2018 年 5 月，双方仍未就某公司损失赔偿金额达成一致，某公司遂向某市中级人民法院提起行政诉讼，要求确认区政府未履行《解除协议》违法，并赔偿公司投资款利息以及其他费用损失。

（二）法院裁判

1. 一审判决

一审法院认为，本案系行政协议纠纷，《解除协议》属于行政协议。本案不存在被诉行政行为被法院判决确认违法或无效的情形，故某公司在本案中提出的行政赔偿请求缺乏依据，驳回某公司的诉讼请求。

2. 终审判决

二审法院认为，本案系行政协议纠纷，不存在区政府未履行或违法履行《解除协议》的情形，至于某公司提出的经济损失赔偿请求，可遵循民事诉讼途径解决，故维持一审判决。

二审法院判决生效后，某公司向最高人民法院申请再审，请求撤销一审、二审判决。再审法院认为：（1）《投资协议》《补充协议书》具有明显的行政协议属性，签订的《解除协议》也当然具有行政协议属性；（2）一审法院错误理解行政协议案件中的违约赔偿责任与行政行为违法案件违法赔偿责任，二审法院认为应遵循民事诉讼途径解决，更是与其认定的协议系行政协议的裁判结论自相矛盾，理应根据双方过错确定具体的责任承担，而不应当要求另行通过民事诉讼程序解决行政争议纠纷，故撤销一审、二审判决，发回一审法院重审。

二、以案说法

本案的争议焦点主要有两个：一是关于《投资协议》《补充协议书》以及《解除协议》的性质问题，是否属于行政协议？二是关于《解除协议》约定的赔偿诉讼类型问题，即协议解除后的赔偿是可以通过行政诉讼途径解决，还是另行提起民事诉讼？

（一）区分民事协议与行政协议

民事协议与行政协议，可以从以下四个方面进行区分：

1. 协议主体。民事协议：协议双方当事人是自然人、法人或其他组织中任意一类；行政协议：协议一方当事人必须是行政主体。

2. 主体地位。民事协议：双方当事人的法律地位是完全平等的，双方利益互换，合同权利义务对等；行政协议：双方当事人处于不完全平等的法律地位，行政机关处于主导地位。为了实现公共利益需要，行政机关一方享有对协议履行的监督权、指挥权、单方变更权和解除权。

3. 签订目的。民事合同：为了实现当事人自身利益；行政协议：为了实现公共利益或行政管理目标。

4. 协议内容。民事合同：协议主要内容约定的是设立、变更、终止民事权利义务关系，相关行政管理事项的约定仅是为了辅助对方实现合同目的；行政协议：协议主要内容约定的是行政法上的权利义务关系。

本案中，《投资协议》《补充协议书》一方当事人为区政府；协议履行将提高某区经济生产总量以及财税收入，因此，协议目的是区政府为了实现行政管理目标；协议内容包括项目立项、土地征收拆迁、政府配套政策以及相关优惠政策落实等事项，系区政府履行行政管理职责过程中行政法上的权利义务，因此，《投资协议》《补充协议书》协议属于行政协议，那么，因解除前述协议签订的《解除协议》也当然具有行政协议属性，即《解除协议》也系行政协议。

（二）行政协议解除后的赔偿诉讼类型

对于行政协议的解除，包括行政机关单方解除以及双方约定解除，二者均可通过行政诉讼途径主张协议解除后的赔偿，具体来说：

1.针对行政机关单方解除协议的，如行政相对人同意解除协议，则行政相对人可以提起行政诉讼，要求对方承担违约责任；如行政相对人不同意解除协议，则行政相对人可以提起行政诉讼，请求撤销解除行为，要求行政机关继续履行协议。如法院经审查认为行政机关解除协议违法，则会判决行政机关继续履行协议、采取补救措施，造成行政相对人损失的，判决予以赔偿。如法院经审查认为继续履行协议会严重损害国家利益、社会公共利益时，则会判决驳回行政相对人诉讼请求，造成行政相对人损失的，判决予以补偿。

2.针对双方约定解除协议的，行政机关不履行解除协议或未约定赔偿金额的，行政相对人可以提起行政诉讼，法院可参照适用民事法律规范关于民事合同的相关规定进行审理，并根据违约造成的损害确定赔偿金额。

本案中，虽然《解除协议》签订后，某区政府已将投资款全额返还给公司，但是并不足以弥补公司的损失，因此，某公司有权依据《解除协议》约定，通过行政诉讼途径要求区政府承担包括投资款利息以及费用损失等在内的违约赔偿责任。

三、专家建议

由于协议约定内容的复杂、多样，判断一个书面协议是属于民事协议还是属于行政协议，不能仅看协议的名称，也不能仅依据其中的少数或者个别条文来判定，而应当结合协议签订的主体、目的、主要内容综合判断，据此发生争议时，选择对应的诉讼路径，充分保护自身的合法权益。

四、关联法条

《行政诉讼法》第十二条、第七十八条，《最高人民法院关于适用〈中华人民共和国行政诉讼法〉的解释》第六十八条，《最高人民法院〈关于审理行政协议案件若干问题的规定〉》第一条、第二条、第十六条、第二十七条，《民法典》第五百七十七条。

●行政允诺纠纷

政府"言而无信"怎么办?

现如今招商引资已经不是什么新鲜事,各地政府为了更好地吸引投资商进行投资,也费了很大一番功夫。招商引资最明显的作用就是发展经济、带动就业、增加税收。为了更好地开展招商引资工作,有的政府会出台优惠政策,或许诺给投资商更好的投资环境,或许诺引资人以一定比例的金钱回报。但是随之而来的问题是,若在投资引进之后,无法兑现相关优惠政策,作为引资人如何争取自己应当获得的合法收益呢?

一、案例简介

(一)基本案情

2001年6月28日,中共A县委和A县政府印发丰委发〔2001〕23号《关于印发A县招商引资优惠政策的通知》(以下简称《23号通知》),其中《A县招商引资优惠政策》中第二十五条规定,对引进外资项目实行分类奖励。第三十条规定,需要奖励的,引荐人须向县招商局等有关单位提出申请。

2001年9月24日,重庆K公司向李某1出具《关于城市污水处理厂项目运作的合作承诺》,对李某1负责运作的城市污水处理项目成功后,该公司向李某1支付项目经营费的标准及方式作出承诺。2002年3月28日,江苏省发展计划委员会作出苏计投资发(2002)332号《关于A县污水处理厂一期工程可行性研究

报告的批复》，同意 A 县建设污水处理厂一期工程。2003 年 1 月
4 日，李某 1 以重庆 K 公司名义与 A 县建设局签订《关于投资建
设江苏省 A 县四万吨污水处理厂的框架协议书》。2003 年重庆 K
公司以 BOT 模式投资建设运营徐州 K 公司，2014 年重庆 K 公司
出具证明该项目的推介人为李某 1。

崔某为李某 1 的妹夫，2003 年 10 月 13 日，A 县人民代表大
会常务委员会出具证明称 A 县污水处理厂建设项目由砖瓦厂厂长
崔某同志引进；2005 年 6 月 18 日，A 县建设局出具证明称 A 县
污水处理厂建设项目由砖瓦厂厂长崔某、李某 2 夫妻二人引进。
于是崔某请求 A 县政府按照《23 号通知》的承诺向自己支付招商
引资奖励，但是 A 县政府认为污水处理厂项目建设不是崔某引进
的，而是李某 1 受重庆 K 公司委托在全国范围内帮助寻找投资机
会，于是拒绝向崔某支付奖励。崔某遂于 2015 年 5 月向法院提起
诉讼。①

（二）法院裁判

1. 一审判决

一审法院认为，A 县发改委在一审审理期间颁布的《招商引
资条款解释》属于有权解释，《23 号通知》中的外资应当理解为
其他国家地区（包括港澳台）流入的资金；另由于徐州 K 公司和
重庆 K 公司以 BOT 模式投资建设运营的新企业，不属于《23 号
通知》附则规定的行政固定资产投入 300 万元人民币以上。故认
定该项目不属于《23 号通知》第二十五条及附则规定的奖励范
畴，驳回崔某的诉讼请求。

---

① 详情可参见江苏省高级人民法院（2016）苏行终字第 90 号行政判决书。

2. 二审判决

二审法院认为《23 号通知》属于行政允诺，只要相对人作出相应的承诺并付诸行动，即对双方产生约束力。崔某夫妇响应《23 号通知》的号召，积极联系其亲属，介绍重庆 K 公司与 A 县建设局签订投资建设协议，为 A 县取得了良好的经济效益和社会效益。A 县发改委不得在无其他证据佐证的情况下，任意行使解释权并且解释不能作为认定被诉具体行政行为合法的依据。因此 A 县政府应当按照约定履行相应义务。

二、以案说法

本案的争议焦点有两个：一是关于《23 号通知》的相关规定应当如何解释；二是 A 县政府是否应当履行义务。

（一）发改委《招商引资条款解释》的效力问题

根据《最高人民法院〈关于行政诉讼证据若干问题的规定〉》第六十条规定，被告及其诉讼代理人在作出具体行政行为后或者在诉讼程序中自行收集的证据不得作为认定被诉具体行政行为合法的依据。本案中，《招商引资条款解释》是 A 县发改委在崔某向法院提起诉讼之后出具的，属于被告 A 县政府在具体行政行为作出之后自行收集的证据，因此不得作为认定 A 县政府拒绝支付招商引资奖励行为合法性的依据。而根据《合同法》第一百二十五条的规定，当事人对合同条款的理解有争议的，应当按照合同所使用的词句、合同的有关条款、合同的目的、交易习惯以及诚实信用原则，确定该条款的真实意思。可见在民事合同中，尚且不能允许合同的一方自行决定对某一条款的解释，那么在行政允诺中就更不能因为政府作为其中一方而承认其特权，否则将可能导致政府权力对公民权利的侵害。

（二）对《23号通知》的解释问题

同样参照《合同法》第一百二十五条，对合同条款的理解有争议的，应当按照合同所使用的词句、合同的有关条款、合同的目的、交易习惯以及诚实信用原则，确定该条款的真实意思。按照文义解释，《23号通知》中"新增固定资产投入"并不能限缩地理解为原有企业增加固定资产投入，A县发改委对此作出的限缩解释并没有足以支撑的依据；按照目的解释，招商引资的目的是促进地方经济发展、增加地方财政收入、改善地方居民就业等，也就是说招商引资的对象不仅是地方原有企业，同样也欢迎外来企业到地方进行投资投产。本案中，崔某夫妇引进的徐州K公司，投资额6000万元，远远高于《23号通知》中规定的300万元，为当地的经济建设起到了一定的促进作用，而这恰恰就是招商引资的主要目的。因此，A县发改委出具的《招商引资条款解释》是站不住脚的，应当将"新增固定资产投入"理解为在全县现有基础上新增的固定资产投入。

（三）A县政府是否应当按照《23号通知》履行义务

行政允诺是指行政机关为实现特定的行政管理目的，向不特定的相对人公开作出的承诺，当相对人作出一定的行为即给予其一定回报的意思表示行为。行政允诺的前提是该承诺不违反法律的强制性规定，《23号通知》中规定的招商引资奖励并不违反相关的法律法规且是为了A县的经济发展，因此属于行政允诺。而根据诚实信用原则（信赖保护原则），行政机关应当对其作出的行政允诺负责，否则从大局上讲损害的将是政府的公信力，具体来看也将打击当地公民招商引资的积极性，无论从何种角度这种行为都是具有极大危害的。崔某夫妇按照《23号通知》进行招商引资并取得了相当的成果，则A县政府应当履行承诺，向崔某夫妇支付招商引资奖励。

三、专家建议

虽然本案中崔某夫妇最终胜诉，但维权经历了漫长的过程，对其精神造成极大损耗。因此为了避免不必要纠纷的发生，作为公民一方，应当首先明确行政允诺的具体内容，就可能存在理解偏差的问题向作出允诺的行政机关询问并留下相关证据。若是满足允诺条件时，行政机关拒绝兑现，要拿起法律的武器维护自己的合法权益，向上级机关提起行政复议或者向有管辖权的法院提起行政诉讼。

四、关联法条

《最高人民法院〈关于行政诉讼证据若干问题的规定〉》第六十条，《合同法》（已失效）第一百二十五条，《行政诉讼法》第三十四条。

应当在法定期限内申请行政复议

公民、法人或者其他组织认为行政机关作出的具体行政行为侵犯其合法权益的，可以请求行政复议组织对该行政行为予以纠正，或者就该行政行为向人民法院提起诉讼。当然，为保障权利义务状态的安定性与稳定性，法律规定行政相对人应当在法定期限内寻求行政救济，超过期限申请行政复议或者提起行政诉讼的，将承担相应机关不予受理的不利后果。

一、案情简介

（一）基本案情

1989 年 10 月 13 日，玉林市人民政府为玉林市 M 食品站养殖场核发玉国用（1989）字第 120000006 号《国有土地使用证》（以下简称第 120000006 号土地证）。玉林市 M 食品站养殖场属于原玉林市 M 食品站的一个养殖站点，未单独办理过营业执照。1993 年 7 月 22 日，玉林市 M 食品站将名称变更为"玉林市 M 食品公司"。①

2016 年 6 月 15 日，玉林市福绵区 M 镇中村第七农经

---

① 详情可参见广西壮族自治区人民政府桂政行复（2016）126 号行政复议决定书、广西壮族自治区南宁市中级人民法院（2016）桂 01 行初 251 号行政判决书、广西壮族自治区高级人民法院（2017）桂行终 1568 号行政判决书、最高人民法院（2019）最高法行申 3692 号行政裁定书。

社、第八农经社和第十四农经社（以下简称"三农经社"）对第120000006号土地证不服，向广西壮族自治区人民政府申请行政复议。广西壮族自治区人民政府于2016年6月20日作出桂政行复（2016）126号《不予受理行政复议申请决定书》（以下简称126号复议决定），认为第120000006号土地证系1989年颁发，自颁发之日至申请行政复议之日已超过20年，因此，"三农经社"的申请不符合行政复议的受理条件，决定不予受理。

"三农经社"认为，其是在知道该颁证行为之日起60日内提出行政复议申请，符合《中华人民共和国行政复议法》（以下简称《行政复议法》）第九条第一款之规定，广西壮族自治区人民政府作出的126号复议决定认定事实有误，适用法律错误，遂于2016年7月7日向广西壮族自治区南宁市中级人民法院提起行政诉讼，请求撤销126号复议决定。

（二）法院裁决

1. 一审判决

一审法院认为，"三农经社"所诉的第120000006号土地证颁发于1989年10月13日，该行为发生在《行政复议条例》实施之前，当时我国尚未建立行政复议制度（我国的行政复议制度起始于1991年），根据法不溯及既往原则，依法不能适用《行政复议条例》。据此，"三农经社"申请行政复议缺乏法律依据，126号复议决定对其复议申请不予受理正确，判决驳回"三农经社"的诉讼请求。"三农经社"不服，提起上诉。

2. 终审判决

二审法院认为，颁发第120000006号土地证行为于1989年作出，发生于《行政复议条例》颁布实施之前，不能适用该条例和《行政复议法》的规定，判决驳回上诉，维持原判。

二审法院判决生效后，"三农经社"向最高人民法院申请再审。最高人民法院认为，玉林市人民政府于1989年作出被申请复议的颁发第120000006号土地证行政行为，"三农经社"于2016年6月申请行政复议，显然已经超过20年的最长申请行政复议期限。广西壮族自治区人民政府依法作出126号复议决定，不予受理"三农经社"的复议申请，证据确凿，适用法律、法规正确，符合法定程序，遂裁定驳回"三农经社"的再审申请。

二、以案说法

行政复议与行政诉讼是行政相对人获取行政救济的主要渠道，具有解决行政争议，保护行政相对人合法权益的作用。不过，行政相对人应当在法律规定的框架内申请行政复议、提起行政诉讼，尽早、及时地通过合法渠道维护自身权益。

（一）法不溯及既往原则

法不溯及既往原则是一项基本的法律适用原则，其内涵为：法律不能适用于它颁布生效以前所发生的行为和事件，只能适用于它颁布生效以后发生的行为和事件。虽然该原则有例外，即在新的法律规范减轻行为人的责任或增加公民权利时，新法可以溯及既往，但这以新法对此有明确规定为前提。而《行政复议条例》与《行政复议法》对此均无特别规定，故应当视其不具备溯及力，不能适用于本案中的行政争议。

（二）行政复议与行政诉讼的关系

我国行政救济体系中，行政复议与行政诉讼是两种法定的、制度型的行政救济途径，区别于信访、"市长热线"等非制度型行政救济途径。行政复议和行政诉讼的关系主要包括以下三种情形：第一，复议终局型，即当事人对行政行为不服的，只能申请行政复议，不能提起行政诉讼，行政复议决定是最终裁决；第二，复议前置型，即当事人对法律、法规规定的特定行政行为不服，在寻求法律救济途径时，应当先选择向行政复议机关申请行政复议，而不能直接向人民法院提起行政诉讼，如果经过行政复议之后当事人仍有不服的，才可以向人民法院提起行政诉讼；第三，自由选择型，即除上述两种情形外，当事人对行政行为不服的，可以在行政复议和行政诉讼之间自由选择。

（三）申请行政复议和提起行政诉讼的条件

当事人对行政行为不服，需要符合一定的条件才能启动行政复议或者行政诉讼程序。根据《行政复议法》规定，申请行政复议的条件有：申请人是明确的，且与具体行政行为有利害关系；被申请人符合规定；有具体的请求和申请理由；在法定期限内提出申请；且在复议机关的受案和管辖范围之内。根据《行政诉讼法》规定，提起行政诉讼的条件有：原告是符合《行政诉讼法》第二十五条规定的公民、法人或者其他组织；有明确的被告；有具体的诉讼请求和事实根据；属于人民法院受案范围和受诉人民法院管辖；在法定起诉期限内提出。

本案中，"三农经社"在行政行为作出之日起 20 年后才提出行政复议申请，显然不符合法律规定的期限条件，故行政复议机关依法作出不予受理的决定。"法律不保护权利上的睡眠者"，这是民主与效率相统一原则的必然要求。《行政复议法》第九条第一款规定："公民、法人或者其他组织认为具体行政行为侵犯其合法权益的，可以自知道该具体行政行为之日起 60 日内提出行政复议申请；但是法律规定的申请期限超过 60 日的除外。"倘若超出法定的申请期限，将发生程序终结的法律后果，即行政复议机关经审查发现超期情况，依法作出不予立案的决定。

三、专家建议

第一，针对侵犯自身合法权益的具体行政行为，行政相对人可以通过行政复议、行政诉讼等渠道寻求救济，维护自身权益。行政复议、行政诉讼均是基于公民、法人或其他组织的权利保护请求而启动的制度，因此，若当事人不积极提出申请或诉讼，将导致自身之权益得不到公权力之保障。

第二，准确把握行政救济的最长保护期限，及时寻求行政救济。对行政行为不服的，权利人需要在法定期限内申请行政救济，否则将承担相应机关不予受理的不利后果。

四、关联法条

《行政复议法》第九条、第十七条、第十九条，《行政诉讼法》第四十五条、第四十六条，《行政复议法实施条例》第四十八条，《最高人民法院关于适用〈中华人民共和国行政诉讼法〉的解释》第六十四条、第六十五条。

特殊情形下程序性行政行为亦可诉

程序性行政行为是否可诉是学术界和实务界普遍关注的焦点问题。理论上讲，程序性行政行为属于尚未成熟的行为，当事人的权利义务此时处于某种不确定状态，故法院无法针对该行为向当事人提供救济。然而，实践中却存在着当事人因不当的程序性行政行为而权益受损，或者行政机关借程序性行为之名规避司法审查的现象。因此，对于程序性行政行为的可诉性不可一概而论，在特殊情形下，人民法院应当受理当事人对程序性行政行为提起的行政诉讼。

一、案例简介

（一）基本案情

王某是四川某资产管理集团有限公司峨眉山分公司（以下简称"某资产峨眉山分公司"）职工。2013年3月18日，王某因交通事故死亡。由于王某驾驶摩托车倒地翻覆的原因无法查实，四川省峨眉山市公安局交警大队于同年4月1日作出乐公交认定〔2013〕第00035号《道路交通事故证明》。该《道路交通事故证明》载明：2013年3月18日，王某驾驶无牌"卡迪王"二轮摩托车由峨眉山市大转盘至小转盘方向行驶。1时20分许，当该车行至省道S306线29.3公里处驶入道路右侧与隔离带边缘相剐蹭，翻覆于隔离带内，造成车辆受损、王某当场死亡的交通事故。

2013年4月10日，某资产峨眉山分公司就其职工王某因交通事故死亡向乐山市人力资源和社会保障局（以下简称乐山市人社局）申请工伤认定。随工伤认定申请，某资产峨眉山分公司还提交了《道路交通事故证明》等证据。同日，乐山市人社局以公安机关交通管理部门尚未对本案事故作出交通事故认定书为由，作出乐人社工时〔2013〕05号（峨眉山市）《工伤认定时限中止通知书》（以下简称《中止通知》），并向王某之父王某某和某资产峨眉山分公司送达了该《中止通知》。

2013年6月24日，王某某通过国内特快专递邮件方式，向乐山市人社局提交了一份《恢复工伤认定申请书》，要求乐山市人社局恢复对王某的工伤认定。因乐山市人社局未恢复对王某工伤认定程序，王某某于2013年7月30日向四川省乐山市市中区人民法院提起行政诉讼，请求判决撤销乐山市人社局作出的《中止通知》。①

（二）法院裁决

四川省乐山市市中区人民法院认为，虽然乐山市人社局作出的《中止通知》是工伤认定中的一种程序性行为，但该行为已对王某某的权利义务产生实质影响，且王某某亦无法通过对其他相关的实体性行政行为提起诉讼以寻求救济，故乐山市人社局作出《中止通知》属于可诉行政行为，法院应当依法受理。同时，本案中并不存在《工伤保险条例》第二十条第三款所规定的依法可以作出中止决定的情形，因而乐山市人社局作出《中止通知》属于适用法律、法规错误。最终，法院判决撤销乐山市人社局作出的《中止通知》。一审宣判后，乐山市人社局提起上诉，后自愿申请撤回上诉，一审判决发生法律效力。

二、以案说法

本案的争议焦点有两个：一是乐山市人社局作出的《中止通知》是否可诉？二是本案中是否存在《工伤保险条例》第二十条第三款规定的应当"作出工伤认定决定的时限中止"的情形？

（一）程序性行政行为"不可诉是原则，可诉是例外"

程序性行政行为是行政机关在行使职能时作出的一种准备性行为，一般不对当事人产生直接影响，其法律效果最终也会被后续的实体性行政行为所覆盖，因此在实务中，程序性行政行为一般不具有可诉性。2018年新颁布的《最高人民法院关于适用〈中华人民共和国行政诉讼法〉的解释》明确：行政机关为作出行政

---

① 详情可参见四川省乐山市市中区人民法院（2013）乐中行初字第36号行政判决书。

行为而实施的准备、论证、研究、层报、咨询等过程性行为不属于人民法院行政诉讼的受案范围。虽然理论界对"过程性行为"与"程序性行政行为"是否具有相同内涵存在争议，但考虑到实务中大多数法院对二者不作区分地使用，司法解释的这一条款亦可理解为司法机关对程序性行政行为可诉性的态度，即一般情况下，针对程序性行政行为提起的行政诉讼不在法院的受理范围内。①

同时，对于程序性行政行为的可诉性不可一概而论，在满足"行为明显影响当事人权利义务"与"当事人无法起诉其他实体行政行为"两大要件的情况下，程序性行政行为亦具有可诉性。如前所述，程序性行政行为一般不对当事人的权利义务产生直接影响，但也应当注意到，实践中确有不少当事人的合法权益事实上受到程序性行为之影响，如果此时不给予当事人相应的司法救济，将导致司法公信力的下降和社会矛盾的积压。此外，即使满足前一要件，若行政机关已作出实体性行政行为，则当事人完全就该实体性行为提起诉讼，或与程序性行为一并提起诉讼。单独就程序性行政行为提起诉讼的，法院将不予受理。因此，具备可诉性的程序性行政行为应当同时满足两大要件。

（二）人社部门不能以未经交通事故责任认定为由中止工伤认定

依据《工伤保险条例》第二十条第三款规定："作出工伤认定决定需要以司法机关或者有关行政主管部门的结论为依据的，在司法机关或者有关行政主管部门尚未作出结论期间，作出工伤认

---

① 王菁、宋超：《过程性行政行为的可诉性考量》，载《南通大学学报》（社会科学版）2019 年第 4 期。

定决定的时限中止。"此处的"结论"不应局限于交管部门出具的《交通事故认定书》。对于成因无法查清的道路交通事故，交管部门出具的《道路交通事故证明》亦属于"结论"之一，其表明除非出现新事实或法定理由，交管部门不会对此次交通事故作出责任划分。对于此类事故，人社部门不应作出中止认定决定，而应当在调查核实的基础上，结合相关证据对事故当事人的责任程度进行判断，进而作出是否予以工伤认定的决定，即此时人社部门享有相当程度的自由裁量权。

三、专家建议

第一，当事人认为行政机关的行政行为侵犯其合法权益的，可以通过提起行政诉讼维护自身权益。当然，当事人应当首选对行政机关作出的实体性行政行为提起行政诉讼，即对当事人的权利义务直接产生法律效果的行政行为。此外，应当注意在法定期限内及时提起行政救济，超过法定期限提起行政诉讼的，将承担法院不予受理的不利后果。

第二，虽然程序性行政行为一般不可诉是司法实践的惯常认识，但对于具有终局性或者事实上对当事人权益产生实质性影响的程序性行为，当事人在难以通过其他救济渠道维护自身权益时，可以向人民法院就该程序性行为提起行政诉讼。

四、关联法条

《行政诉讼法》第十二条、第十三条，《工伤保险条例》第五条、第十七条、第二十条，《道路交通事故处理程序规定》第五十条，《最高人民法院关于适用〈中华人民共和国行政诉讼法〉的解释》第一条。

行政起诉权的行使应当有一定的期限限制

每个人在生活中都或多或少地与行政机关发生联系，小到出现驾驶机动车违反道路交通法而被罚款，大到违法建设房屋而被强制拆除。行政机关的所作所为大都对我们的切身利益产生实际影响，这种影响可能是有利的，也有可能是不利的，因此在日常生活中，我们难免会与行政机关产生纠纷，当我们认为行政机关的行为不合法不合理，侵犯自身合法权益之时，我们应当及时采取有效的法定救济途径以维护自身合法权益，而非将过多的精力和时间诉诸信访等其他方式，以避免"竹篮打水一场空"的结局。

一、案例简介

（一）基本案情

1991 年 11 月，董某某向某市某镇申报宅基地建房，之后某镇政府批准了董某某面积为 96 平方米的宅基地建设许可。建设过程中，某镇政府发现董某某申请的建房用地已经批准他用，便通知董某某其原申请无效，要求其另行选址，并撤销了董某某的建设许可证。然而，董某某认为自己的宅基地经过合法审批，合法有效，便继续建设。随后，某镇责令董某某停止建房施工，董某某依然强行施工。1995 年 11 月 20 日，某镇政府作出《处罚决定》并送达董某某，要求其立即停止建房施工，退还非法占用的土地。但董某某拒绝签收该决定，因此某镇政府将《处罚决定》向董某某留置送达。由于董某某未履行该处罚决定，某镇政府向某区人民法院申请强制执行。1995 年 12 月 15 日，法院会同有关机构对董某某建设的房屋实施拆除。此后，董某某无数次向包括某镇政府、某区人民政府、某市人民政府、某市人大常委会、某省人民政府、某省人大常委会等在内的多个部门反映，要求有关部门说明强制拆除的理由。直至 2014 年 9 月 23 日，董某某向某区人民法院提起诉讼，要求撤销某镇政府作出的《处罚决定》并获得行政赔偿。[①]

（二）法院裁决

1. 一审裁定

一审法院基于被告某镇政府提交的《土地管理公文送达回证》证据中载明被告向原告董某某送达《处罚决定》且原告拒绝签收，其上分别有两名送达人和见证人签名确认的情况，认定原告知道被告曾作出《处罚决定》。根据《行政诉讼法》第三十九条，一审法院认为原告的起诉明显已超过了法定的起诉期限。同时，法院认为，信访与起诉不属于同一性质的救济途径，不属于《行政诉讼法》第四十条规定的耽误起诉期限的情形。因此，原告不具有超过起诉期限的正当理由，一审法院裁定驳回原告起诉。

2. 终审裁定

二审法院认为原审法院认定的事实正确，上诉人董某某在某镇政府作出《处罚决定》时对该决定已经知晓，并且《处罚决定》已经告知董某某应享有的诉权及起诉期限。二审法院认为原审法院以上诉人的起诉超过法定起诉期限为由，裁定驳回其起诉正确。二审法院裁定驳回上诉，维持原裁定。

[①] 详情可参见广东省佛山市中级人民法院（2015）佛中法行终字第 35 号行政裁定书。

二、以案说法

本案的审查焦点在于董某某提起本案诉讼是否超过法定起诉期限。

（一）行政诉讼起诉期限

行政诉讼起诉期限是指公民、法人或其他组织提起行政诉讼的法定期限，超过法定期限的起诉法院不予受理。行政诉讼起诉期限与民事诉讼时效，二者有着本质不同：超过行政诉讼起诉期限，当事人的行政诉讼丧失请求人民法院进行实体审理的权利；而经过民事诉讼时效则只是对方当事人取得时效抗辩权。本案当时适用的《行政诉讼法（1989年）》第三十九条规定："公民、法人或者其他组织直接向人民法院提起诉讼的，应当在知道作出具体行政行为之日起3个月内提出。"本案中，某镇政府作出《处罚决定》后便送达董某某并告知其享有的诉权及起诉期限，因此送达之时董某某便已经知晓该《处罚决定》，故董某某应当自其知道某镇政府作出《处罚决定》之日起的3个月内向法院提起诉讼。然而董某某直到2014年才向法院提起行政诉讼，早已超过法定的3个月起诉期限，因此法院裁定驳回起诉。

（二）行政诉讼起诉期限的耽误

行政诉讼起诉期限并非固定不变的期限，当存在法定情形耽误起诉期限时，当事人亦可以申请延长。本案当时适用的《行政诉讼法（1989年）》第四十条规定："公民、法人或者其他组织因不可抗力或者其他特殊情况耽误法定期限的，在障碍消除后的十日内，可以申请延长期限，由人民法院决定。"本案中，某镇政府作出《处罚决定》并送达董某某后，由于董某某不履行《处罚决定》，某镇政府申请法院强制执行，将董某某建设的房屋予以强制拆除。而董某某面对强拆行为，并未向法院提起诉讼，而是采取向有关部门反映情况、反复上访等方式维护其权益。而本案中，一审法院认为信访与起诉不属于同一性质的救济途径，不属于法定的耽误起诉期限的情形，二审法院对此亦予以认可。

三、专家建议

在行政机关作出行政行为之后，如果相对人对该行政行为有异议，认为该行政行为侵犯自身合法权益，相对人应当首先在法定期限内及时启动行政复议、行政诉讼等法定行政救济途径，在行政复议或行政诉讼提起之后，可辅之以信访、举报、申诉等其他救济方式以并行解决行政纠纷。但切勿盲目依赖并将大量的精力和时间耗费在信访、申诉等其他救济方式上，而忽略或无视行政复议、行政诉讼等法定途径，以至于最终错过法定期限而丧失获得有效救济的机会。

四、关联法条

《行政诉讼法》第四十四条、第四十五条、第四十六条、第四十八条，《最高人民法院关于适用〈中华人民共和国行政诉讼法〉的解释》第六十三条、第六十四条、第六十五条、第六十六条。